PH. HERDER-DORNEICH

Zur Verbandsökonomik

Ansätze zu einer ökonomischen Theorie der Verbände

Nicht-Markt-Ökonomik

Märkte · Wahlen · Gruppenverhandlungen

Herausgegeben von Prof. Dr. Ph. Herder-Dorneich

Band 1

Zur Verbandsökonomik

Ansätze zu einer ökonomischen Theorie der Verbände

Von

Ph. Herder-Dorneich

mit Beiträgen von

Bernhard Külp, Manfred Groser, Jürgen Niggemann

DUNCKER & HUMBLOT / BERLIN

Gedruckt 1973 bei Berliner Buchdruckerei Union GmbH., Berlin 61
Printed in Germany

ISBN 3 428 02925 9

Vorwort

Kaum ein anderer Bereich hat im Verlauf der letzten Jahre Juristen, Soziologen, Politologen, Nationalökonomen und Sozialpolitiker so stark beschäftigt wie die Verbände. Das beschränkt sich nicht allein auf Deutschland, sondern ist in der ganzen westlichen Welt zu beobachten, wo das Verbandswesen seit dem 2. Weltkrieg eine bis dahin ungeahnte Entwicklung genommen hat. Praktisch für jede sozial relevante Frage haben sich Verbände gebildet. Sie stellen heute einen ökonomisch-politischen Faktor dar, der nicht mehr übergangen werden kann.

Götz *Briefs* war einer der ersten, der schon kurz nach dem 1. Weltkrieg diese umwälzende gesellschaftliche Veränderung — oft als Siegeslauf der Organisation bezeichnet — mit erstaunlichem Blick für das Wesentliche diagnostizierte und als den Übergang von der 1. zur 2. Phase des Liberalismus kennzeichnete: Nicht nur die Freiheit des einzelnen, sondern die Freiheit der Gruppe, nicht das Interesse des einzelnen, sondern das Interesse der Gruppe schiebt sich immer stärker in den Vordergrund. Diese verbandliche Interessenvertretung als etwas Neues konnte im Rahmen der bisherigen Ordnung nicht verstanden werden und wurde oft, mit dem Etikett des Nicht-Legalen versehen, abqualifiziert.

Mit der Zunahme der Zahl der Verbände und mit ihrem Wachstum änderte sich nur allmählich diese negative Einstellung. Auf die Wissenschaft blieb sie nicht ohne Wirkung.

An die akademische Arbeit *heute* stellen diese so zahlreichen und oft so mächtigen Verbände eine doppelte Anforderung. Von der *Lehre* her entwickeln die Verbände bereits jetzt eine beachtliche Nachfrage nach Absolventen akademischer Ausbildung. Nicht nur zahlreiche junge Juristen, sondern auch insbesondere Volkswirte gehen in das Verbandswesen. Eine jüngste Umfrage[1] hat gezeigt, welche Chancen und welche Anforderungen Verbandswesen als akademisches Lehrfach mit sich bringt. Auf der anderen Seite ist die Universität im Bereich der *Forschung* herausgefordert. Sie hat das Phänomen Verbände wissenschaftlich zu erfassen und in ihr Gedankengebäude einzufügen. So gilt es also, eine Verbändelehre *sowohl als Forschungs- wie als Lehrfach* zu

---

[1] *Herder-Dorneich*, Philipp und *Lippold*, Klaus W. u. a.: Wirtschaft und Verbände. Berufsanforderungen und Berufsaussichten von Sozialwissenschaftlern in Unternehmungen, Verwaltungen, Verbänden. Köln 1972.

entwickeln. Diese Aufgabe ist insbesondere der Wirtschaftswissenschaft gestellt; denn die modernen Verbände geben zahlreiche ökonomische Probleme auf, die sich offensichtlich nur dann befriedigend erfassen lassen, wenn die neu zu erstellende Verbändelehre eng an die ökonomische Theorie angeschlossen wird.

Der Verfasser hat vor einigen Jahren eine ähnliche Problemstellung ähnlich behandelt. Damals ging er von der starken und wachsenden ökonomischen *Staatstätigkeit* aus. Er erhob die Forderung nach einer integrierten *ökonomisch-politischen* Theorie und entwickelte ein „politisches Modell zur Wirtschaftstheorie“[2].

Dieses Modell hat sich für gewisse Fragen bewährt[3]. In den hier vorgelegten Überlegungen soll nunmehr der Versuch gemacht werden, die Grundzüge einer *Theorie der Verbände* so zu ziehen, daß sie einerseits nahtlos an die Wirtschaftstheorie anschließt, andererseits sich ebenso an die politische Theorie anfügt.

Um das Verbandswesen in den Griff zu bekommen, werden immer wieder aus den unterschiedlichsten wissenschaftlichen Bereichen heraus Versuche unternommen. Dennoch ist es bisher noch nicht gelungen, ein zusammenhängendes, theoretisches Instrumentarium zu entwickeln, das gerade für die *Ökonomik* effizient gewesen wäre. Die ersten Schwierigkeiten ergeben sich für die herkömmliche Theorie bereits bei den Definitions- und Typologieversuchen. Fast jeder, der sich mit Verbänden befaßt, hat versucht, eigene Kriterien zu finden, nach denen sie systematisiert werden können. Aus diesen mannigfaltigen Auffassungen ergibt sich ein langer Katalog, in dem kaum Einheitlichkeit festzustellen ist.

Um diese letztlich doch recht unfruchtbare Sammlung nicht zu erweitern, soll hier keine Definition dessen gegeben werden, was ein Verband *ist*, sondern wir wollen einerseits uns dagegen abgrenzen, was am Verbandswesen hier *nicht* untersucht werden soll und andererseits hervorheben, in welchem *Beziehungsrahmen* die Verbände von uns gesehen werden.

Grenzen wir uns z. B. gegenüber dem Untersuchungsobjekt der *Soziologie* ab. Die Soziologie hat sich besonders in der Gruppenforschung mit Primär- und Sekundärsystemen befaßt. Allerdings hat sie dabei den Schwerpunkt ihres Interesses eindeutig auf die Untersuchung der *primären* Gruppen verlagert. Die Primärgruppen sind von der Soziologie weitgehend und mit Erfolg erforscht worden. In unseren Untersuchungen sollen indes *nicht* die *primären* Gruppen behandelt werden. Im Vordergrund werden vielmehr die *Sekundärsysteme* stehen. Zwar hat auch

---

[2] *Herder-Dorneich*, Philipp: Politisches Modell zur Wirtschaftstheorie, Freiburg 1957.

[3] *Herder-Dorneich*, Ph. (Hrsg.): Politik als Stimmenmaximierung. Sozialökonomisches Archiv, Bd. 3, Köln 1968.

die Organisationssoziologie gerade in den letzten Jahren versucht, ihren Forschungsbereich über bestimmte Organisationen hinaus auszudehnen — z. B. Krankenhäuser, Gefängnisse, Universitäten, Betriebe usw. —, dennoch ist sie erst im Begriff, auch darüberhinaus sekundäre Systeme zu ihrem Forschungsobjekt zu machen. Bei ihren Untersuchungsgegenständen handelt es sich außerdem vorwiegend um Institutionen, die durch einen *hierarchischen* Aufbau gekennzeichnet sind, während die sekundären Systeme, die von uns vorwiegend analysiert werden sollen, sich besonders durch *pluralistische* Strukturen auszeichnen.

Das bedeutet allerdings keinen gänzlichen Ausschluß der primären Gruppe aus unserem Untersuchungsbereich, aber immerhin doch ein deutliches Verlagern des Schwerpunktes. Daß auch kleine, primäre Gruppen im Verbandsbereich von Bedeutung sind, hat *Olson*, auf den wir weiter unten noch zu sprechen kommen, herausgearbeitet.

Die Analyse des Verbandes als *sekundäres System* wird in der vorliegenden Schrift von verschiedenen Seiten her in Angriff genommen. Wir untersuchen die *Rationalstruktur*, unter der Funktionäre und Mitglieder des Verbandes einander gegenübertreten (homo organisatoricus)[4]. Den Verbandsleistungen[5] ist ebenfalls besondere Aufmerksamkeit gewidmet.

Das Phänomen Verband kann jedoch aus der *Innenstruktur* allein nicht voll erfaßt werden. Wir müssen auch den äußeren Beziehungsrahmen, in dem der Verband auftritt, aufdecken und erfaßbar machen. Grundsätzlich ist natürlich das Beziehungsgeflecht unübersehbar. Für die Zwecke einer *Verbandsökonomik* jedoch läßt es sich soweit eingrenzen, daß es einerseits übersichtlich wird, und andererseits doch die eben für diese Zwecke *wichtigsten* Zusammenhänge erfaßt. Wir haben in dieser Weise in der vorliegenden Schrift einige *Querschnitte durch das Beziehungsgeflecht* gelegt. Wir untersuchen das *Verhalten der Verbände am Markt*[6], also gegenüber Produzenten und Konsumenten. Wir stellen die *Auseinandersetzungen zwischen den Verbänden* dar (Gruppenverhandlungen)[7]. Wir beobachten die Stellung der *Verbände im Wahlenprozeß*[8] und schließlich der *Verbände im Wandel*[9].

---

[4] Vgl. unten das einleitende Kapitel von *Herder-Dorneich*, Philipp: „Homo organisatoricus".

[5] Mit den Verbandsleistungen befaßt sich das Kapitel „Leistungsangebot der Verbände" von *Niggemann*, Jürgen.

[6] Vgl. dazu das Kapitel „Verbände am Markt", von *Herder-Dorneich*, Philipp.

[7] Einen lehrgeschichtlichen Überblick über die wichtigsten collective-bargaining-Theorie gibt *Külp*, Bernhard unten in Kapitel „Verbände und Verhandlungen".

[8] Vgl. unten das Kapitel von *Herder-Dorneich*, Philipp: „Verbände im Wahlensystem".

[9] Vgl. unten das Kapitel „Wachstum und Wandel der Verbände" von *Groser*, Manfred.

Den Einbau des Verbandswesens in die Ökonomik und die Weiterentwicklung der Ökonomik auf das Verbandswesen hin kann diese Schrift nur anregen, nicht selbst abschließend erreichen. Immerhin kann sie doch die Richtung angeben, in der sich weiter fortschreiten läßt, sie kann das bisher Erreichte in den Griff nehmen und beispielhaft aufzeigen, wie sich im einzelnen damit arbeiten läßt.

Die vorliegende Schrift steht nicht isoliert. Sie muß im Zusammenhang mit anderen Arbeiten und Forschungszielen des Herausgebers gesehen werden. Auf einige dieser *Querverbindungen* sei kurz hingewiesen. In mehreren früheren Arbeiten hat der Herausgeber versucht, die Ökonomik in das Gebiet der Politik hineinzuführen. Eine *politische Ökonomik* ist mit Erfolg jedoch nur dann zu leisten, wenn die Verbände miteingebaut werden können. *Verbandsökonomik muß deshalb notwendiger Bestandteil der politischen Ökonomik sein.* Der politischen Ökonomik ist Band 3 dieser Schriftenreihe gewidmet[10].

Der Ausweis des starken Wachstums des tertiären Sektors und das relative Stagnieren des sekundären Sektors hat den Bedarf nach einer *Dienstleistungsökonomik* geweckt. Die gegenwärtige Ökonomik ist demgegenüber Ökonomik des industriellen Marktes. Im Dienstleistungsbereich aber herrschen die *organisierten Märkte* vor. Ja, man kann sagen, rein ökonomische Märkte sind fast überhaupt nicht mehr im tertiären Sektor festzustellen. In der Marktorganisation aber spielen wiederum die Verbände eine tragende Rolle. *Dienstleistungsökonomik ist deshalb ohne Verbandsökonomik nicht denkbar.* Zur Dienstleistungsökonomik bringt Band 2 dieser Schriftenreihe einen Beitrag[11].

Verbandsökonomik ist also nicht nur deshalb vordringlich, weil die Verbände an sich eine so gewichtige Rolle spielen. Für entscheidende Bereiche der Ökonomik (politische Ökonomik, Dienstleistungsökonomik) hält die Verbandsökonomik eine Schlüsselrolle.

Bochum, im November 1972

Philipp Herder-Dorneich

---

[10] Der Band 3 erscheint in Kürze.

[11] Vgl. *Herder-Dorneich*, Philipp und *Kötz*, Werner: Zur Dienstleistungsökonomik: Systemtheorie und Systempolitik der Krankenhauspflegedienste, Berlin 1972.

Inhaltsverzeichnis

A. Einleitung: Homo organisatoricus

Von *Philipp Herder-Dorneich*

Die Wirtschaftstheorie hat schon früh das Modell eines homo oeconomicus entwickelt (*Smith, Ricardo*). Nach seinem Vorbild hat *Schumpeter* 1942 einen homo politicus gebildet[1]. *Dahrendorf* hat 1958 eine Ausweitung und Verallgemeinerung in seinem homo sociologicus gesucht[2]. Ist es möglich und sinnvoll, einen *homo organisatoricus* zu entwerfen?

Der homo sociologicus ist bei *Dahrendorf* der Mensch, der sich rollenwahrnehmend verhält. So tritt etwa *X* in der Rolle des Vaters, Studienrates, Vorstandes einer lokalen politischen Vereinigung und Mitglieds einer Skatrunde auf. Was ist es nun, das *X* dazu bringt, den mit diesen Rollen verknüpften Erwartungen zu entsprechen? *Dahrendorf* sieht die Antwort in einem Netz positiver und negativer Sanktionen von unterschiedlichem Wirkungsgrad, das den Konformismus mit den vorgeprägten Rollen herbeiführt.

Homo oeconomicus und homo politicus werden meist von ihrer Motivation her erfaßt (Maximierungsprinzip). Mit gleicher Berechtigung lassen sie sich als Rollenträger verstehen, die dem Einfluß sozialer Kontrolle unterliegen. So läßt sich etwa die Arena des homo oeconomicus, der Markt, als Anreiz- und Steuerungssystem mit positiven und negativen Sanktionen erfassen *(H. Albert)*.

Wir können nun mit relativ großer Wirklichkeitsnähe sagen, daß jemand, der bestimmte Rollen gewählt hat und etwa als Unternehmer oder als Politiker oder als Verbandsfunktionär tätig ist, im sozialökonomischen Geschehen auch bestimmte Verhaltensweisen an den Tag legen muß, will er seine Tätigkeit fortsetzen. Das *Überleben in der Rolle* fordert hier also ein bestimmtes Rollenverhalten. Wir können auch sagen: Jeder, der in diesen Rollen überleben will, muß sich notwendigerweise so und so verhalten. Oder: *Rationales Verhalten* erfordert in diesen Rollen diese und jene Tätigkeiten.

Unter *rational* haben wir dann nichts anderes verstanden, als daß die Notwendigkeit eines bestimmten Verhaltens für jeden Dritten direkt einsehbar ist. Welches ist demnach das rationale Verhalten im Verband?

---

1 Vgl. auch *Downs*, Anthony: Ökonomische Theorie der Demokratie. Tübingen 1968. In seinem letzten Buch konstruiert Downs einen „homo bürocraticus". (Downs, Anthony: Inside Bureaucracy, Boston 1967).

2 *Dahrendorf*, Ralf: Homo Sociologicus, Köln 1959 (zuerst in: Kölner Zeitschrift für Soziologie und Sozialpsychologie, 10. Jg., Heft 2 und 3).

Rationalität ist immer systembezogen. Erst wenn wir das System des Verbandes kennen, können wir „Verhaltensweisen unter Rationalität", die daraus resultieren, bestimmen. Umgekehrt, wenn wir bestimmte Verhaltensweisen wünschen, können wir angeben, wie das System beschaffen sein muß, damit diese Verhaltensweisen rational eingenommen werden können. Wir wollen im folgenden diesen zweiten Weg einschlagen. Wir nehmen beispielhaft drei verschiedene, üblicherweise angenommene Verhaltensweisen im Verband an und stellen dann die Frage, wie der Verband organisiert sein muß, damit bei Rationalität sich unsere Annahmen verwirklichen.

Als Agenten des Verhaltens berücksichtigen wir *Mitglieder* und *Funktionäre* im Verband (das *Aggregat* der Mitglieder und das *Aggregat* der Funktionäre).

Die drei Annahmen sind:

1. Die Funktionäre übernehmen den Willen der Mitglieder und führen ihn aus (Vertretertheorie; übliche Annahme der klassischen Theorie der Demokratie).
2. Die Funktionäre verfolgen eigene, persönliche Ziele; sie werden jedoch durch die Mitglieder gesteuert (Theorie der Maximierung von Steuerungsparametern; übliche Annahme der Wirtschaftstheorie).
3. Die Funktionäre erstreben unter Wahrung eines (formalen) Wahlmechanismus möglichst Unabhängigkeit von den Mitgliedern (Theorie der Ausschaltung des Wettbewerbs).

Die *Vertretertheorie,* die übliche Annahme der klassischen Theorie der Demokratie, unterstellt, daß die Vertreter den Willen der Mitglieder übernehmen und ausführen.

Welche Verbandsstruktur muß vorausgesetzt werden, damit dieses Verhalten rational wird? Offensichtlich ist dieses Verhalten überhaupt nicht durchführbar, wenn die Mitglieder unterschiedliche Interessen haben und nicht einen gemeinsamen Willen artikulieren. Weiter ist Transparenz erforderlich, es dürfen keine Sonderinteressen der Funktionäre angenommen werden, und der gemeinsame Wille muß grundsätzlich verwirklichbar sein.

Alle diese Annahmen (und noch weitere ergänzende Annahmen) sind relativ extrem. Sie sind am ehesten noch in einer kleinen Gruppe vorstellbar. In einer kleinen (primären) Gruppe ist es denkbar, daß sich spontan ein gemeinsamer Wille bildet, den der Gruppenführer (von Funktionär kann man hier eigentlich nicht sprechen) erfaßt und der von ihm ausgesprochen werden kann[3]. Der Gruppenführer wird gerade-

---

[3] Vgl. die Schilderung der Anfänge des britischen Gewerkschaftswesens bei *Webb*, Sidney und *Webb*, Beatrice: Industrial Democracy. London, New York 1897.

zu dadurch bestimmt, daß er die gemeinsame Norm am vollkommensten verwirklicht. Der Gruppenführer selbst hat keine entgegenstehenden Interessen, weil er gewissermaßen die gemeinsame Norm „ist“. Die genannten extremen Voraussetzungen verflüchtigen sich sehr rasch, sobald wir nicht von einer kleinen Primärgruppe, sondern einer großen und größeren Gruppe ausgehen. Die spontane Willensbildung, die vollkommene Transparenz, die Gleichgerichtetheit der Interessen werden mit zunehmender Gruppengröße immer unwahrscheinlicher. Alles deutet demnach darauf hin, daß ein Funktionärsverhalten gemäß der Vertretertheorie in einer großen Gruppe nicht erwartet werden kann.

Stehen wir demnach vor der Aufgabe, einen *großen* Verband nach den Forderungen der Vertretertheorie zu organisieren, so geraten wir in große Schwierigkeiten. Vielfach ist zwar versucht worden, das Modell der primären Gruppe auf den großen Verband zu übertragen, doch ist dieser Versuch nach allen bisherigen Erfahrungen nicht erfolgreich, wie sogleich zu zeigen sein wird.

Es gibt Vorschläge und auch zahlreiche Verwirklichungsversuche (Rätemodell), einen großen Verband aus kleinen Gruppen aufzubauen. Hier schließen sich örtliche Zellen zusammen, die aus sich heraus spontan einen Gruppenführer hervorbringen. Die Gruppenführer treten nun ihrerseits zusammen und bilden wiederum eine Zelle auf höherer Ebene und so fort, bis schließlich auf höchster Ebene die Verbandsführung gebildet wird. Je größer der Verband an Mitgliedern, um so mehr „Ebenen“ der Willensbildung sind erforderlich, um auf unterster Ebene noch Zellen als kleine, primäre Gruppen zu gewährleisten. Das Verbandsmodell aus kleinen Gruppen (z. B. Rätemodell) macht also lange, wenn nicht gar sehr lange Wahlketten notwendig. Wir werden weiter unten noch auf die Wirkung langer Wahlketten zurückkommen[4]. Wir können hier grundsätzlich sagen, daß lange Wahlketten so entscheidend wichtige Annahmen wie Transparenz und fehlende Sonderinteressen außerordentlich unwahrscheinlich machen.

Wir können diese Ergebnisse unserer Überlegungen auch umkehren; dann ergibt sich, daß es keine Organisationsform eines großen Verbandes gibt, unter der sich als rationales Verhalten eines homo organisatoricus eine Verhaltensweise ergibt, wie sie die Vertretertheorie fordert.

Wir schreiten nun zu unserer *zweiten Annahme* fort. Wir räumen entgegen den Annahmen der Vertretertheorie ein, daß die Funktionäre *eigene, persönliche Ziele* verfolgen[4a]. Wir unterstellen auch, daß die Mitglieder nicht einen gemeinsamen Willen, sondern sehr *unterschied-*

---

[4] Vgl. unten das Kapitel „Verbände im Wahlensystem“.
[4a] Vgl. Ross, Arthur: Trade Union Wage Policy. Berkeley 1948.

liche Interessen haben *(Interessendiskrepanz)*. Für Funktionäre wie für Mitglieder nehmen wir ein Streben nach möglichst weitgehender Verwirklichung der Eigeninteressen an *(Maximierungsverhalten)*. Daraus ergibt sich die Frage, wie ein Verband unter diesen Voraussetzungen organisiert sein muß, damit bei grundsätzlicher *Interessendiskrepanz* eine *Maximierung* der Einzelinteressen *rational* möglich wird.

Zur Lösung dieses Problems eines homo organisatoricus greifen wir auf die Erfahrungen mit dem homo oeconomicus und homo politicus zurück. Wie in anderen Ausführungen dargestellt[4b], wird die Interessenharmonie unter jeweiliger Interessenmaximierung beim homo oeconomicus durch den Markt-Preismechanismus herbeigeführt und beim homo politicus durch den Wahlstimmenmechanismus gewährleistet.

Die Existenz als Unternehmer bzw. als Politiker wird durch die Bilanz von Geldmitteln bzw. Wahlstimmenanteilen bestimmt. Überleben heißt in der Rolle als Unternehmer, Gewinne machen, und als Politiker, die Mehrheit erhalten. Anders ausgedrückt, der homo oeconomicus wird durch Finanzströme gesteuert, der homo politicus durch Wahlstimmenströme. Allerdings müssen wir einschränken, diese Steuerung wirkt voll nur *langfristig* und nur unter *Konkurrenzbedingungen*.

Kurzfristig, also etwa über ein oder zwei Jahre, kann ein Unternehmer auch ohne Rücksicht auf seine finanziellen Erlöse überleben. Er kann z. B. Rücklagen auflösen oder Kredite aufnehmen. Langfristig ist dies jedoch nicht möglich. Besonders gilt das bei Konkurrenz.

Dasselbe trifft auch für den Politiker zu. Kurzfristig, also innerhalb einer Wahlperiode, ist der Politiker von seinen Wählern unabhängig. Er kann ohne Rücksicht auf Wahlstimmen handeln. Will er jedoch langfristig wiedergewählt werden und hat er mit Konkurrenz zu rechnen, so muß er um seine Wahlstimmen kämpfen und sich nach ihnen ausrichten.

Man kann die Meinung vertreten, daß kurzfristig Unternehmer und Politiker sich mit „befriedigenden" Ergebnissen begnügen, ohne das Höchstmögliche (Maximum) zu erstreben. Langfristig und unter Konkurrenz wird aber die Ausrichtung an Finanzgrößen bzw. Wahlstimmenanteilen auf das Maximierungsprinzip hin tendieren[5]. Da der einzelne nämlich nicht weiß, ob seine Konkurrenten sich an das „befriedigende Maß" halten, und da er nicht weiß, was die anderen als „befriedigend" ansehen, ist er um seiner Sicherheit willen gezwungen, das

[4b] Vgl. z. B. *Herder-Dorneich*, Philipp: Der Markt und seine Alternativen in einer freien Gesellschaft, Wien—Hannover 1966.

[5] Vgl. *Machlup*, Fritz: Theories of the Firm: Marginalist, Behavorialist, Managenial, in: American Economic Review, Nr. LVII March 1967, pp. 1—33 und die dort zitierte Literatur.

Höchstmögliche zu erstreben. Das bedeutet für den Unternehmer *Gewinnmaximierung* und für den Politiker *Stimmenmaximierung* (Satisfaktionsprinzip und Maximumprinzip fallen bei Unsicherheit und langfristig zusammen).

Wie fügt sich nun zwischen dem homo oeconomicus und dem homo politicus der homo organisatoricus ein? Wir können einmal versuchen, den Verband mit einem *Wirtschaftsunternehmen* zu vergleichen. Der Verband erscheint dann als eine besondere Form des Betriebes, als Verbandsbetrieb *(Grochla)*. Die Organisation des Verbandes erweist sich als eine spezielle Organisationsform, die der Organisation eines Unternehmens nicht unähnlich ist[6]. Aus dieser Betrachtungsweise ergibt sich, daß der homo organisatoricus sich ebenso wie der homo oeconomicus an *Finanzgrößen* ausrichtet.

Diese These hat viel für sich. Tatsächlich stellen wir fest, daß die Verbandsorganisation Geld kostet. Der Apparat will finanziert sein. Die dazu notwendigen Mittel bringen die Mitglieder in Form von Beiträgen auf, oder der Staat schießt sie in Form von Subventionen zu. Langfristig muß die finanzielle input-output-Rechnung aufgehen. Ein befriedigender Überschuß, den die Funktionäre sich als Gehälter zurechnen, muß erzielt werden. Zahlreiche Verbände handeln auch nach dem Gewinnmaximierungsprinzip, indem sie aus den Überschüssen eine Kasse für Sonderfälle (z. B. Streikkasse) anlegen und diese Kasse möglichst groß werden lassen.

Wir können also aus der Wirtschaftstheorie den Hinweis auf die Bedeutung der Finanzströme für unsere Verbandstheorie aufnehmen und damit die These auftsellen, das Verhalten der Funktionäre werde durch Finanzströme gesteuert. Diese These erweist sich einerseits als aktuell, andererseits ist offensichtlich, daß sie nicht die einzige Steuerungsfunktion des Funktionärsverhaltens darstellen kann.

Wir können den Verband auch mit dem *politischen System* vergleichen. Der Staat als politischer Verband erscheint dann als ein spezieller Verband neben den nicht-politischen Verbänden[7]. Aus diesem Vergleich ergäbe sich die Anregung zu der These, daß das Verhalten der Funktionäre durch *Wahlstimmen* gesteuert werde. Auch diese These hat viel für sich. Tatsächlich sehen wir, daß in zahlreichen Verbänden gewählt wird. Die Wahlperioden sind oft sogar kürzer als im politischen Ver-

---

[6] Einer allgemeinen Organisationstheorie muß also Erklärungskraft für beide Bereiche (und andere) zukommen. Vgl. *March,* James und *Simon,* Herbert A.: Organizations, New York, London 1958. Eine analytische Basis für den Vergleich von Organisationen liefert *Etzioni,* Amitai: A Comparative Analysis of Complex Organizations. New York 1961. Als Unterscheidungsprinzip dient die Art der Bindung der Mitglieder an die Organisation.

[7] Vgl. dazu auch das Kapitel „Verbände im Wahlensystem — Verbandswahlen", unten.

band, so daß man daraus den Schluß ziehen könnte, daß die Wahlen im Verband intensiver wirken. Andererseits stellen wir fest, daß in den meisten Verbänden keine innerverbandliche Opposition organisiert ist. Sie tritt höchstens ad hoc und ohne eigenen organisatorischen Hintergrund auf, woraus sich der Schluß bilden läßt, daß die Wahlen in den Verbänden nicht sehr intensiv wirken können. Gleichviel, jedenfalls stellen wir innerverbandliche Wahlen fest, von denen die Funktionäre abhängig sind, denn sie können durch Wahlen nach oben getragen, ebenso aber auch abgewählt werden.

Fügen wir beide Ergebnisse zusammen, so ergibt sich, daß der homo organisatoricus durch Finanzströme *und* durch Wahlstimmenströme gesteuert wird.

Darüber hinaus zeichnet sich der Verband noch durch ein *weiteres* Steuerungsmittel aus, das sich nun wiederum in der Wirtschaft und in der Politik *weniger* beobachten läßt: *Der Verband hat Mitglieder.*

Auch das Unternehmen hat einen Kundenkreis, der in vielem mit der Gruppe der Verbandsmitglieder zu vergleichen ist. Dieser Kundenstamm ist jedoch selten in besonderer Weise organisiert. Ausnahmen bilden etwa Genossenschaften, Versicherungsunternehmen oder Buchgemeinschaften. Diese Vergleiche zeigen jedoch, daß die Mitgliedschaft im Kundenkreis eines Unternehmens eher die Ausnahme bildet, im Verband jedoch die Regel ist. Mitglieder können einem Verband beitreten, sie können aber, wenn der Verband ihnen nicht zusagt und ihre Erwartungen nicht erfüllt, auch austreten.

Auch der Politiker sieht sich Wahlbürgern gegenüber. Aber die Wahlbürger können in den seltensten Fällen ihren Staat auswählen. Sie werden im allgemeinen hineingeboren. Nur wenige können auswandern. Noch wenigere können eine andere Staatsbürgerschaft annehmen (etwa weil ihnen die Steuerbelastung dort günstiger erscheint) und dennoch zu Hause leben. Der Staat ist also ein Zwangsverband.

Zwangsmitgliedschaft haben auch viele Verbände. Insoweit wirkt das Steuerungsmittel „Beitritt und Austritt“ bei ihnen nicht. Für den freien Verband dagegen ist dieses Steuerungsmittel von großer Bedeutung[8]. Denn wenn der Funktionär eines freien Verbandes Austritte in spürbarem Umfang zu verzeichnen hat, wird er seine Verbandspolitik überprüfen müssen. Ein Verband, der seine Mitglieder verliert, verliert gleichzeitig an Einfluß bei den anderen Verbänden und beim Staat. Er kann damit seine Ziele weniger gut erreichen, etwa bei den Partner-

---

[8] Daß dieses Steuerungsmittel auch überstrapaziert werden kann, zeigt *Allen*, V. L.: Power in Trade Unions, London 1954. Hier wird die Möglichkeit der Abstimmung „mit den Füssen“ zum alleinigen Kriterium der innerverbandlichen Demokratie erhoben.

verbänden weniger hart auftreten und beim Staat weniger Subventionen herausholen. Damit kann unter Umständen das Überleben des Verbandes bedroht sein.

Wir haben damit *drei verschiedene* Steuerungsmittel genannt, die das Verhalten des Funktionärs bestimmen: *Finanzmittel, Mitgliedschaften* (Beitritt und Austritt) und *Wahlstimmen*. Diese drei Steuerungsmittel charakterisieren das Verhalten des homo organisatoricus.

Gleichzeitig stellen wir aber fest, daß die drei Steuerungsmittel auch für den homo oeconomicus und den homo politicus mehr oder weniger wichtig sind. So wird z. B. das Verhalten eines Managers in einer großen Aktiengesellschaft nicht nur durch das Erfordernis des *Finanzausgleichs* nebst befriedigender Dividende und befriedigenden Rücklagen bestimmt, sondern darüber hinaus auch durch das Erfordernis, nach Vertragsablauf wiederum in den Vorstand *gewählt* zu werden und einen bestimmten Marktanteil *(Kundenkreis)* zu halten. Ein Politiker andererseits ist in seinem Verhalten nicht nur durch die Notwendigkeit bestimmt, die nächsten *Wahlen* zu gewinnen, sondern auch durch *Finanzströme*, die im Budget aufeinander abgestimmt werden müssen (nicht notwendigerweise als Budgetausgleich, möglicherweise auch durch das Erfordernis eines antizyklischen Budgetüberschusses bzw. Defizits) und durch das Erfordernis, etwa Auswanderungen und Kapitalflucht zu vermeiden („*Abstimmung* mit den Füßen"). Wir haben es hier also mit homines zu tun, die sich in den Bestimmungsgründen ihres Verhaltens sehr *ähnlich* sind und sich letztlich nur durch Akzentverschiebungen unterscheiden.

Das ermöglicht es uns, die unterschiedlichen Positionen auch als Mischungsverhältnis aus drei Grundtypen aufzufassen. Die Figur 1 stellt uns ein Modell von Mischungsverhältnissen dar. Im Punkte *U* ist das Extrem eingetragen, das nur Finanzströme lenken. *P* steht für das Extrem, bei dem nur Wahlstimmen wirken. *V* ist gekennzeichnet durch die ausschließliche Wirksamkeit des Lenkungsmittels „Mitgliedschaften". In dieses Dreieck von Steuerungskombinationen lassen sich nun konkrete Organisationen einzeichnen. Die oben genannte Aktiengesellschaft bezieht etwa die Position (1). Ein freier, kleiner Verband, der eine vorgegebene Gruppe von potentiellen Mitgliedern vor sich hat, und über diese hinaus kaum wachsen kann, steht etwa in der Position (2). Eine Kammer, die über Zwangsmitgliedschaft und über Zwangsbeiträge verfügt, ist etwa in der Position (3) zu denken. Ein demokratischer Staat, der mit seiner Budgetgestaltung zu kämpfen hat, steht etwa in Position (4).

Die Positionen *U, V* und *P* sind lediglich durch unsere homines besetzt. Hier existieren nur abstrakte Individuen, jedoch keine lebenden Menschen. Dennoch ist es sinnvoll, diese abstrakten Positionen heraus-

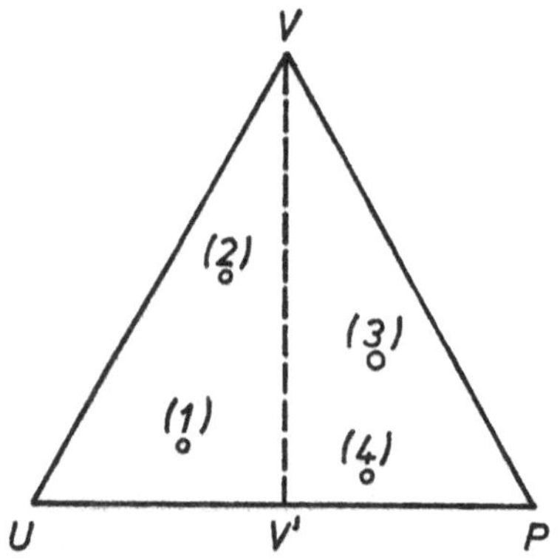

Figur 1

zuarbeiten und in ihren Verhaltensweisen durchzudenken, da sie die Richtpunkte abgeben, unter denen die Positionen der Wirklichkeit angepeilt und dargestellt werden können.

Die genannten Zusammenhänge sind geeignet, die *Unterschiede* zwischen homo oeconomicus, homo politicus und homo organisatoricus hervorzuheben. Wir können von ihnen aus auch das *Gemeinsame* herauszuarbeiten versuchen. Allgemein können wir sagen, unsere homines bewegen sich in sekundären Systemen (Wirtschaft, Verbandswesen, Politik). Das unterscheidet sie von der Konstruktion des homo sociologicus, deren Erklärungswert sich auch auf den Bereich der primären Gruppen erstreckt. Unsere genannten homines werden in ihren Verhaltensweisen bestimmt durch *formalisierte Steuerungsmittel.* Diese sind *empirisch* feststellbar. Sie sind darüber hinaus auch *quantifizierbar.* Auch hier wird wieder der Unterschied zum homo sociologicus deutlich. Dieser wird nämlich nicht nur durch formalisierte Beziehungen bestimmt und gewöhnlich nicht durch Beziehungen, die quantifizierbar wären. Vergleichen wir zum Beispiel die Rolle des Vaters mit der Rolle des Unternehmers oder des Politikers. Wurden sie früher auch für identisch erklärt, etwa in der Figur des patriarchalischen Unternehmers und des Landesvaters, so ist heute der Unterschied deutlich. Dabei sind die Bestimmungsfaktoren Finanzstörme und Wahlstimmenströme bei Unternehmer und Politiker klar quantifizierbar.

Wir wollen nun zu unserer *dritten* Annahme übergehen und untersuchen, wie das System des Verbandes beschaffen sein muß, wenn die Funktionäre möglichst große *Unabhängigkeit* von ihren Mitgliedern erreichen wollen, jedoch gleichzeitig ein *formaler Wahlmechanismus* bestehen bleibt.

Wir unterstellen, der homo organisatoricus sei daran interessiert, von seinen Partnern möglichst unabhängig zu sein. Er versuche, seine Konkurrenten auszuschalten. Was ist für den Funktionär (die Funktionäre) zu unternehmen, um die Konkurrenz zu beseitigen? Oder: Wie muß das System des Verbandes beschaffen sein, damit wir unterstellen, daß ein bestehender *Wahlmechanismus nicht* beseitigt werde; Aufgabe sei es also herauszufinden, wie der Wahlmechanismus im Verband gestaltet sein muß, damit *trotz* Wahlen *keine* Konkurrenz stattfinden kann. (Wie wir im Verlauf unserer Überlegungen sehen werden, ist die Existenz von Wahlen noch nicht notwendig mit Konkurrenz verbunden).

Das Streben nach *Ausschaltung des Wettbewerbs* ist uns aus der Wirtschaftstheorie her bekannt. Bei den *Unternehmern* (homo oeconomicus) hat es im Streben nach *Monopolen* seinen klaren Ausdruck gefunden. Wachstum des Unternehmens auf Kosten der anderen, Fusion zu marktbeherrschenden Unternehmen oder Kartellbildung sind die klassischen Mittel. Im *politischen* Bereich (homo politicus) ist die äußere Ausdrucksform der Konkurrenzausschaltung noch nicht so klar geworden. Es gibt eine ganze Reihe verschiedener Formen, die Konkurrenz zu beseitigen, die auf den ersten Blick vielfach noch nicht als solche erkannt werden. Der Übergang zu einem Ein-Parteien-System schaltet zum Beispiel Konkurrenz ziemlich deutlich aus. Ähnlich aber auch die Bildung einer „Großen Koalition", was jedoch weniger ins Bewußtsein gedrungen ist. Je nach Art des Wahlrechts kann die Konkurrenz bei einem Zwei-Parteien-System größer sein als bei einem Viel-Parteien-System *(Hermens).*

Welche Wege kann nun der Verbandsfunktionär (homo organisatoricus) einschlagen, um die Konkurrenz in seinem Bereich auszuschalten? Der bekannteste Schritt ist der Übergang zum Zwangsverband. Ein Verband, der über Zwangsmitgliedschaft verfügt, braucht den Austritt seiner Mitglieder nicht zu fürchten und muß wenig tun, um den Eintritt von Mitgliedern zu erreichen. Auch die Steuerung durch Finanzströme wird hier ausgeschaltet, denn Zwangsverbände können leicht auch Zwangsbeiträge auferlegen. Bleibt also nur noch die innerverbandliche Wahl, deren Konkurrenz die Funktionäre im Zwangsverband unterworfen sind.

Um die innerverbandliche Konkurrenz bei Verbandswahlen zu beseitigen, wirken die Funktionäre gewöhnlich darauf hin, daß sich keine innerverbandliche *Opposition* bilden kann. Dafür gibt es vor allem zwei Wege. Einmal wird das Interesse der Mitglieder an den Wahlen niedrig gehalten. Das geschieht dadurch, daß möglichst allgemeine und breit gefaßte Interessen in den Vordergrund der Verbandsdiskussion geschoben werden[9]. Zum anderen wird der Verbandskörper möglichst klein gehalten, um einer möglichen Opposition die Basis zu entziehen. In einem kleinen Verbandskörper sind nämlich die personellen und finanziellen Mittel für eine mögliche Oppostion sehr gering. Untersuchen wir die beiden genannten Wege zur Konkurrenzbeseitigung noch ein wenig näher.

Je allgemeiner und umfassender die Verbandsinteressen gefaßt sind, umso weniger intensiv fühlen sich die Mitglieder angesprochen. Sie werden nur am Rande ihrer eigenen Interessen berührt, stimmen den allgemeinen Leerformeln zu und wenden nur wenig Anstrengungen auf, die Fragen weiter zu verfolgen. Unter diesen Bedingungen fällt es einer innerverbandlichen Oposition schwer, noch genügend Interesse für die Diskussion ihrer Probleme zu finden. Es gelingt schon gar nicht, Geldmittel und Personeneinsatz für eine Organisation der Opposition im Verband zu mobilisieren. So bleibt die Opposition ohne Schlagkraft. Sie kommt über gelegentliches Nörgeln nicht hinaus und trägt so selbst dazu bei, die Resignation gegenüber der Herrschaft der Funktionäre bei den Mitgliedern zu verstärken.

Welche Mittel eignen sich nun ihrerseits, um die Interessen möglichst allgemein zu artikulieren? Im allgemeinen kann man die Regel aufstellen, daß die verbindenden Interessen umso allgemeiner und damit schwächer werden, je größer die Gruppe ist. Je mehr individuelle Größen auf denselben Nenner gebracht werden sollen, um so allgemeiner wird dieser Nenner. Daraus ergibt sich die Tendenz, einen Zwangsverband möglichst umfassend und für große Gruppen zu organisieren: etwa für alle Arbeiter, für alle Angestellten, für alle Bauern usw. Das Interesse der Mitglieder an solchen Großorganisationen ist relativ gering, immer wieder wird die „Apathie" der Mitglieder beklagt. Aber beklagen wirklich die Funktionäre in jedem Falle die Apathie der Mitglieder? Offensichtlich kann Desinteresse der Mitglieder für die Funktionäre eines *freien* Verbandes tödlich werden, denn es führt zu Austritten aus dem Verband und bedroht damit die Stellung der Funktionäre; für die Funktionäre eines Zwangsverbandes dagegen kann es nur förderlich sein, denn es lähmt eine Opposition und festigt damit die Stellung der herrschenden Funktionäre.

Die Bildung einer organisierten Opposition kann auch dadurch ausgeschaltet werden, daß der Verband relativ klein gehalten wird. Im kleinen Bezirksverband zum Beispiel erschöpfen sich die personellen und sachlichen Mittel sehr rasch. Es wäre schwer, Kandidaten zu finden, die sich für eine Opposition zur Verfügung stellten. Andererseits wird der

---

[9] Es kommt zur Bildung einer Verbandsideologie. Vgl. *Hondrich*, Karl Otto: Die Ideologien von Interessenverbänden. Berlin 1963.

Pro-Kopf-Betrag, der sich durch Umlage von Kosten einer organisierten Opposition ergäbe, sehr hoch[10].

Beide aufgezeigten Wege der Konkurrenzminderung scheinen sich demnach zunächst zu widersprechen, denn der eine (Verallgemeinerung der Interessen) führt zu einer *Vergrößerung* des Verbandes, der andere (Abgraben der Mittel für eine Opposition) führt zu einer *Verkleinerung* des Verbandes. Beide Wege lassen sich jedoch *gleichzeitig* gehen, wenn der Verband in einem System mit *mehreren Stufen* organisiert wird. Nun sind die *regionalen* Verbandsuntergliederungen so klein, daß in ihnen eine innerverbandliche Opposition praktisch nicht organisiert werden kann. Eine innerverbandliche Opposition wäre wirksam erst auf Landes- oder Bundesebene zu realisieren. Wenn sich nun die Verbandsspitze ein Mitwirkungsrecht bei der Aufstellung der Bezirkskandidaten verschafft und wenn die höheren Ebenen (Landes-, Bundesebenen) nur indirekt beschickt werden (also nur durch Funktionäre der Bezirke), kann Oppositionsbildung faktisch ausgeschlossen werden.

Wir haben drei verschiedene Verhaltensweisen der Funktionäre und die dazugehörigen Verbandsstrukturen untersucht. Unsere Überlegungen waren auf Annahmen aufgebaut. Sind aber unsere Annahmen realistisch? Um einen Schritt auf die Wirklichkeit hin zu tun, wollen wir deswegen die Interessenlage prüfen und uns fragen, wie die einzelnen Verbandssysteme sich für die Beteiligten auswirken. Wieder beschränken wir uns auf die beiden Aggregate der Funktionäre und der Mitglieder. Wir können dann annehmen, daß diejenigen Verbandssysteme sich in der Wirklichkeit durchsetzen werden, die den Interessen dieser beiden Partner entgegenkommen.

Die Situation, von der die Vertretertheorie ausgeht, ist vor allem für die Mitglieder von Bedeutung. Hier erfüllen die Funktionäre die Wünsche der Mitglieder vollkommen. Für die Funktionäre ist diese Situation nicht uninteressant, denn ihre Interessen decken sich ja — so nimmt die Vertretertheorie an — mit denen der Mitglieder. Beide Partner also können voll zufrieden sein.

Die Situation, die Maximierungsverhalten bei Wettbewerb voraussetzt, ist wiederum vor allem für die Mitglieder interessant. Der Wettbewerb der Funktionäre zahlt sich hier zugunsten der Mitglieder aus. Sie haben den Vorteil. Für die Funktionäre ist diese Situation nur bedingt vorteilhaft. Denn nur ein Teil der Funktionäre kann sich im Wettbewerb durchsetzen. Die anderen unterliegen. Sie werden abgewählt, ihr Verband löst sich auf, ihre Verbandseinnahmen sind bedroht. Für diese nicht erfolgreichen Funktionäre ist diese Situation also unangenehm. Aber auch für die erfolgreichen Funktionäre ist sie nicht eindeutig vor-

---

10 Die Bedingungen zur Bildung einer funktionsfähigen Opposition werden diskutiert bei *Martin*, R.: Union democracy: an explanatory framework, in: Sociology, Vol. 2, 1968, pp. 205—220.

teilhaft; denn ihr Erfolg kann jederzeit beeinträchtigt werden. Es besteht ein Risiko, das die Funktionäre bedroht.

Die Situation der Wettbewerbsausschaltung ist für die Mitglieder unvorteilhaft. Sie bringt dagegen den erfolgreichen Funktionären große Vorteile[11]. Denn nun wird das Risiko, das bei Wettbewerb ihre Stellung bedrohte, abgebaut, ihre Position wird gesichert.

Um die jeweilige Interessenlage zu beurteilen, erscheint es notwendig, auch etwas über Transparenz, Einsicht und Urteilskraft zu sagen. Sicherlich sind die Menschen von unterschiedlicher Urteilskraft. Andererseits können wir annehmen, daß sich diese Eigenschaft im Sinne der Normalverteilung über die Bevölkerung verteilt. Indes geht es hier nicht um allgemeine Intelligenz, sondern um die spezielle Einsicht in die Verbandszusammenhänge und die Fähigkeit, die Verbandsprobleme zu beurteilen. Diese spezielle Fähigkeit hängt nicht voll und unbedingt von der allgemeinen Intelligenz ab. Wir können annehmen, daß Einsicht und Urteilsfähigkeit in Verbandsproblemen von der Zeit abhängen, die der einzelne den Verbandsfragen widmet. Jemand, der sich den ganzen Tag mit beruflichem Interesse für die Verbandsfragen interessiert, wird hierin eine größere Einsicht gewinnen, als jemand, der nur sporadisch und nur nebenbei sich den Verbandsfragen widmet. Täglich und berufsmäßig sind bei einem großen Verband die Funktionäre mit den Verbandsproblemen befaßt; nur nebenbei sind es die Mitglieder. Daraus ergibt sich, daß wir bei Funktionären eine größere Einsicht in Verbandsfragen erwarten können, bei den Mitgliedern jedoch nur eine geringere.

Wenden wir diese Ergebnisse auf unsere Überlegungen an. Wir stellten fest, die Vertretertheorie zeige eine Situation, die für beide Partner vorteilhaft ist. Andererseits haben wir oben gesehen, daß die Situation der Vertretertheorie in einem großen Verbande schlechthin irreal ist. Sie kann also nicht wirklich, sondern nur in der Vorstellung bestehen.

Wir können annehmen, daß die Funktionäre kraft ihrer größeren Einsicht die Irrealität der Vertretertheorie bald erkennen, die Mitglieder diese jedoch nur schwer durchschauen können. Es läßt sich leicht folgern, daß die Vertretertheorie die gängige Verbandstheorie ist, die von den Funktionären den Mitgliedern zu glauben vorgestellt wird und die von den Mitgliedern auch gerne für wahr gehalten wird, da sie ja den Mitgliedern vollkommene Interessenerfüllung verspricht. Nur wenige einsichtige Mitglieder durchschauen die Zusammenhänge, wie sie wirklich sind und drängen auf Wettbewerb. Dieser stellt ja die zweitbeste Situation für sie dar.

---

[11] Vgl. *Curry*, R. L. und *Wade*, L.: A Theory of Political Exchange. Englewood Cliffs 1968.

Die Funktionäre ihrerseits versuchen, den Wettbewerb auszuschalten, da dieser für sie am ungünstigsten ist. Es entsteht demnach ein Ringen zwischen den Mitgliedern und den Funktionären: Die Mitglieder versuchen, den Wettbewerb zu erhalten, sie versuchen, sich Wahlspielräume offenzuhalten; die Funktionäre dagegen versuchen, den Wettbewerb auszuschalten. Wie wird sich diese Auseinandersetzung wohl lösen?

Unseren Annahmen entsprechend können wir mit folgendem Ausgang rechnen *(Gleichgewicht der Verhaltensweisen):* Die Funktionäre erstreben ein Verbandssystem, das das *äußere* Bild der Vertretertheorie *und* des Wettbewerbs zeigt. Damit können sie die Mitglieder befriedigen. Gleichzeitig versuchen sie, den Wettbewerb möglichst auszuschalten und ihre Stellung zu sichern. Da die Mitglieder wenig Einsicht haben, fällt ihnen das Auseinanderfallen von äußerem Bild und Wirklichkeit nicht auf. Die Funktionäre dagegen setzen sich mit Augurenlächeln durch.

Die Vertretertheorie erfordert kleine Gruppen mit spontaner Willensbildung. Dem entsprechen die Funktionäre, indem sie kleine regionale Gruppen in ihrem Verband organisieren. Durch ein undurchschaubares Geflecht von Wahlketten wird der große Verband so „von unten her" aufgebaut. Der Wettbewerb wird ausgeschaltet, indem möglichst Zwangsmitgliedschaft durchgesetzt wird. Die viel berufene und dabei verrufene „Planlosigkeit des Nebeneinanderhandelns" wird beseitigt, indem die Spitzenfunktionäre sich Mitwirkungsrechte (Bestätigungsrechte, Vorschlagsrechte) bei den Wahlen der unteren Delegierten vorbehalten.

Ein Verband nach diesem Organisationsschema zeigt scheinbare Spontaneität und alle äußeren Zeichen der Vertretertheorie. Er zeigt Wettbewerb auf unteren (unwichtigen) Posten. Er schaltet den Wettbewerb auf höherer Ebene aus. Gleichzeitig zeigt er das Bild von „großer Geschlossenheit" (es besteht ja kein Wettbewerb und damit keine innerverbandliche Auseinandersetzung) und damit „großer Schlagkraft".

Beide Partner können zufrieden sein. In diesem System können beide Partner einer eigenbezogenen Rationalität folgen, obwohl einseitig die Interessen der Funktionäre verwirklicht werden, die Interessen der Mitglieder dagegen nur am Rande und nur scheinbar Erfüllung finden.

Das System ist in seinen Verhaltensweisen *gleichgewichtig.* Das heißt, es wird von *allen* Beteiligten und damit wahrscheinlich auch von allen Außenstehenden gelobt und als optimal geschildert. Aufgabe der Wissenschaft ist es, die Zustände zu durchschauen, zu analysieren und darzustellen, welche Interessen wirklich erfüllt werden.

B. Verbände am Markt

Gleichgewicht am verbandsorganisierten Markt

Von *Philipp Herder-Dorneich*

I. Allgemeine Theorie des Gleichgewichts

1. Ausgangsbasis

Im folgenden sollen Theoreme der *ökonomischen Gleichgewichtstheorie* in die *Verbandsökonomik* einbezogen werden. Ziel unserer Überlegungen ist dabei, durch die Anwendung *gängiger* theoretischer Werkzeuge (Gleichgewichtstheoreme) Erfolge auf einem bisher noch wenig bearbeiteten Gebiet zu erzielen. Unsere Absicht ist es nicht, die gängige Gleichgewichtstheorie selbst umzugestalten. Wir stützen uns deshalb auf ein bekanntes Sortiment gleichgewichtstheoretischer Werkzeuge, und zwar auf das, welches uns *Helmut Arndt* in seiner „Mikroökonomik“[1] an die Hand gegeben hat.

Freilich, nicht alles können wir unverändert in die Verbandsökonomik übertragen. Wir müssen uns nämlich darüber klar sein, daß wir den Bereich der *reinen Marktökonomik* verlassen, sobald wir das Verhalten von Verbänden am Markt untersuchen. Durch den Einbezug der Verbände wird der reine ökonomische Markt umgestaltet, er wird zu einem *komplexen Gebilde*. Das reine Marktsystem (das sich also lediglich aus Märkten zusammensetzt) wird zu einem *gemischten System*, das z. B. aus Märkten, Wahlen und Gruppenverhandlungen besteht. Solche *komplexen* und *gemischten* Systeme sind anders zu behandeln als die *reinen* Systeme. Wir wollen diesen veränderten Hintergrund, vor dem sich das Verhalten der Verbände am Markt entwickelt, hier nicht selbst darstellen, sondern greifen zurück auf die *systemtheoretischen Analysen*, wie sie in der Schrift „Wirtschaftssysteme, Systemtheorie einer allgemeinen Mikroökonomik“[2] dargestellt worden sind. Unser Ziel ist es also, *Gleichgewichtstheorie* (nach *H. Arndt) und sozialökonomische Systemtheorie* (nach *Herder-Dorneich) miteinander zu verbinden.*

---

[1] Vgl. *Arndt,* Helmut: Mikroökonomische Theorie, 2 Bände, Tübingen 1966.

[2] Vgl. *Herder-Dorneich,* Philipp: Wirtschaftssysteme. Systemtheorie einer allgemeinen Mikroökonomik, Opladen 1972.

2. Theorie der Gleichgewichtslagen

Wir verwenden für unsere Überlegungen die *gleichgewichtstheoretischen Instrumente* von *Helmut Arndt*. Sie lassen sich in einer einfachen Graphik hier kurz zusammenfassen. Wir erhalten bei gegebener Angebots- und Nachfragestruktur in einem Preis/Mengen-Schema je nach Verhaltensweisen der Marktpartner z. B. 7 verschiedene Gleichgewichtslagen. Vgl. Figur 1.

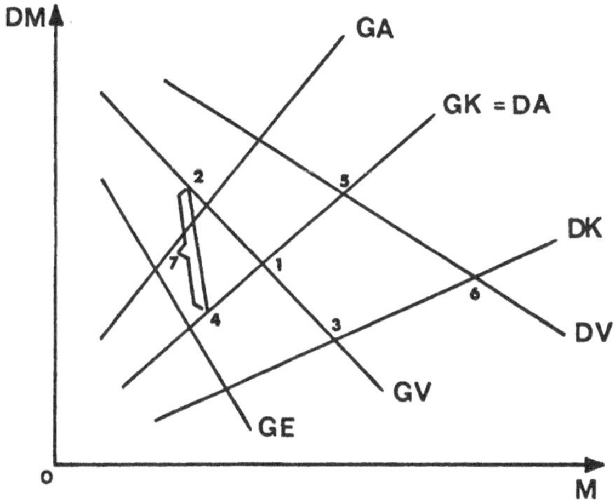

Figur 1

GA = Grenzausgaben
GK = Grenzkosten
DA = Durchschnittsausgaben
DK = Durchschnittskosten
DV = Durchschnittsvorteil
GV = Grenzvorteil

1 = Gleichgewichtspreis bei Polypol
2 = Gleichgewichtspreis bei gewinnmaximierendem Monopol
3 = Gleichgewichtspreis bei bedarfdeckendem Monopol
4 = Gleichgewichtspreis bei gewinnmaximierendem Monopson
5 = Gleichgewichtspreis bei umsatzmaximierendem Monopson
6 = Gleichgewichtspreis bei beiderseitiger Umsatzmaximierung
7 = Kontraktkurve bei bilateralem Monopol

Als Fall *maximaler* Versorgung stellt sich die beiderseitige *Umsatzmaximierung* dar. Dieser partial-analytische Schluß sollte aber nicht zu voreiligen normativen Interpretationen verleiten. Bei Vollbeschäftigung bedeutet ein Mehr in einem bestimmten Versorgungsbereich ja immer zugleich ein Weniger in einem anderen. Die Grenzen einer solchen Betrachtungsweise sollten deshalb klar gesehen werden, die Leistungsfähigkeit des Modells wäre sonst schnell überfordert. Weitere Einschränkungen ergeben sich aus der Kurzfristigkeit der Betrachtung.

Langfristig wird z. B. der Gleichgewichtspreis im Falle des Polypols zu den Durchschnittskosten tendieren, der Gleichgewichtspreis wird niedriger, die Gleichgewichtsmenge höher sein als in Fig. 1 dargestellt.

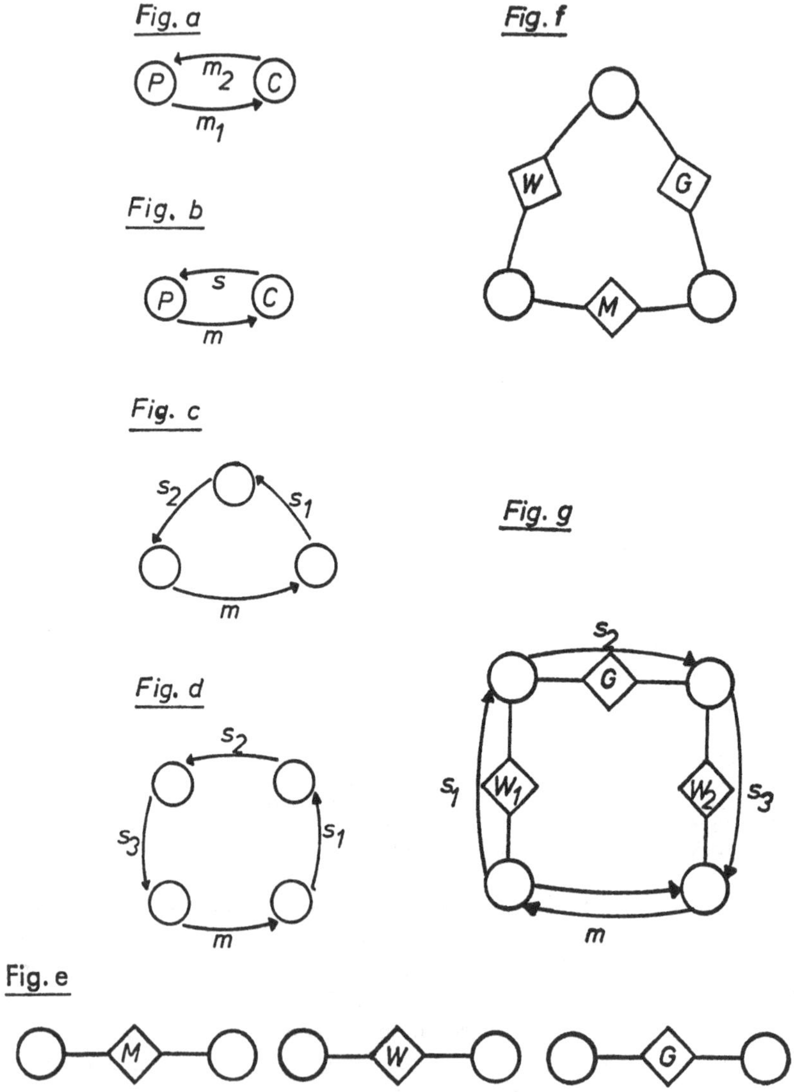

Figur 2

3. Theorie der Wirtschaftssysteme

Wir stützen uns neben der Gleichgewichtstheorie auf die *system-theoretischenWerkzeuge,* wie sie an anderer Stelle ausführlich dargestellt worden sind[3].

Wir können sie hier noch einmal kurz in einer einfachen graphischen Wiedergabe zusammenfassen.

Wir gehen vom Tausch als elementarem Grundsystem aus, aus dem sich alle komplexen Systeme zusammensetzen. Getauscht werden Güter gegen Güter (Fig. 2 a: m_1/m_2) oder Güter gegen Scheine (Fig. 2 b: m/s).

Verfolgen wir Güter- und Steuerungsströme, so können wir kurzgeschlossene Zahlungswege (Fig. 2 b), Zahlungsumwege über mehrere Stationen feststellen (Fig. 2 c: Zahlungsumweg über eine Station; Fig. 2 d: Zahlungsumweg über 2 Stationen).

Untersuchen wir die Steuerungsvorgänge, so können wir in einfacher Weise zwischen Märkten, Wahlen und Gruppenverhandlungen unterscheiden (Fig. 2 e: *M* = Markt; *W* = Wahl, insbesondere Verbandswahlen; *G* = Gruppenverhandlung).

Komplexe Steuerungssysteme zeigen die Figuren 2 f und 2 g. Fig. 2 f gibt ein Dreiersystem wider; Fig. 2 g ein Vierersystem mit Zahlungsumweg.

4. Das Konzept der Integration von Gleichgewichts- und Systemtheorie

Wir können nun die beiden Theorien (Theorie der *Marktgleichgewichte* nach *Arndt* und Theorie der *Marktsysteme* nach *Herder-Dorneich)* miteinander verbinden. Wir fragen uns, welchen Marktsystemen die einzelnen Gleichgewichte jeweils zugeordnet werden können; bzw. umgekehrt, welche Gleichgewichte werden sich am Markt unter den Bedingungen verschiedener Marktorganisationen (verschiedener Marktsysteme) einspielen. Es ergibt sich folgende mögliche Zuordnung:

1. Gleichgewichtspreis bei Polypol:

2. Gleichgewichtspreis bei gewinnmaximierendem Monopol:

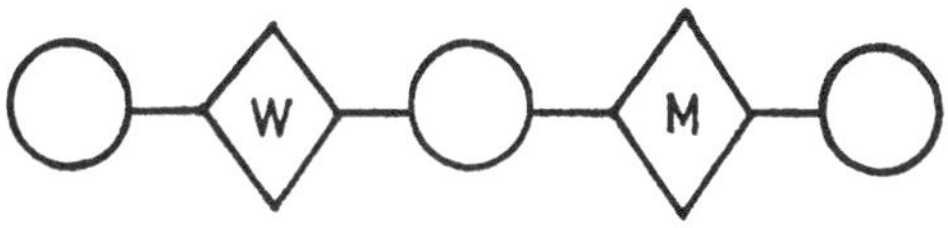

[3] Vgl. *Herder-Dorneich,* Ph.: Wirtschaftssysteme ...

3. Gleichgewichtspreis bei bedarfsdeckendem Monopol:

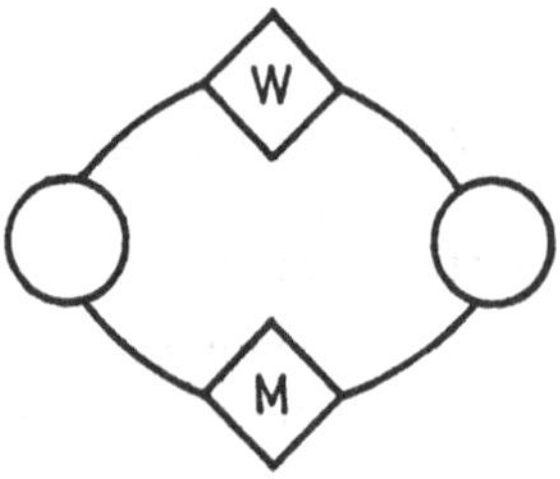

4. Gleichgewichtspreis bei gewinnmaximierendem Monopson:

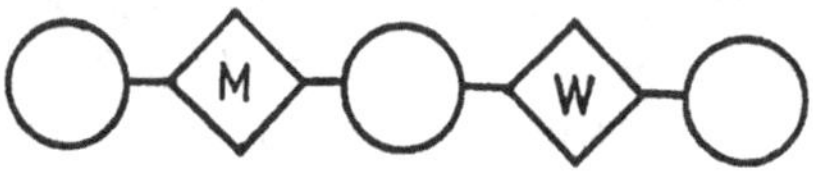

5. Gleichgewichtspreis bei umsatzmaximierendem Monopson:

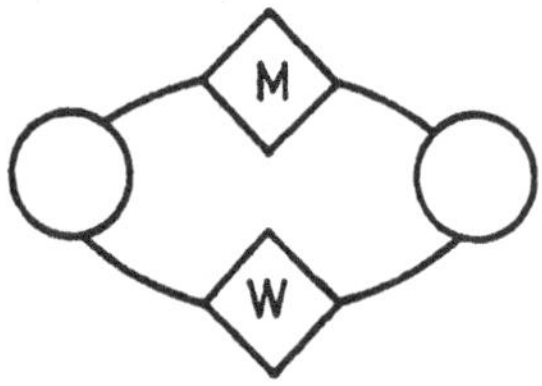

6. Gleichgewichtspreis bei beiderseitiger Umsatzmaximierung:

7. Kontraktkurve bei bilateralem Monopol:

Die Zusammenhänge sind zunächst als mögliche Zusammenhänge dargestellt worden. Ein Monopol (Monopson) wird durch Organisation der einen Marktseite gebildet. Ein bilaterales Monopol entsteht durch die Organisation beider Marktseiten in Verbänden.

Beiden Ausgangspunkten, von denen wir hier ausgehen, (*Arndt*, Mikroökonomik; *Herder-Dorneich*, Wirtschaftssysteme) liegt der Gedanke des *Gesamtmarktes* zugrunde. Es besteht also die Vorstellung, daß die Versorgung eines bestimmten Bedarfes insgesamt auf unterschiedliche Weise sichergestellt werden kann. Die Sicherstellung kann durch einen *reinen ökonomischen Markt* erfolgen oder durch einen *organisierten Markt*, auf dem Verbände mit agieren. Die Versorgung kann auch durch einen *organisierten Markt* bereitgestellt werden, der in *mannigfacher Weise organisiert* ist. Hier sind also *mehrere* und *verschiedenartige* Verbände am Werk. Wenn wir in dieser Betrachtungsweise die Gesamtversorgung eines *Gesamtmarktes* beobachten, so stellen wir fest, wie Verbände an den Markt treten, wie sie sich umgestalten, sich in Versorgungssystemen integrieren, sich daraus ablösen, neue Formen der Versorgung bilden, usw.

Die marktökonomische Gleichgewichtstheorie ist für die Analyse eines *komplexen Gesamtmarktes* noch nicht genügend vorbereitet. Wir müssen sie deshalb noch in einigen Punkten ein wenig *zurechtrücken* (vgl. die folgenden Ausführungen zu: Gleichgewicht und Zufriedenheit; Gleichgewicht und Friedhofsstille; Gleichgewicht und Wiederholung; Gleichgewicht und Norm; Gleichgewicht und Konflikt) und sie sodann durch die *Theorie der Gleichgewichtsordnungen* und die *Theorie der ungleichgewichtigen Gleichgewichte* erweitern.

5. Zur Auffassung vom Gleichgewicht

Wir legen uns also die Frage vor, ob es in der sozialökonomischen Vielfalt und im beständigen Fluß der Veränderung nicht Situationen gibt, die sich vor anderen auszeichnen und die es deshalb besonders zu untersuchen gilt. Wir verfolgen die Aktivität der Beteiligten. Wir sehen, wie sie agieren und reagieren. Dabei fällt uns auf, daß es Situationen gibt, in denen die *Beteiligten aus ihren bisherigen Aktionen und aus den Reaktionen, die daraufhin erfolgen, keinen Anlaß entnehmen, ihr Verhalten zu ändern.* Sie behalten also ihre Dispositionen bei. Wir nennen eine solche Situation ein *soziales Gleichgewicht*[4].

---

[4] In der Definition des Gleichgewichts lehnen wir uns an die Definition von Erich *Schneider* an: „In einer Periode besteht völlige Übereinstimmung oder Kompatibilität zwischen den individuellen Wirtschaftsplänen, so daß kein Wirtschaftssubjekt am Ende der Periode Anlaß hat, bei unveränderter Datenkonstellation eine Revision seines Wirtschaftsplanes vorzunehmen und seine Dispositionen zu ändern. Man sagt dann, das System befindet sich bei der gegebenen Datenkonstellation im Gleichgewicht" (*Schneider*, Erich: Einführung in die Wirtschaftstheorie, II. Teil: Wirtschaftspläne und wirtschaftliches Gleichgewicht in der Verkehrswirtschaft, 8. durchges. u. erw. Aufl., Tübingen 1963, S. 274).

Diese einfache Gleichgewichtsdefinition wird vielfach mit weiteren Inhalten gefüllt, wie die beiden folgenden Zitate zeigen. Wir werden uns dem nicht anschließen. *Ott*, Alfred (Grundzüge der Preistheorie. Grundriß der Sozialwissenschaft 25, Göttingen 1968, S. 147) definiert: „Der Ausdruck Gleichgewicht soll besagen, daß der betreffende Markt unter den gegebenen Bedingungen keinerlei Tendenz zu irgendwelchen Veränderungen zeigt. Die Gleichgewichtsbedingung lautet also ... offenbar: angebotene = nachgefragte Menge." *Arndt* stellt kurz und bündig fest: „Auf ‚Gleichgewichtsmärkten' bleibt, wenn keine *von außen* kommende Datenveränderung auftritt, alles konstant." (*Arndt*, Helmut: Mikroökonomische Theorie, Bd. I, Marktgleichgewicht. Tübingen 1966, S. 39).

Der Gleichgewichtsbegriff ist für die ökonomische Analyse zu einem Angelpunkt geworden. Zahlreiche Auseinandersetzungen wurden um ihn geführt. Wenn sie zu einer gewissen Klärung geführt haben, so haben sie mindestens in demselben Maße auch neue Probleme aufgeworfen[5]. Deswegen empfiehlt es sich, den Gleichgewichtsbegriff so einfach wie möglich zu fassen. Leider haben sich die Ökonomen bisher wenig daran gehalten. Auf einige Mißverständnisse, die uns im Verlauf unserer *hier* vorgelegten Überlegungen verwirren könnten, sei hingewiesen.

Soziales Gleichgewicht soll für uns nicht *Zufriedenheit* bedeuten. Wir haben oben ausgeführt, daß im Zentrum unserer Untersuchungen die sozialökonomischen Systeme stehen; es sind *sekundäre Systeme*. Im Gegensatz zu den *primären Gruppen* erfassen die sekundären Systeme nicht den *ganzen* Menschen mit seinen vielfältigen Impulsen und Bestrebungen[6]. Zufriedenheit meint jedoch den ganzen Menschen. Als psychologische Kategorie ist sie insoweit in den primären Gruppen beheimatet.

Der Ökonom erfaßt nur *gewisse Aspekte* menschlichen Verhaltens. Er sieht nicht auf den ganzen Menschen[7]. Ökonomisches, soziales Gleichgewicht bezieht sich somit immer *nur* auf diese gewissen Ausschnitte. Es besagt, daß Kräfte in gewissen Bereichen des Menschen sich ausgleichen; es besagt nichts über die menschliche Gesamtbefindlichkeit. Das von den Ökonomen als im Gleichgewicht festgestellte Wirtschaftssubjekt mag also sehr wohl in *einer* Hinsicht keinen Anlaß sehen, seine Dispositionen zu ändern, während es in *anderer* Hinsicht bestrebt ist, seine Situation zu verbessern. Im Ganzen mag es dabei zufrieden oder unzufrieden sein: Es handelt sich hier um verschiedene Ebenen der Betrachtungsweise.

Des Weiteren wollen wir feststellen, daß Gleichgewicht *nicht Friedhofsstille* mit sich bringt. *Otto Conrad* hat in seiner Auseinandersetzung mit *Oskar Morgenstern* und *Peter Struve* auf den Prozeßcharakter des Gleichgewichts ausführlich hingewiesen[8]. Er stellt fest, daß die gleich-

---

[5] Vgl. *Krupp*, Sherman Roy: Equilibrium Theory in Economics and in Functional Analysis as Types of Explanation, in: *Martindale*, Don (Ed.): Functionalism in the Social Sciences. Philadelphia 1965.

[6] *Dobriner* hat diese Dichotomie mit Hilfe der Pattern-Variables sehr deutlich herausgearbeitet (vgl. *Dobriner*, William M.: Social structures and systems: A sociological overview. Pasific Palisades: Goodyear Publishing Co. 1969). In einer mehr geisteswissenschaftlichen Art ging aber auch schon *Freyer* 1955 auf diese Gegenüberstellung ein (vgl. *Freyer*, Hans: Theorie des gegenwärtigen Zeitalters, Stuttgart 1955).

[7] Vgl. den ersten Satz in *Machlups* Werk „Wettbewerb im Verkauf", aus dem Engl. v. *Gerhard*, H.-W., Göttingen 1966, S. 3.

[8] *Conrads* Grundidee ist in dem Buch „Der Mechanismus der Verkehrswirtschaft" (Jena 1931, S. 260—330) niedergelegt. Er hat sie verschiedentlich wiederholt, so z. B. in den Aufsätzen „Die Grundannahmen der Gleich-

gewichtige Wirtschaft „im Gange" ist, also nur in ihrer Bewegung beharrt. In diesem gleichgewichtigen „Beharrungszustand" höre also — entgegen der alten Gleichgewichtstheorie — der Tausch keineswegs auf[9]. Nicht nur der Begriff „Beharrungstheorie", sondern auch das in ihm enthaltene besondere Verständnis des Gleichgewichts hat sich bis heute nicht überall durchgesetzt[10].

Es gilt sodann zu betonen, daß Gleichgewicht *nicht repetieren* bedeutet. Die durch *Keynes'* Betrachtungsweise ermöglichte makroökonomische Wachstumstheorie arbeitete vielmehr heraus, daß nur ein ständiges Ansteigen des Sozialproduktes das Gleichgewicht langfristig garantiere. Volkswirtschaftliche Sparneigung und die Menge an Kapital, die je zusätzlicher Einheit des Sozialproduktes notwendig ist, bestimmen wechselweise das Maß der Steigung dieses *Wachstumspfades*. Zusätzliches Kapital heißt aber nichts anderes als neue Maschinen und damit neue Arbeitsweisen, Produkte und neue Märkte. Allerdings ist zu sagen, daß dieses dynamische Gleichgewicht äußerst labil ist[11].

Gleichgewicht soll weiterhin *nicht* mit *Norm* identisch gesetzt werden. Leider ist diese Auffassung gerade immer wieder durch das Denken der Wachstumstheoretiker hervorgerufen worden. Die Notwendigkeit, bei quantitativen langfristigen Analysen relativ feste Bezugsgrößen zur Verfügung zu haben, führte z. B. zur Einführung von *Normalwerten*. *Hoppmann* hat dieses Dilemma deutlich herausgestellt, als er schrieb: „Da durch die Koeffizienten und Lags aber nur die Entwicklung der ‚Abweichungen' (fluctuations) erklärt wird, ist der totale Verlauf einer zu erklärenden Variablen noch nicht vollständig erklärt, weil zu diesen Abweichungen noch die Größe des Normalwertes (Gleichgewichtswertes) jeweils addiert werden muß[12]."

---

gewichtstheorie", ZfNÖ 7 [1936], Heft 2, S. 234—243) und „Gleichgewichtstheorie und Beharrungstheorie", JbfNÖ und Staat, Jena 1946 [1937], S. 19—25).

[9] *Conrad* schrieb hierzu: „Die allgemeine Anerkennung der auf diesen Grundgedanken beruhenden Theorie, welche ich ‚Beharrungstheorie' nenne, wird dadurch erschwert, daß sie in einen Topf mit den alten Gleichgewichtszustand jenen Zustand verstehen, bei dem kein Anlaß zu weiteren Tauschgeschäften vorhanden ist, so daß der Tausch aufhört. Man erhebt sehr berechtigte Einwände gegen die Gleichgewichtstheorien ..." (*Conrad*, Otto: Gleichgewichtstheorie und Beharrungstheorie ..., S. 19).

[10] So schreibt noch *Bauer*, Leonhard, in seiner 1969 erschienenen Schrift „Wissenschaftstheoretische Überlegungen zu Grundannahmen der Nationalökonomie", Berlin 1969, S. 91: „... daß der Konkurrenzmechanismus, der dem Konzept zugrundeliegt, im Gleichgewicht gar nicht mehr existiert." Er funktioniert vielmehr dort gerade am allerbesten.

[11] Vgl. *Harrod*, R. F.: Ein Essay zur dynamischen Theorie, in: Wachstum und Entwicklung der Wirtschaft, hrsg. v. H. König, Berlin—Köln, 1968, S. 44.

[12] *Hoppmann*, Erich: Die Periodenanalyse als Theorie der volkswirtschaftlichen Dynamik, Volkswirtschaftliche Schriften, Heft 20, Berlin 1956, S. 66.

Es muß also eine Größe der zu erklärenden Variablen vorausgesetzt werden, die als „normal“ in-der-Zeit gegeben ist. So spricht man beim Volkseinkommen beispielsweise vom „Grundeinkommen“ und von der Abweichung als dem „dynamischen Einkommen“; oder beim *Cobweb*-Theorem vom „langfristigen Gleichgewichtspreis“.

Die enge Verknüpfung, ja geradezu erkenntnismäßige Identifizierung von Normalwert und Gleichgewicht (sei es, daß der Normalwert einen Beharrungszustand, sei es, daß er einen Trend repräsentiere) verführte Nichtfachleute und einseitig orientierte Anhänger der Quantitativen Theorie dazu, Gleichgewicht und (qualitative) Norm gleichzusetzen. Dies aber gilt, zumindest ex ante, keineswegs. Ein Gleichgewichtspfad kann sich nachträglich auch als eine (qualitativ gesehen) Fehlentwicklung darstellen.

Eines kann nunmehr ganz deutlich festgestellt werden: Auch und gerade das sozialökonomische Gleichgewicht enthält das Moment des *Konflikts*. Es soll deshalb davor gewarnt werden, Gleichgewicht *in Gegensatz* zu Konflikt zu setzen. Gleichgewicht ist immer von Konflikten begleitet, wenngleich nicht alle Konflikte gleichgewichtig sind. Das Gleichgewicht zeigt ein besonderes Konfliktmuster, eine Konfliktstruktur, in der die Konflikte so kanalisiert sind, daß sie aufeinander zurückführen und daß dadurch nicht negative, sondern positive Wirkungen eintreten.

Wie Gleichgewicht sich als Konfliktstruktur aufbaut, hat der Verfasser in seiner Innsbrucker Antrittsvorlesung ausgeführt. Die daraus hervorgegangenen Arbeiten sind bisher noch nicht veröffentlicht, so daß dieser Hinweis vorläufig genügen mag und zunächst auf spätere Ausführungen verwiesen werden muß.

Hier soll im Vorgriff darauf auf das gegenüber der Klassik veränderte Verständnis des Gleichgewichtsbegriffs hingewiesen werden. Im Gegensatz zur *prästabilisierten Harmonie* der Klassiker kann es vielleicht mit einem Wort *Gottfried Benns* als „prästabilisierte Disharmonie“ beschrieben werden.

Freilich, es gibt kaum eine neue Sichtweise, die nicht schon in früheren angelegt wäre. Gerade wenn wir in der Klassik zurückloten, stoßen wir hier auf Ansatzpunkte, auf denen sich weiterbauen läßt. Das Problem ist also offensichtlich schon alt. Und doch, so sehr man sich auch früher schon darum bemüht hat, eine *Lösung innerhalb des ökonomischen Denksystems* ist bisher nicht gefunden worden. *Gleichgewicht als Disharmonie* — das anzugreifen war schon immer möglich; das *zu Ende zu denken* aber mußte bisher notwendigerweise bedeuten, das *System der Neoklassik zu verlassen.* Wir wollen im folgenden, aufbauend auf klassischer Problemstellung, einen Integrationsversuch von *neuer Denkweise* und *bewährten Modellen* machen, um auch disharmonische Gleichgewichte zu erfassen.

Als Ausgangspunkt mag uns die Überlegung dienen: Hat das Gleichgewichtskonzept Anwendungsbereiche außerhalb der reinen Ökonomik gefunden, und ist es den Nachbardisziplinen etwa besser gelungen, jene Fehler zu vermeiden, auf die wir zu Beginn unserer Untersuchung hingewiesen haben? Wenn wir den ersten Teil der Frage auch bejahen können, bezüglich des zweiten sind erhebliche Zweifel am Platz.

Die negativen Konsequenzen einer mangelhaften Trennung von analytischem, deskriptivem und bewertendem Gebrauch des Gleichgewichtsbegriffes sind durchaus nicht auf die Nationalökonomie beschränkt. Die Ästhetik des neoklassischen Gedankengebäudes, die nicht zuletzt auf der virtuosen Anwendung des Gleichgewichtsprinzips beruht, hat ihren Eindruck auf andere Disziplinen nicht verfehlt. Der Preis dieser Ästhetik war allerdings kein geringer: Er bestand in nahezu vollständiger Abstraktion vom *sozialen Zusammenhang* des ökonomischen Systems, ein chirurgischer Eingriff also, der nicht ohne Folgen für die Anwendbarkeit der Theorie bleiben konnte. Dem Beobachter bietet sich ein zunächst verwirrendes Bild: Auf der einen Seite stehen jene Nationalökonomen, die unter Hereinnahme soziologischen und psychologischen Gedankengutes die Nationalökonomie aus ihrer selbstgewählten Isolation befreien wollen und dabei bereit sind, theoretische Brillianz zugunsten sozialer Relevanz zu opfern. Andererseits besteht kein Zweifel, daß gerade in jenen Disziplinen, die einer *Resoziologisierung* der Nationalökonomie Pate stehen sollen, eine Annäherung in Richtung des ökonomischen Denkapparates vor sich geht. Mit Boulding[13] könnte man von einem nationalökonomischen Imperialismus sprechen, worunter der Gebrauch von spezifisch ökonomischen Modellen zur Klärung politischer, sozialer und psychologischer Probleme versucht wird. In diesem Zusammenhang kommt dem Gleichgewichtsbegriff der Ökonomie erhebliche Bedeutung zu.

Es braucht wohl kaum betont zu werden, daß der Gebrauch des Gleichgewichtsbegriffes in der Soziologie oder Politologie weit länger zurückdatiert als die Nutzbarmachung ökonomischer Modelle in diesen Disziplinen[14]. Die Konfrontation mit der ökonomischen Theorie dürfte nicht zuletzt den Effekt haben, sich über die Brauchbarkeit von Gleichgewichtsvorstellungen auf den genannten Gebieten Gedanken zu machen. Die Quantifizierbarkeit der Beziehungen, von der *Easton* den

---

[13] *Boulding,* Kenneth E.: Besprechung von: *Ilchmann,* Warren F. und *Uphoff,* Norman Th.: The Political Economy of Change, Berkeley 1969, in: The American Political Science Review, Vol. 64, 1970, S. 603—604.

[14] *Russet,* Cynthia E.: The Concept of Equilibrium in American Social Thought, New Haven 1966.

Nutzen der Gleichgewichtsanalyse abhängig sieht[15], ist jedenfalls von Problem zu Problem verschieden (es scheint hier sinnvoller, von Problemen statt von Disziplinen auszugehen).

Was sich allerdings heute noch der Quantifizierung entzieht, kann morgen vielleicht schon gemessen werden. Von dieser Seite her erweist es sich, daß die Einwände gegen die Modellbauer, die sich angeblich so wenig um die empirischen Gegenstücke ihrer Reißbrettkonstruktionen kümmern, wahrscheinlich übers Ziel hinausschießen. Die Verbandsökonomik als junge Wissenschaft befindet sich jedenfalls oft in dieser Situation, *noch nicht* quantifizieren zu können, und gleichzeitig im Bewußtsein, die Quantifizierungsprobleme *bald* lösen zu können.

Damit stellt sich aber das Grundproblem jeder Gleichgewichtsanalyse, auf das *Machlup* nachdrücklich hingewiesen hat. Der Gleichgewichtsbegriff soll nicht anders verstanden werden als ein analytisches Hilfsmittel, eine „nützliche Fiktion"[16]. *Ein Gleichgewicht ist immer nur in bezug auf die Variablen eines bestimmten Modelles zu verstehen.* Was in dem einen Modell als Gleichgewicht erscheint, kann unter anderem Gesichtspunkt (d. h. wenn zusätzliche Variable einbezogen werden) als Ungleichgewicht erscheinen.

Gleichgewicht stellt sich so als nützliches, scharfes Werkzeug dar, dessen Schärfe nicht nur bessere analytische Leistung, sondern auch erhebliche Verletzungsgefahr für den Benutzer bedeuten kann. Die Schärfe eines Instrumentes kann aber an sich kein Argument gegen seine Verwendung abgeben. Wie anderswo kommt es hier darauf an zu erkennen, was ein Instrument leistet und was es nicht leistet. Jedenfalls bleibt — gerade bei einem systemtheoretischen Ansatz — genug Raum für alternative Erklärungsversuche.

II. Gleichgewichte verschiedener Ordnung

1. Aktionsparameter und Daten

Bei der planmäßigen Verfolgung von Zielen versucht der Mensch, in die Zusammenhänge einzugreifen, indem er einzelne Faktoren verändert. Wir nennen sie *Aktionsparameter*. Nicht alle Faktoren sind indes dem menschlichen Zugriff zugänglich.

Diese stehen dann als *Daten* in unserer Aktionsplanung. Sowohl Daten als auch Aktionsparameter sind bestimmend für die Situation. Wir bezeichnen sie deshalb auch als *Bestimmungsfaktoren*. Wenn sich

---

15 *Easton*, David: Limitations of the Equilibrium Model in Social Research, in: Behavorial Science, Vol. 1, 1956, S. 96—104.

16 Vgl. *Machlup*, Fritz: Equilibrium and Disequilibrium, in: Essays on Economic Semantics, Englewood Cliffs 1963, S. 44.

unsere Aktionen nur auf eine beschränkte Anzahl von Bestimmungsfaktoren richten (nämlich auf die Aktionsparameter), so mag das daher kommen, daß unser Ziel auch durch eine solche beschränkte Aktion erreichbar erscheint, oder aus Unvermögen, in die Daten einzugreifen, oder nur daher, weil nun einmal der Mensch nicht alles zur gleichen Zeit erledigen kann.

Wenn wir gemäß dieser Betrachtungsweise zwischen *Zielen, Aktionsparametern* und *Daten* unterscheiden, so ist das Gleichgewicht als diejenige Situation zu beschreiben, in der die in Frage stehenden Individuen bei gegebenen Zielen aus der gesamten Situation keinen Anlaß entnehmen, ihre Aktionsparameter anders zu setzen, als sie es bisher planten. Zur vollständigen Beschreibung des Gleichgewichts müssen wir also immer angeben, welche Faktoren *Aktionsparameter* sind und welche zu den *Daten* gerechnet werden sollen.

Dieser Gedanke ist von großer Tragweite, sobald wir die *reine Marktökonomik* verlassen und durch den Einbezug von Verbänden einen *komplexen ökonomischen Ansatz* unserer Theorie wagen. Wir wollen diesen Weg deshalb noch ein wenig weiter verfolgen.

2. Gleichgewichtsordnungen

Gehen wir von der Situation aus, in der zwischen Marktpartnern die beiden Variablen *Preise* und *Mengen* Aktionsparameter seien. Die Partner variieren also im gegenseitigen Austausch Preise und Mengen und fahren darin so lange fort, bis sich Preise und Mengen so eingespielt haben, daß jeder der Partner glaubt, durch ein weiteres Verändern dieser Aktionsparameter könne er seine Situation nicht mehr verbessern (Gleichgewicht). Preise und Mengen sind also Aktionsparameter. Freilich gibt es neben ihnen noch viele andere Bestimmungsfaktoren des Tauschens. Sie werden indes in unserem Beispiel als Daten angesehen.

Da die Partner auf einem Markt agieren, gehört auch die *Marktorganisation* oder, wie wir auch sagen können, *das elementare System Markt*[17] zu den Daten. Im angenommenen Fall haben also die Partner nur den Plan, Preise und Mengen *innerhalb* der Marktorganisation zu variieren, dagegen nicht die Marktorganisation *als solche* (etwa durch die Bildung von Verbänden) zu verändern.

Wir können uns nun den Fall vorstellen, daß die Partner ihr Verhalten ändern. Sie betrachten nicht mehr einzig Preise und Mengen als Aktionsparameter, sondern *auch* die Marktorganisation. Diese scheidet also aus dem Datenkranz aus und wird unter die Aktionsparameter eingereiht. Voraussetzung ist natürlich, daß es den Partnern wirklich möglich ist, die Marktorganisation zu beeinflussen und plan-

---

[17] Vgl. *Herder-Dorneich*, Ph.: Wirtschaftssysteme ..., S. 15.

mäßig zu verändern. Das wäre z. B. durch Gründung eines Verbandes oder mehrerer Verbände möglich, durch die das elementare System *Markt* zu einem komplexen System *organisierter Markt* umgestaltet würde. *Systemvariation durch Verbandsbildung* wäre demnach der zusätzliche Aktionsparameter zu nennen. Die Partner können nun in der Systemvariation wiederum so lange fortfahren, bis sie das Versorgungssystem realisiert haben, bei dem keiner mehr glaubt, er könne seine Situation verbessern, wenn er die Organisation weiter verändere. Wieder ist also Gleichgewicht erreicht. Freilich unterscheidet es sich vom ersten betrachteten Gleichgewicht. Wir nennen es deshalb ein *Gleichgewicht höherer Ordnung*[18].

Wir können diese Überlegung wiederum auf einer höheren Stufe fortführen. Wir gehen davon aus, daß die Partner nicht nur die Organisation des *speziellen* Versorgungssystems, in dem sie stehen, als Aktionsparameter betrachten und entsprechend verändern, sondern daß sie auch in der Lage sind, *andere ähnlich wirkende Versorgungssysteme* ins Leben zu rufen. Sie treten damit aus ihrem speziellen Versorgungssystem heraus und schaffen einen *Gesamtmarkt*, indem sie die Bildung *neuer zusätzlicher* Versorgungssysteme anregen und diese Systeme insgesamt so lange vermehren und/oder verändern, bis sie glauben, ihre Situation durch die Schaffung weiterer zusätzlicher und anderer Versorgungssysteme nicht mehr verbessern zu können.

Wir haben also Gleichgewichte ebenso vieler *Ordnungen* zu erfassen, wie wir *Systembegriffe* verwenden:

Ein Gleichgewicht *erster* Ordnung spielt sich innerhalb eines einfachen, elementaren Systems ab, z. B. innerhalb von *M* (Markt) oder *W* (Wahlen) oder *G* (Gruppenverhandlungen). Ein Gleichgewicht *höherer Ordnung* entwickelt sich innerhalb eines komplexen Subsystems. Es bedeutet, daß sich alle elementaren Systeme, aus denen sich dieses komplexe Subsystem zusammensetzt, im Gleichgewicht befinden. Also z. B.: *M* und *W* und *G* sind gleichzeitig im Gleichgewicht.

Ein Gleichgewicht wiederum *höherer Ordnung* können wir auch das *strukturelle* Gleichgewicht eines Systems nennen. Es bedeutet, daß das System (elementares oder komplexes System) seinen Komplexitätsgrad nicht mehr weiter verändert (weitere Verbandsbildung findet nicht mehr statt).

Würden wir noch weitere Systembegriffe einführen, so würden sich entsprechend weitere Gleichgewichte noch höherer Ordnungen ergeben. In den von uns verwendeten Modellen ist das jedoch nicht der Fall.

---

[18] Ordnung ist hier nicht im Sinne von Ordo der neoliberalen Schule gemeint („d. h. Ordnung, in der Maß und Gleichgewicht bestehen", *Eucken*, Walter: Die Grundlagen der Nationalökonomie, 7. Aufl., Berlin, Göttingen, Heidelberg 1959, S. 239), sondern vielmehr als klassifikatorisches Schema, wie es z. B. *Menger* für seine Güterordnungen verwandte (vgl. *Menger*, Carl: Grundsätze der Volkswirtschaftslehre, Wien 1871, Leipzig 1923).

Wir können darum den Begriff *Gleichgewicht höchster Ordnung* hier in bezug auf den Gesamtmarkt verwenden. Es bedeutet, daß der Gesamtmarkt seinen Komplexitätsgrad nicht weiter verändert.

3. Ungleichgewichtige Gleichgewichte

Von einem *ungleichgewichtigen Gleichgewicht* zu sprechen, erscheint zunächst ein definitorischer Unsinn. Der Sinn dieser Redeweise wird jedoch offensichtlich, sobald wir von Gleichgewichten *verschiedener Ordnungen* ausgehen. Die Gleichgewichte bedingen sich nämlich nicht notwendigerweise gegenseitig. So kann z. B. ein Gleichgewicht niedriger Ordnung mit einem Ungleichgewicht höherer Ordnung zusammenfallen. Und ein Gleichgewicht erster, niedriger und höherer Ordnung kann mit einem Ungleichgewicht höchster Ordnung einhergehen.

Natürlich ist die Problematik ungleichgewichtiger Gleichgewichte im *monistischen System einer reinen Marktökonomik* logisch nicht nachvollziehbar. Sie hat einfach *definitionsgemäß* hier keinen Platz. Und so ist es verständlich, daß über lange Jahrzehnte hinweg das Problem zwar immer wieder angerührt wurde, jedoch nicht wirklich erfaßt und formuliert werden konnte. Zum ersten Mal mit voller Wucht wurde es von *Keynes* formuliert, als er von einem *Gleichgewicht bei Unterbeschäftigung*[19] sprach. Unterbeschäftigung meint nichts anderes als ein Ungleichgewicht auf dem Arbeitsmarkt. Die Neoklassiker haben deshalb (und von ihrem Denksystem her mit Recht) den Einwurf gemacht, ein Gleichgewicht bei Unterbeschäftigung sei nicht vorstellbar[20]. Denn wenn noch Arbeitslose am Arbeitsmarkt übrig blieben, so müsse z. B. der Preis für Arbeit (der Lohn) solange sinken, bis diese Arbeitslosen in den Marktprozeß eingegliedert seien.

Gleichgewicht bei Unterbeschäftigung ist erst in einem pluralistischen (zumindest dualistischen) System sinnvoll. Erst hier ist es vorstellbar, daß der Arbeitsmarkt bei Gleichgewicht im Ungleichgewicht ist. Es

---

19 Der Ausdruck Gleichgewicht bei Unterbeschäftigung wurde zuerst von *Harris* geprägt: Im Zusammenhang mit den drei Hauptmängeln der Klassiker bei der Analyse des Beschäftigungsproblems erwähnt er: "... they dit not make ... (3) *underemployment equilibrium* part of their general economics." (*Harris*, Seymor E.: The new economics. Keynes' influence on theory and public policy. New York 1950, Unterstr. v. Verfasser, S. 27.) Ähnlich schreibt Harrod über Keynes: „Damit war theoretisch die Möglichkeit einer *Gleichgewichtslage bei* unfreiwilliger *Unterbeschäftigung* im Keynesschen System gegeben" (*Harrod*, Roy F.: Keynes, John Maynard. In: HdSW, 5. Bd., Stuttgart, Tübingen, Göttingen 1956, S. 612).

Vgl. auch *Paulsen*, Andreas: Neue Wirtschaftslehre, Einführung in die Wirtschaftstheorie von John Maynard Keynes und die Wirtschaftspolitik der Vollbeschäftigung, 3. neugef. u. erw. Aufl., Berlin, Frankfurt a. M. 1954, S. 261 ff.

20 Für eine ausgewogene Darstellung dieser Kontroverse vgl. *Leijonhufud*, Axel: On Keynesian Economics and the Economics of Keynes, New York 1968.

handelt sich bei ihm ja nur um ein Ungleichgewicht *erster* Ordnung. Der Wirtschaftskreislauf kann sich demgegenüber im Gleichgewicht befinden. Dies ist ein Gleichgewicht *höherer* Ordnung. Das Gleichgewicht höherer Ordnung ist mit dem Ungleichgewicht niederer Ordnung kompatibel; ja, das eine bedingt möglicherweise sogar das andere. Im *Keynes*schen Fall eines Gleichgewichts bei Unterbeschäftigung resultiert das mikroökonomische Ungleichgewicht aus dem makroökonomischen Gleichgewicht.

Wenn wir im folgenden das Verhalten von Verbänden am Markt untersuchen, werden wir es mit Gleichgewichten *innerhalb* von Verbänden, *zwischen* Verbänden, Gleichgewichten des *Marktes* und des *Organisationsgrades des Gesamtmarktes* zu tun haben. Wir werden damit rechnen müssen, daß Gleichgewichte und Ungleichgewichte gleichzeitig nebeneinander bestehen.

III. Verbandsbildung am Markt

1. Monopolgewinn und Verbandsbildung

Wir wollen das Auftreten von Verbänden am Markt analysieren. Wir beginnen unsere Untersuchung auf einem Markt mit vielen Marktteilnehmern. Der Markt sei nach außen in einer Weise abgegrenzt, daß neu hinzukommende Anbieter nur schwer oder überhaupt keinen Zugang finden. Unser Markt ist also ein *polypolistischer* und ein *geschlossener* Markt.

Wir können uns die Tatsache seiner Geschlossenheit etwa durch die Existenz eines Lizenzsystems erklären. Die Geschlossenheit des Marktes ist kein notwendiger Bestandteil unseres Modells. Sie erlaubt uns aber vorläufig, von einigen Komplikationen zu abstrahieren, die erst später, nach Entwicklung unseres Grundmodells, behandelt werden sollen.

Fig. 3 stellt die Angebots- bzw. Nachfragebedingungen auf diesem Markt dar. Die Angebotskurve A ist durch horizontale Addition der individuellen Grenzkostenkurven konstruiert worden. Im Falle vollkommener Konkurrenz ergibt sich als Gleichgewichtspreis p_K, als Gleichgewichtsmenge m_K. Bei monopolistischer Marktform hätte sich bei gleicher Nachfrage- und Kostenstruktur der Gleichgewichtspreis p_M mit der Menge m_M ergeben. Durch Zusammenfassung der polypolistischen Anbieter zu einem Kollektivmonopol ließe sich ein Monopolgewinn von der Größe der schraffierten Fläche erzielen. Verzichtet werden muß dafür auf die gepunktete Fläche. Es erscheint reizvoll, sich die Frage zu stellen, unter welchen Bedingungen es zu einer

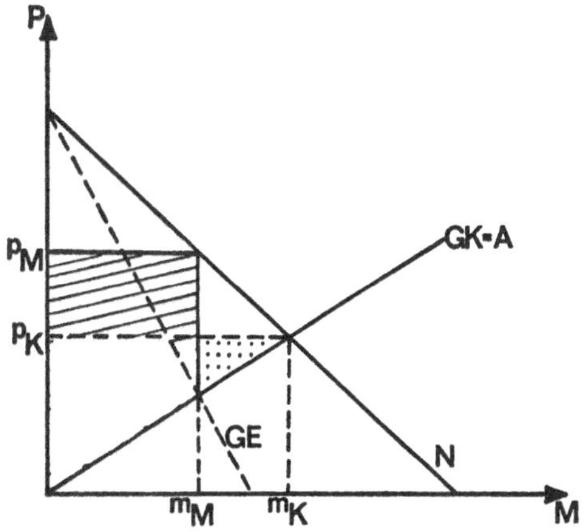

Figur 3

Monopolbildung kommen wird, welche Konsequenzen sich daraus ergeben und wie hoch die Chancen für das Bestehen der veränderten Marktorganisation sind.

Die Höhe des bei Monopolisierung zu erwartenden Gewinnes ist — wir unterstellen gewinnmaximierendes Verhalten — entscheidend für die Frage, ob es zu einer Verbandsbildung kommen wird. In jedem Fall kann aber der Monopolgewinn nur um den Preis einer Einschränkung der abgesetzten Menge erzielt werden. Die Verteilung der Mengeneinschränkung auf die Mitgliedsbetriebe ist das Kernproblem jeder Kartellverfassung. Dieser Konfliktaspekt im Kartell wird jedoch nach Ansicht von *Heuss*[21] in den am Monopolfall orientierten Kartellmodellen nur unzulänglich erfaßt. Unsere Einsicht in die Willensbildung von Kollektivmonopolen ist durch die Beiträge von *Krelle* und *Brandt*[22] erweitert worden.

Der einfachste Fall ist wohl der, bei dem kein Betrieb aus dem Markt ausscheidet, sich also alle Kartellmitglieder an der Produktion beteiligen. Durch Addition der Grenzkostenkurven (genauer: der Grenzkostenkurven vom Minimum der variablen Durchschnittskostenkurve ab) ergibt sich die Grenzkostenkurve des Kollektivmonopols. Der Kartellgewinn wird maximiert, wenn jeder Betrieb die Menge

---

[21] Vgl. *Heuss*, Ernst: Das Kartell. Ein Beitrag zur Kartelltheorie, in: Jahrbuch für Sozialwissenschaft, Bd. 12, 1961, S. 144—162.

[22] Vgl. *Krelle*, Wilhelm: Kartelle und Preisflexibilität, in: Schweizerische Zeitschrift für Volkswirtschaft und Statistik, Jg. 95, 1959, S. 209—213. *Brandt*, Karl: Die Konfliktsituation im Kartell, in: Zeitschrift für die Gesamte Staatswissenschaft, Bd. 117, 1962, S. 388.

ausbringt, bei der seine Grenzkosten gleich den Kollektivgrenzkosten in ihrem Schnittpunkt mit dem Grenzerlös sind[22a]. Die Bevorzugung der kostenmäßig besser gestellten Betriebe bei diesem System enthält aber Sprengstoff für verbandsinterne Konflikte. Die durch die Kostenunterschiede verursachten Spannungen sind oft ein Hauptgrund für das „kurze und turbulente“[23] Dasein von Kartellen.

Unterschiedlich stellt sich das Problem, wenn auch die Fixkosten einbezogen werden, d. h. die Nichtbeschäftigung oder Stillegung von Mitgliedsunternehmungen erwogen wird. In diesem Fall sind die Durchschnittskosten maßgeblich für die Quotenaufteilung[24]. Was die Höhe der Entschädigung für ausscheidende Betriebe betrifft, so sind harte Verhandlungen zu erwarten, an deren Ende durchaus der Verzicht auf die Kartellbildung und der Übergang zu einer weniger strengen Bindung (z. B. Kalkulationsnormen) stehen kann.

Heuss hat darauf hingewiesen, daß die historische Schule den sozialen Aspekt des Konflikts im Kartell durchaus erkannte und auch ausführlich zur Darstellung brachte. Freilich fehlte ihr das theoretische Werkzeug und der Mut zur Abstraktion. Auf der Basis der Systemtheorie sind wir in der Lage, Markt- und Wahlaspekt (Willensbildung) im Marktverband nach einheitlichen Prinzipien zu erfassen. Der Verband wirkt durch seine Funktionäre *F*. Die Verbandsmitglieder *M'* delegieren die Marktentscheidungen *M* an *F* und kontrollieren *F* durch Wahlen *W*. Das Strukturmodell *Verband am Markt* ist entstanden. Es wurde ein komplexes Versorgungssystem gebildet, das aus zwei Subsystemen Verbandswahlen *W* und Markt *M* besteht. Es umgreift drei Aggregate:

[22a] Figur 4 entfällt.

[23] “A few large, geographically concentrated firms producing homogeneous commodity may form a very successful cartel and maintain it, at least during periods of prosperity. But the greater the number of firms, the greater the scope for product differentiation, and the greater the geographical dispersion of firms the easier is it to ‘cheat’ on the cartel’s policy. In times of marked prosperity profit may be so great that there is little incentive to cheat. But profits are low or negative there is a marked incentive; and when the incentive exists enterprising entrepreneurs will discover what they believe to be ingenious methods of cheating.” *Ferguson*, C. E.: Microeconomic Theory, Homewood, III. 1969, S. 327.

[24] „Unter Nichtbeschäftigung verstehen wir dabei eine Situation, bei der alle Betriebe produktionsbereit gehalten werden, ihre Fixkosten also immer anfallen, aber bestimmte Kostenbelastungen der Gruppe durch variable Kosten vermieden werden können, wenn die entsprechend auszusuchenden Betriebe aus dem Angebot ausgeklammert werden. Im Gegensatz hierzu bedeutet Stillegung nicht nur eine Produktion der Menge null, sondern Aufgabe des Betriebes z. B. durch Veräußerung, wobei Stillegungskosten, Veräußerungsgewinne usw. unberücksichtigt bleiben. Bei der effektiven Stilllegung sind also auch noch die Fixkosten der ausgegliederten Betriebe vermeidbar.“ *Brandt*, Karl: Die Konfliktsituation ..., S. 397.

Mitglieder *M'*, Funktionäre *F* und Konsumenten *C*. Ein solches Modell ist z. B. aktuell für einen Verband, bei dem die Mitglieder einzeln produzieren und über einen Verband gemeinsam und zentralisiert verkaufen. Die Struktur dieses Versorgungssystems ist in der Fig. 5 wiedergegeben.

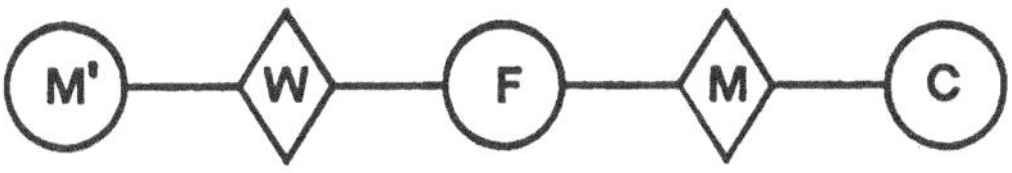

Figur 5

Die neoliberalen Theoretiker sind nicht müde geworden, auf den Zusammenhang zwischen Kartellbildung (Verbandsbildung) und Marktform hinzuweisen und strenge Verbote der Verbände dieses Typs (Kartelle) zu fordern[25]. Sie haben freilich Ursache und Wirkung nicht immer deutlich genug auseinandergehalten. Denn die Verbandsbildung ist in den meisten Fällen tatsächlich nicht in *W* begründet, sondern in *M*. *W* ist nur Folge der in *M* angelegten ökonomischen Daten. *W* kann damit nur dann erfolgreich verboten werden, wenn die ursprünglichen monopolbegünstigenden Voraussetzungen in *M* beseitigt worden sind.

Die allgemeinen Voraussetzungen der Monopolbildung in den Besonderheiten der Elastizitätsverhältnisse hat *Zimmerman* bereits 1951[26] erkannt und in einer Theorie der *Neigung zum Monopol* dargestellt. Er zeigt mit besonderer Blickrichtung auf die Industrieproduktion (sekundärer Sektor), daß in einer Ende des 19. Jahrhunderts einsetzenden Phase der industriellen Entwicklung die starke Position der Produzenten im Abbau begriffen war.

Bis zu den zwanziger Jahren des 20. Jahrhunderts wurde dann die Position der Anbieter außerordentlich labil. *Zimmerman* sieht den

---

25 Vgl. z. B. *Böhm*, Franz: Das Reichsgericht und die Kartelle, in: ORDO. Jahrbuch für die Ordnung von Wirtschaft und Gesellschaft, Bd. 1, 1948, S. 212 f. sowie *Eucken*, Walter: Die Wettbewerbsordnung und ihre Verwirklichung, in: ORDO, Bd. 2, 1949, S. 17 f. und S. 33.

26 Vgl. *Zimmerman*, Louis J.: Versuch einer Theorie der Dynamik der Marktform. Vortrag vor dem Forschungsbeirat des IFO-Instituts für Wirtschaftsforschung, gehalten am 23. 1. 1951, Sonderschrift des IFO-Instituts Nr. 11, München 1951 (vervielfältigtes Manuskript), ders.: Die Bedeutung der Nachfrage- und Angebotselastizität für die Marktform, in: Zeitschrift für Ökonometrie, 1. Jg. (1950), Nr. 1, S. 63—84; ders.: The propensity to monopolize, Amsterdam 1952.

Grund in der stark zunehmenden Kapazitätsausweitung und der mit dieser einhergehenden schnelleren Entwicklung des technischen Fortschritts. Beide Tendenzen machten die Industriegüterproduzenten immer abhängiger vom Umsatz, und zwar abhängig in der Weise, daß sie darauf bedacht sein mußten, ihre Kapazitäten voll zu nutzen. Sie wurden den Nachfragern gegenüber in eine abhängige Position gedrängt.

Verstärkend wirkte die ergänzende Gegenentwicklung auf dem Markt, die sich in einer zunehmenden Verfeinerung und Vervielfältigung des Angebots darstellte. Sie brachte eine starke Zunahme der *Substitutionsmöglichkeiten* für den Nachfrager.

Zimmerman erkennt, daß diese technologisch bedingte Entwicklung, die vor allem den sekundären Sektor kennzeichnet, sich in Preiselastizitäten von Angebot und Nachfrage widerspiegelt. Der zunehmende Wettbewerbsdruck auf die Produzenten bei immer mehr nur mühsam zu nutzenden Kapazitäten führt zu einer hohen *Angebotselastizität:* ε_A. Schon niedrige Preisänderungen führen zu starken Mengenreaktionen, die über die Beschäftigungsveränderungen auch den Arbeitsmarkt stark treffen. Umgekehrt bedeutet eine hohe Substitutionalität am Markt auch eine hohe *Nachfrageelastizität:* ε_N.

Die besondere Überlegung *Zimmermans* besteht nun darin, die Marktformen aus der dynamischen Konfrontierung der Angebots- und Nachfrageelastizitäten erklärt zu haben.

Stehen sich, wie oben beschrieben, eine hohe ε_A und eine hohe ε_N gegenüber, interpretiert *Zimmerman* die Konstellation als labiles Monopol.

Aufgrund der hohen (Gesamt-)Angebotselastizität am Branchenmarkt erscheint den Anbietern vor allem das kapazitätsbedingte Kapitalrisiko nur noch durch gemeinsame Produktionsabstimmung tragbar gemacht werden zu können. Nur so erscheint ihnen eine langfristige Stabilisierung des Angebots möglich. Allerdings nur unter der Voraussetzung, daß Einigung hinsichtlich der gemeinsamen Mengenpolitik erreicht wird.

Sie ist, wie *Zimmerman* betont, das Essentielle der Monopolpolitik. Ein Preiskartell ohne Quotenkartell dagegen sei undurchführbar. Über Stillegung von Kapazitäten wollen also die Produzenten auf die Lockerung der hohen Angebotselastizitäten hinwirken.

Diese Stillegungen allerdings verursachen sowohl direkt wie indirekt (Organisations-)Kosten. Sie können nur über einen entsprechend hohen Monopolgewinn kompensiert werden. Bei hoher (Gesamt-)Nachfrageelastizität führt aber eine monopolistische Preispolitik nur zu geringen Gewinnzuwächsen bei gleichzeitig erforderlicher großer Produktionseinschränkung. Die Situation des labilen Monopols wird also um so eher in eine (Angebots-)Monopolsituation umschlagen (bzw. das Monopol um so stabiler sein), je niedriger die Nachfrageelastizität ist. Zimmerman erkennt in der Formel

$$\left| \frac{\varepsilon_A}{\varepsilon_N} > 1 \right|$$

die typische (und seit *Keynes*[27] für die Industrie kennzeichnende[28]) Elastizitätsstruktur des stabilen Monopols.

So wird deutlich, daß unter den genannten Bedingungen Monopole die für eine gesamtgesellschaftliche Stabilität notwendige Folge der Marktstruktur sind. Die so oft beklagten Überkapazitäten sind nun nicht mehr als Folge, sondern als Ursache für die Monopolbildung zu bewerten. Zudem wird aus den Elastizitätsbetrachtungen deutlich, daß Kartelle mit ihrer Begründung bereits ihre Selbstauflösung festlegen. Sind sie nämlich erfolgreich und läßt der Druck auf die Angebotselastizität nach, reizt eine immer größer werdende Außenseiterrente zur Verbandsauflösung.

2. Außenseiterprämie und Verbandsauflösung

Ein Produzent, der aus einem Monopol-Verband austritt, kann eine Außenseiterprämie realisieren (vgl. Fig. 6).

Die Figur 6 zeigt die Situation eines Verbandsmitgliedes, das eine Produktionsquote innerhalb von m_c zugewiesen bekommen hat, und

27 *Zimmerman* ordnet der klassischen Wettbewerbstheorie, repräsentiert durch *Ricardo*, die Elastizitätsstruktur $E_A : E_N$ 1 ZU. Hier wurden folgerichtig keine (Angebots-)Monopole notwendig. Die Theorie des vollkommenen Wettbewerbs war darum relativ zutreffend und erklärungsfähig. In einer Übergangszeit, die durch Theorien der unvollkommenen Konkurrenz (z. B. *Chamberlain*) begleitet war, sieht *Zimmerman* die Elastizitätsstruktur $E_A : E_N = 1$ als gegeben an.

28 Bemerkenswerterweise sieht *Zimmerman* die Situation des labilen Polypols (niedrige E_A und niedrige E_N), und damit die immanente Neigung zu nichtwettbewerblichen Organisationsformen, auch für die *Landwirtschaft* als gegeben an. Dort bestimmen jedoch exogene Faktoren die Produktion, so daß Marktmonopole unwirksam sind. Zimmerman sieht darum eine staatliche Regelung dieses primären Sektors für gerechtfertigt an.

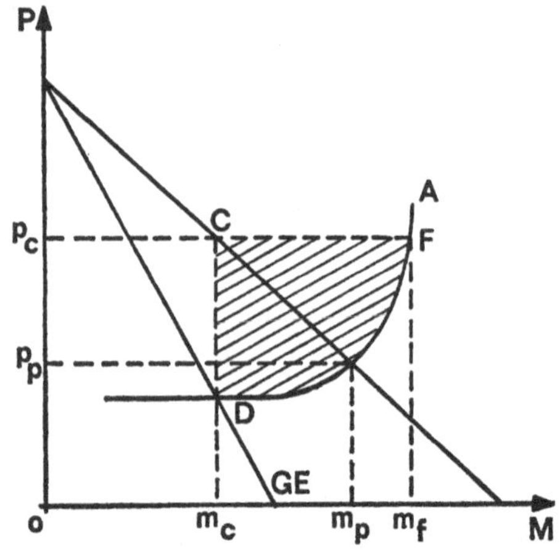

Figur 6

diese Quote zum Monopolpreis p_c absetzt. Zu demselben Preis p_c aber könnte dieses Verbandsmitglied, wenn es aus dem Verband austreten würde und sich nicht mehr an dessen Auflagen zu halten brauchte, die Menge m_f absetzen. Auf den Austritt aus dem Verband ist also gemäß den Annahmen der Fig. 6 die Prämie in der Größe der Fläche *CDF* gesetzt. Diese Prämie ist zugkräftig, wenn man bedenkt, daß der durch den Verband gewährleistete Monopolgewinn nicht verloren geht und weiterhin realisiert werden kann.

Solange nur wenige Außenseiter aus dem Verband ausscheren, können sie möglicherweise tatsächlich ihre Außenseiterprämie realisieren. Werden durch diese Prämie dagegen mehr und mehr Außenseiter angelockt, kann die Menge, die über m_c hinaus auf den Markt kommt, nicht ohne Einfluß auf den Preis bleiben. Der Preis sinkt, er rückt immer näher an p_p heran. Die Außenseiterprämie nimmt damit ab.

Dem Monopolgewinn als Anreiz zur Verbandsbildung wirkt also die Außenseiterprämie entgegen. Sie bewirkt Verbandsauflösung. Unter diesen Bedingungen ist es also zunächst ungewiß, ob sich ein Verband bildet, und sodann, ob er sich auflöst.

3. Verbandsgewinne und Verbandskosten

Wir haben im vorausgegangenen Beispiel die für die Verbandsbildung günstigsten Bedingungen angenommen. Wir wollen nun weniger günstige Bedingungen annehmen und insbesondere auch berücksichtigen, daß die Verbandsbildung *Kosten* verursacht.

Die Kosten der Verbandsbildung bestehen zunächst aus Entschädigungszahlungen an die aus der Produktion ausscheidenden Unternehmer, darüber hinaus aus Entschädigung der abgebauten Produktionsfaktoren (Entschädigung von Kapitalgebern, Abfindungssummen an Arbeitnehmer), aus Kosten der Verbandsverwaltung und der Werbung für die Verbandsziele. Die Kosten der Verbandsbildung können stark ins Gewicht fallen, wenn die überschüssige Produktion nicht verhindert werden kann, sondern aufgekauft und vernichtet werden muß, und wenn die Schließung des Marktes nicht hinreichend sichergestellt werden kann.

In Fig. 7 a wird das Modell eines solchen Marktes dargestellt. Wenn sich ein Verband bildet, kann er hier, indem er die Menge von m_p in Richtung auf m_c reduziert und die Preise von p_p in Richtung auf p_c erhöht, zusätzliche Gewinne erzielen. Das Gewinnmaximum wird in Punkt *C* erreicht. Den Zusammenhang zwischen Mengenreduzierung und Gewinnerhöhung wird in der Fig. 7 b durch die Kurve *E* (Verbandserträge) dargestellt.

Nun wollen wir aber auch die Kosten der Verbandsbildung berücksichtigen. Wir unterstellen dazu einen üblichen Kostenverlauf. Die Kosten beginnen zunächst bei einem Fixkostenbetrag, ohne den eine Verbandsbildung überhaupt nicht möglich wird. Sie steigen dann rasch, anschließend relativ langsam an, erreichen einen Wendepunkt, von dem an zunehmende Verbandsstärke in wachsendem Maße teurer wird. Solange wir nicht über empirische Untersuchungen hinsichtlich Verbandskosten verfügen, müssen wir zunächst von geschätzten Annahmen ausgehen. Dazu bieten sich die klassischen Annahmen des *Ertragsgesetzes* an.

Die Verbandsstärke und der Organisationsgrad des Verbandes drükken sich in der erreichten Reduzierung der angebotenen Menge *(— M)* auf dem Markt *P/M* im Achsenkreuz 0_1 aus.

Die Daten der Verbandsbildung sind nun im Achsenkreuz 0_2 bzw. 0_3 zusammengefaßt. Sie zeigen, daß zunächst die Verbandskosten die Erträge der Verbandsbildung übersteigen. Erst links vom Punkt *H* zahlt sich die Verbandsbildung aus. Im Bereich zwischen *H* und *J* sind die Erträge höher als die Kosten. Links von *J* kehrt sich das Verhältnis wieder um. Die Aufwendungen, die der Verband machen muß und der Widerstand, der sich ihm nun entgegenstellt, sind größer als der zu erwartende Monopolgewinn.

Die Verwendung von Marktökonomik (im Achsenkreuz 0_1) und Verbandsökonomik (im Achsenkreuz 0_2 bzw. 0_3) zeigt damit, daß es nicht gelingen wird, einen Verband in unserem Modell zu organisieren, solange das polypolistische Gleichgewicht in *P* besteht. Die Reizschwelle zur Verbandsbildung liegt nämlich links von *H*. Wird aus irgendeinem

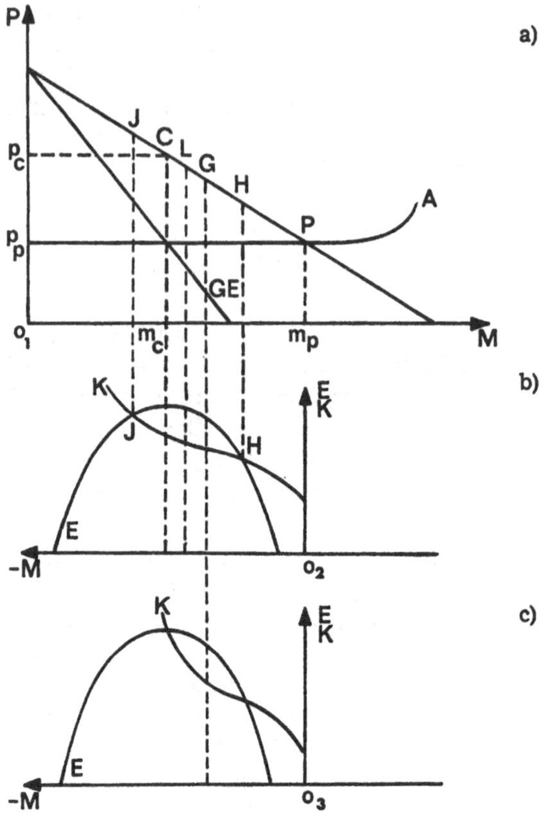

Figur 7 a - c

Grunde diese Reizschwelle übersprungen, so können Funktionäre mit einer Verbandsbildung allerdings Erfolg haben. Sie können den Verband zunehmend organisieren bis zum Punkt *L*, bei dem eine maximale Differenz zwischen Erträgen und Kosten erreicht wird. Darüber hinaus wird die Verbandsaktivität zunehmend unrentabel, bis sie schließlich links von *J* überhaupt unmöglich wird (vgl. Fig. 7 a—c).

Das Modell zeigt unter den gewählten Annahmen, die natürlich leicht variiert werden können, daß auf einem Markt, auf dem zwar Monopolbildung grundsätzlich möglich ist, eine Verbandsbildung vor Überschreiten der Reizschwelle nicht automatisch erfolgt. Je höher die Reizschwelle liegt, um so stabiler wird das polypolistische Gleichgewicht sein.

Die Höhe der Reizschwelle kann durch den Staat und seine Kartellgesetzgebung beeinflußt werden. Die Kartellbildung muß für die Konsumentenversorgung nicht immer so nachteilig sein, wie der *Cournot*-Punkt angibt. Der maximale Gewinn des Verbandes (des Kartells) wird z. B. im Modell der Fig. 7 c bereits bei *G* erreicht.

Unsere Überlegung läßt sich in verschiedener Richtung variieren. Wir haben das Auftreten eines Verbandes auf der Anbieterseite unter der Verhaltensbedingung der Gewinnmaximierung untersucht. Wir können nun auch auf die Nachfrageseite übergehen und das Entstehen eines monopsonistischen Nachfragerverbandes im Modell beobachten. Oder wir können die Gewinnmaximierungsbedingung variieren und auf Umsatzmaximierung übergehen oder auf Nutzenmaximierung (bei den Nachfragern) bzw. auf Versorgungsmaximierung.

Bei solchen Variationen stellen sich zum Teil keine besonderen neuen Anforderungen. Es sind lediglich einzelne Sätze in der Überlegung entsprechend zu verändern. Darauf wollen wir hier verzichten. Zum Teil jedoch werden wir vor neue, zusätzliche Probleme gestellt, zu deren Lösung unser bisher aufbereitetes einfaches Instrumentarium nicht ausreicht. Wir werden die entsprechenden Fragestellungen deshalb später einflechten. Die Bildung von Nachfragerverbänden und die Organisation des Marktes zur Schließung von Versorgungslücken (Versorgungsmaximierung) werden wir weiter unten[29] behandeln.

IV. Der Markt unter dem Einfluß eines Verbandes

1. Einleitung

Im vorausgegangenen Abschnitt haben wir angenommen, der Verband würde sich gewissermaßen neben dem Markt bilden. Die Marktdaten würden also durch die Verbandsbildung nicht verändert, insbesondere nicht die Struktur von *Angebot* und *Nachfrage* und die *Verhaltensweisen* der Marktteilnehmer (wir unterstellen nämlich Gewinnmaximierung und deren Beibehaltung).

Wir wollen nun für einen weiteren Schritt in der Analyse einige dieser Annahmen auflösen. Wir konzentrieren unsere Aufmerksamkeit zunächst auf das Marktgeschehen und untersuchen, welches neue Marktgleichgewicht sich auf Grund von Verbandsbildung einstellt.

2. Umsatzmaximierung

Es lassen sich viele Verbände beobachten, deren Ziel nicht auf Gewinnmaximierung, sondern auf Umsatzmaximierung ausgerichtet ist (z. B. Kommunale Verbände, Genossenschaften).

[29] Vgl. dazu den Abschnitt unter VI. 2) „Marktgleichgewichte und strukturelles Gleichgewicht."

Die Umsatzmaximierung kann auf zweierlei Weise ausgelegt werden:

— Als orientiert am *Fremdinteresse* (das Interesse, den Bedarf der Marktgegenseite möglichst umfangreich zu decken ohne Rücksicht auf Gewinn) oder
— als orientiert am *Eigeninteresse.*

Wir wollen beide Typen in unsere Überlegung einbeziehen. Dazu bezeichnen wir den am Fremdinteresse ausgerichteten Verband als *bedarfsdeckend,* den am Eigeninteresse ausgerichteten Verband als *umsatzmaximierend.*

Es ist möglich, daß durch die Verbandsbildung die Produktion so umgeschichtet werden kann, daß die fixen Kosten, die vorher bei dem einzelnen Produzenten sehr unterschiedlich anfielen, nun gleichmäßiger verteilt werden können. Während also vor der Verbandsbildung jeder Produzent mit einer unterschiedlich gelagerten Durchschnittskostenkurve zu rechnen hatte und der Grenzproduzent sich vor einer Situation sah, in der die Durchschnittskosten gleich seinen Grenzkosten und gleichzeitig gleich dem Preis waren, wird nun nach der Verbandsbildung eine einzige Durchschnittskostenkurve für alle relevant *(DK* in der Fig. 8).

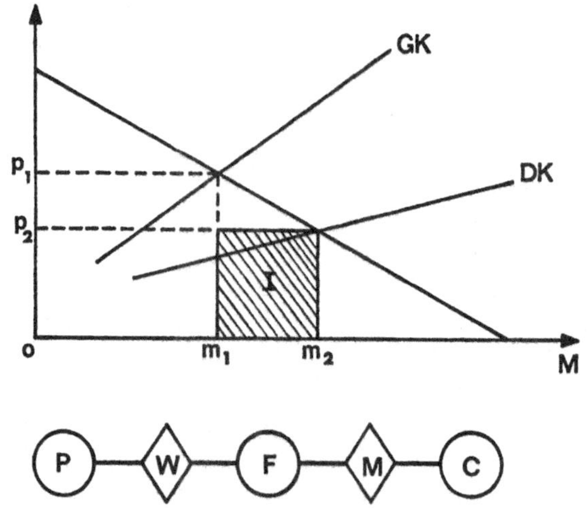

Figur 8

Nunmehr kann der Verband seinen Mitgliedern vorschlagen, den Umsatz von m_1 auf m_2 auszuweiten. Bei der Produktionsmenge m_2 werden zwar keine Gewinne realisiert, dafür aber mehr Produktionsfaktoren eingesetzt. Der Mehrerlös entspricht der Fläche *I.* Von ihr ist der Gewinnentgang abzuziehen.

Wenn wir unterstellen, daß die Produzenten die Produktionsfaktoren selbst bereitstellen, so wird verständlich, daß sie nicht nur am *Gewinn*, sondern auch an der *Beschäftigung* interessiert sein können. Sie *verdienen* auch an der Beschäftigungsausweitung. Daraus wird ersichtlich, daß die Mitglieder des Verbandes ein Interesse daran gewinnen können, den Umsatz bis zur vollständigen Bedarfsdeckung unter Verzicht auf einen Gewinn bei einem geringeren Beschäftigungsgrad auszudehnen. Dies insbesondere dann, wenn die Umsatzausweitung einer großen Gruppe zugute kommt, der Gewinnverzicht aber nur eine kleine Gruppe trifft, die im Verband überstimmt werden kann.

Diese Verhaltensweise kann erwartet werden bei einem relativ flachen Verlauf der Nachfragekurve, einem gestreckten Verlauf der Durchschnittskostenkurve und einem steilen Verlauf der Grenzkostenkurve.

3. Versorgungsmaximierung

Im vorigen Abschnitt haben wir gesehen, daß unter dem Ziel der Umsatzmaximierung die Versorgung bis zu dem Punkt ausgedehnt wird, an dem keine Gewinne mehr erzielt werden. Wir wollen nun annehmen, daß ein Verband eine noch weiter reichende Versorgung herbeiführen möchte und dafür auch Verluste auf sich nimmt. Die Verluste in der einen Zone deckt er durch Gewinne in einer anderen Zone ab. Der Verband betreibt damit also Umverteilung (Umverteilungsverband). Wir nennen diese Zielsetzung *Versorgungsmaximierung bei Umverteilung.*

Versorgungsmaximierung bei Umverteilung hebt den *unterschiedslosen* Preis auf. Jeder Nachfrager entrichtet ein Entgelt, das seiner Nachfrageintensität entspricht. Unterstellen wir eine Nachfragefunktion N gemäß der Fig. 9 und treffen wir die Symmetrieannahme (jeder Nachfrager fragt dieselbe Menge, z. B. eine Einheit, nach), so hat der Nachfrager M_0 im Punkte m_0 den Preis p_0 zu entrichten; der Nachfrager M_1 im Punkte m_1 den Preis p_1; ein Nachfrager M_2 im Punkte m_2 den Preis p_2.

Die Annahme der Proportionalität zwischen Nachfrageintensität und Entgelt können wir durch Einkommensproportionalität erklären. Wir können davon ausgehen, daß die Bezieher höherer Einkommen bereit sind, höhere Preise zu bezahlen, die Bezieher geringerer Einkommen möchten dagegen dasselbe Gut nur zu geringeren Preisen erwerben. Die Nachfrage N kann dann als Einkommenselastizität interpretiert werden. Die unterschiedlichen Entgelte werden als einkommensproportionale Beiträge erhoben. Ausgehend von einer Beitragsbemessungs-

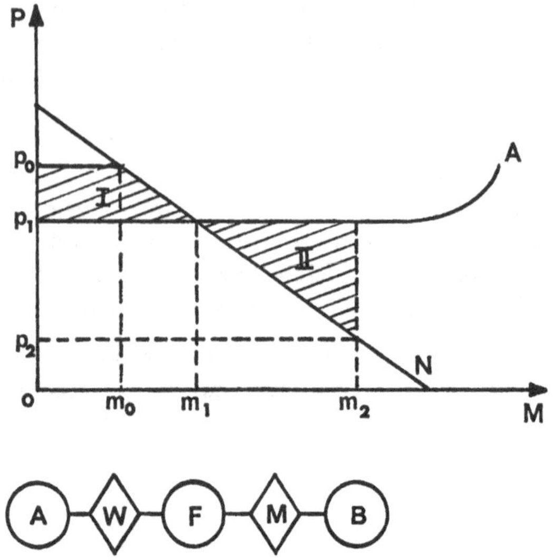

Figur 9

grenze p_0 haben niedrigere Einkommen geringere Beiträge zu entrichten. Die Beiträge sinken mit geringerer Leistungsfähigkeit (nach unseren Annahmen gleichbedeutend mit Zahlungswilligkeit) bis zu einem Mindestbeitrag in Höhe von p_2 ab.

Die Annahme, daß jeder Nachfrager dieselbe Menge, z. B. eine Einheit, nachfragt (Symmetrieannahme), können wir uns damit erklären, daß wir Güter annehmen, die existenziell notwendig sind (jeder braucht sie) und die vollständige Sättigung herbeiführen (jeder braucht gleichviel). Ein einfaches Beispiel dafür ist z. B. eine Schutzimpfung.

Vielfach bleibt unsere Annahme aber einfach als Annahme stehen; z. B. bei Kollektivgütern, die dem Verbandskollektiv zugute kommen. Hier wird im allgemeinen unterstellt, daß jeder gleichviel vom Kollektivgut (z. B. Belustigung bei einem Verbandsfest, Sicherung in einem Verband, Interessenvertretung durch den Verband) in Anspruch nimmt, ohne daß dies wirklich gemessen werden könnte.

Nachdem wir die Nachfragefunktion *N* mit Proportionalität und Symmetrieannahme in der Fig. 9 eingetragen haben, fügen wir nun die Angebotsfunktion *A* ein. Wir können dabei von einem polypolistischen Angebot ausgehen, dann ist *A* als Verlauf der gebündelten Grenzkostenkurven gewinnorientierter Anbieter zu verstehen. Wir können *A* aber auch als Durchschnittskostenkurve eines bedarfsorientierten Anbieters auffassen. Einfacherweise haben wir ein vollkommen elastisches Angebot unterstellt.

Im Bereich links von m_1 (vgl. Fig. 9) entsteht eine Gewinnzone (schraffierte Fläche *I*). Im Bereich rechts von m_1 ergibt sich eine Verlustzone (schraffierte Fläche *II*). Der Verband, der annahmegemäß an der Versorgung interessiert ist, kann die Versorgung soweit (bis auf m_2) ausdehnen, solange die Verluste (zuzüglich Verbandskosten, von denen hier abstrahiert wird) nicht größer sind als die Gewinne.

Das Strukturbild eines versorgungsmaximierenden Systems zeigt die Fig. 9 im *unteren* Abschnitt. Seiner Interpretation müssen wir noch einige Überlegungen widmen. Nicht jeder Verband ist nämlich in der Lage, Umverteilung vorzunehmen.

Die Bedingungen der einkommensproportionalen Beiträge setzen voraus, daß der Verband Einblick in die Einkommensverhältnisse der Nachfrager hat. Das wird am ehesten bei einem Nachfragerverband möglich sein, weniger bei einem Anbieterverband. Die lockerste Form der Einkommensfeststellung bilden Selbsteinschätzungen der Mitglieder, die strengste Form bilden Abzüge vom Lohn und Gehalt, die die Arbeitgeber für den Verband vornehmen (Betriebskassierung für die Gewerkschaften) oder die Einrichtungen des Finanzamtes beim staatlichen Verband (Kirchensteuer, die durch das Finanzamt eingezogen wird).

Umverteilung bedingt, daß eine Gruppe belastet wird, eine andere begünstigt wird. Sie ist nur durchführbar, wenn die belastete Gruppe nicht aus dem Verband austreten kann. Das ist am ehesten gesichert bei einem Zwangsverband, vor allem beim Zwangsverband *Staat*.

Es ist jedoch auch der Fall denkbar, daß Mitglieder in einem Verband *freiwillig* Belastungen auf sich nehmen, um damit die subventionierten Mitglieder an den Verband zu binden. Es kann angenommen werden, daß die Mitglieder von ihrem Verband einen verbandsexternen Erfolg (z. B. einen politischen Erfolg) erwarten. Sie rechnen damit, daß dieser Erfolg nach außen um so eher realisiert werden kann, je größer die Zahl der Mitglieder ist. Sie machen deshalb bei einer versorgungsmaximierenden Zielsetzung des Verbandes mit und nehmen die dazu notwendigen Belastungen in Kauf.

Im allgemeinen wird man annehmen können, daß Versorgungsmaximierung speziell im Interesse der Funktionäre liegt. Vielfach werden die Funktionäre (vor allem bei staatlich privilegierten Zwangsverbänden) mit ihrem Einkommen entsprechend der Mitgliederzahl ihres Verbandes eingestuft. Damit haben sie dann ein unmittelbares Interesse, daß dieser Verband möglichst groß wird.

Funktionäre verfolgen auch Versorgungsmaximierung mit Umverteilung, weil sie erwarten, daß ihr Verband gerade aus diesem Grunde zum Zwangsverband erhoben wird; denn nur auf diese Weise ist

Umverteilung auf Dauer durchzuführen. Die Kausalität kehrt sich also hier um. Das Angebot, Umverteilung durchzuführen, gilt als Argument, Privilegien als Zwangsverband von den Politikern zu gewinnen.

4. Kostenstruktur unter dem Einfluß der Verbände

a) Kostenstruktur unter dem Einfluß eines Anbieterverbandes

Nachdem wir Veränderungen der Verhaltensweisen unter dem Einfluß der Verbände untersucht haben, wollen wir nun unser Augenmerk den Kosten zuwenden. Wir können beobachten, wie sich die Kostenstruktur des *Angebots* unter dem Einfluß der Verbandstätigkeit verändert.

Gegenüber dem polypolistisch organisierten Angebot kann das in einem Verband organisierte Angebot leicht anders strukturiert werden. Die zerstreuten Produktionsstätten oder Teile von ihnen können zusammengefaßt werden. Gemeinsame Produktion an einem günstigen Standort, gemeinsamer Einkauf und Verkauf, gemeinsame Werbung, gemeinsame Schulung der Mitarbeiter und gemeinsame Rationalisierung, das sind nur einige Stichworte, die hierzu genannt seien.

Die Veränderung der Kostenstruktur auf Grund der Verbandsbildung können wir in unseren Modellen veranschaulichen. Wir lassen wiederum die fixen Kosten unberücksichtigt und können dann die Rationalisierungseffekte in einer Senkung der Grenzkostenkurve des Angebots darstellen.

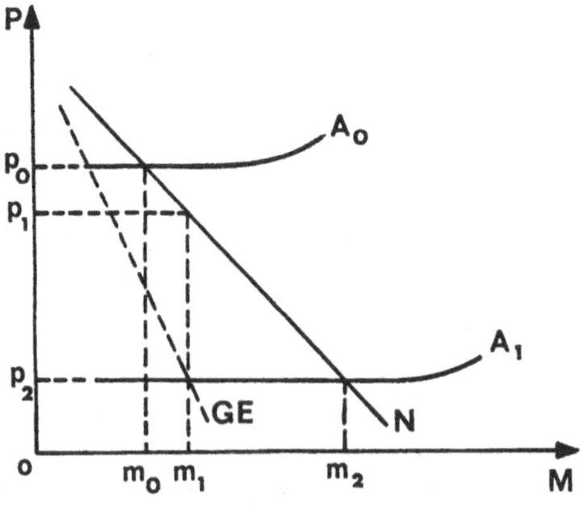

Figur 10

In der Fig. 10 trifft die Nachfrage N auf ein polypolistisches Angebot A_0. A_0 wird nun in einem Verband (Kartell) zusammengefaßt. Durch Rationalisierung wird damit die Angebotsstruktur auf A_1 verschoben.

Der neue Kartellpreis p_1 liegt noch unter dem früheren Polypolpreis p_0. *Die Versorgung durch das Kartell* m_1 *ist größer als die Versorgung durch den ursprünglichen Wettbewerbsmarkt* m_0.

Würden freilich die Anbieter nach Abschluß ihres Rationalisierungsvorganges zum Polypolpreis p_2 verkaufen, so würde die Versorgung auf m_2 beim Preis p_2 verbessert werden können (vgl. Fig. 10).

Dieser Polypolpreis p_2 könnte etwa herbeigeführt werden durch Einsatz einer Gegenmacht auf seiten der Nachfrage, die das Angebotskartell zum Verhalten *wie bei Wettbewerb* zwingt (*Galbraith*-Effekt; wir behandeln ihn weiter unten).

b) *Kostenstruktur unter dem Einfluß eines Nachfragerverbandes*

Die Kostenstruktur kann auch von der Nachfrageseite aus beeinflußt werden. Die Zusammenfassung der Nachfrager in einem Verband kann einen gemeinsamen Einkauf ermöglichen, der nicht nur den Übergang zu einem monopsonistischen Nachfragerverhalten erlaubt, sondern gleichzeitig auch die Kosten der Anbieter vermindert. Die Anbieter können auf Werbekosten verzichten, da der Nachfragerverband nun die Nachfrager sammelt. Ebenso geht das Verkaufsrisiko zurück, die Nachfrage wird durch den Verband geplant.

Alle diese Momente zusammen können die Kostenstruktur so verändern, *daß die Monopsonversorgung im Monopsonpunkt* p_1/m_1 *größer ist als die Versorgung im Konkurrenzpunkt* p_0/m_0 (vgl. dazu Fig. 11).

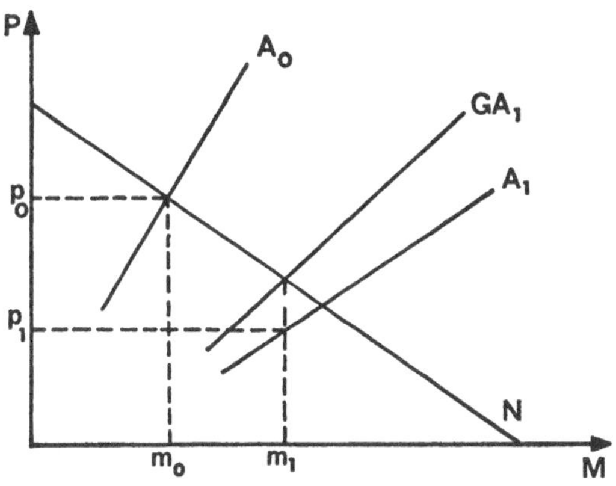

Figur 11

5. Die Nachfragestruktur unter dem Einfluß eines Verbandes

a) *Produktdifferenzierung*

Der Anbieterverband kann die Maßnahmen zur Verkaufsförderung seiner Mitglieder zusammenfassen und *aus dem Bedarfsartikel* einen *Markenartikel* machen. Wir nehmen an, schon die Zusammenfassung aller Verkaufsförderungsmaßnahmen allein bringt einen Erfolg, jedoch brauchen keine zusätzlichen Mittel zur Verkaufsförderung durch den Verband aufgewendet zu werden.

Wir wollen weiter annehmen, die Nachfrager seien bereit, den vom Verband geschaffenen Markenartikel dem einfachen Bedarfsartikel vorzuziehen. Sie sind bereit, für ihn mehr auszugeben. *Die Nachfragekurve wird folglich nach oben verschoben.* Die Fig. 12 zeigt die Nachfragekurve N_1, die für den Bedarfsartikel gilt und die Kurve N_2, die für den Markenartikel relevant ist.

Der Verband wird entsprechend der konjekturalen Preis-Absatz-Funktion des nunmehr zum Markenartikel gewordenen Bedarfsartikels sein Gewinnmaximum anstreben. Er wird den *Cournot*schen Punkt C_2 verwirklichen (vgl. Fig. 12).

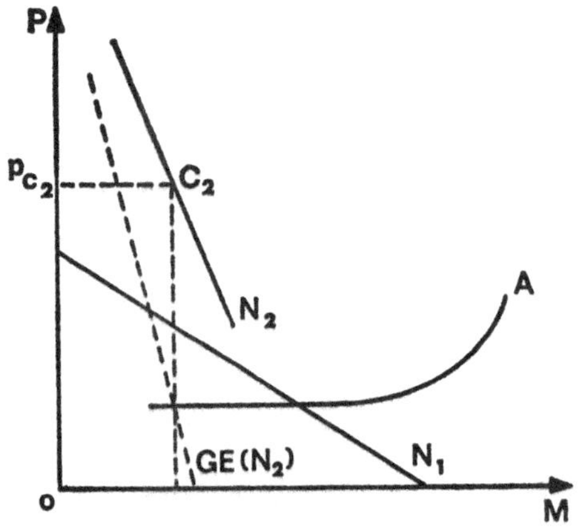

Figur 12

b) *Entgeltvariation*

Wir wollen uns nun die Frage stellen, wie sich die Bildung eines Verbandes auf der Nachfrageseite auswirkt.

Dabei stellen sich vor allem zwei Probleme: Zunächst müssen wir damit rechnen, daß Nachfrage, die von *unorganisierten Individuen direkt* ausgeübt wird, eine andere ist, als wenn dieselbe Nachfrage auf dem Wege *über die Vertretung durch Verbandsfunktionäre, also indirekt,* effektiv wird. Es ist anzunehmen, daß die Nachfrage auf diesem indirekten Wege verändert wird. Außerdem muß beachtet werden, daß die Verbandsfunktionäre eine eigene Interessenstruktur haben, die sich für sie in den Vordergrund zu drängen vermag und hinter der die Interessen ihrer Verbandsmitglieder möglicherweise zurücktreten.

Wir werden zunächst mit der Vereinfachung arbeiten, daß die Funktionäre die Nachfragestruktur der Mitglieder unverändert wiedergeben, wir wollen jedoch untersuchen, ob nicht die Mitglieder *selbst* ihre Nachfrage anders ausdrücken, sobald sie sie nicht direkt am Markt, sondern gegenüber einem Verband artikulieren.

Zur Behandlung dieser Frage wollen wir uns der Theorie der Wahlakte nach *Pareto* bedienen, in sie jedoch die *Theorie der Minderschätzung künftiger Güter (Böhm-Bawerk)* und die *Theorie der Merklichkeit der Abgabenbelastung* einarbeiten, die von der modernen Finanzwissenschaft *(Schmölders)* entwickelt worden ist.

Die *Theorie der Wahlakte* beobachtet die Kombinationen zweier Güter, die von einem Individuum für gleichwertig (von gleicher Ophelimität) erachtet werden. Sie stellt fest, daß sich das Individuum verschiedenen Kombinationen gegenüber für indifferent erklären kann (diese also von gleicher Ophelimität erachtet), wenn jeweils die Menge des einen Gutes verringert wird, gleichzeitig aber die Menge des anderen Gutes, aus dem die Kombination außerdem besteht, kompensatorisch verändert worden ist. Damit läßt sich der Wertzuwachs einer Einheit des einen Gutes in Quantitäten des anderen Gutes ausdrücken, die das Individuum bereit ist aufzugeben, soll die ursprüngliche Ophelimität erhalten bleiben. Einem Mehr auf der einen Seite entspricht also ein Weniger auf der anderen Seite und umgekehrt.

Zur Darstellung eines solchen Indifferenzverhaltens etwa mit Hilfe der Indifferenzkurven müssen wir indes angeben, unter welchen Bedingungen der Gewinn und der Verlust der jeweiligen Güter erfolgte. Gewöhnlicherweise wird ein Vorgehen *Zug um Zug* unterstellt. Der Verlust an einer Mengeneinheit des einen Gutes erfolgt also *gleichzeitig* mit dem Gewinn von Mengeneinheiten des anderen Gutes.

Es war *Böhm-Bawerk,* der auf die Konsequenzen hingewiesen hat, die bei einer *Zeitverzögerung* des Austausches eintreten. Erfolgt die Verzichtleistung in der Menge des anderen Gutes erst nach Ablauf einer oder mehrerer Perioden, so ist eine *größere* zugewonnene Menge notwendig, um die ursprüngliche Ophelimität wieder herzustellen, als bei gleichzeitig erfolgender Substitution. Der *Wert des zukünftigen Gutes ist nach Böhm-Bawerk gegenüber dem Wert desselben, aber gegenwärtigen Gutes geringer.*

Böhm-Bawerk hat sein Theorem zur Erklärung des Zinses als eines speziellen Preises benutzt. Wir können es in die Mikroökonomik allgemein einbauen und schlechthin feststellen: *Die Nachfrage nach einem Gut wächst in dem Maße, wie die Gegenleistung dafür mit Zeitverzögerung zu entrichten ist (buy now, pay later).*

Unsere Analyse soll weiter durch den Einbezug eines Faktors erweitert werden, auf den *G. Schmölders*[30] nachdrücklich aufmerksam gemacht hat. Es handelt sich um die Merklichkeit bzw. Unmerklichkeit von Belastungen. Als *unmerklich* gelten z. B. die Verbrauchersteuern einschließlich der Umsatzsteuer ebenso wie die vom Gehalt einbehaltenen Sozialversicherungsbeiträge bzw. der Arbeitgeberbeitrag zur Sozialversicherung. Verallgemeinernd können wir feststellen, daß nicht alle Abgaben in gleicher Weise psychologisch relevant werden. Direkte Abgaben werden von den Individuen stärker registriert als indirekte, spezielle Abgaben werden deutlicher verspürt als globale. Wir können daraus den Schluß ziehen: *Die Nachfrage nach einem Gut wächst in dem Maße, wie die Gegenleistung indirekt und global zu entrichten ist.*

Dies steht auch im Einklang zu der *Schmölders*schen Feststellung, daß Vereinsmitglieder — und zwar ebenfalls in die allgemeine Kasse und nicht für spezielle Gegenleistungen — willig ihren Beitrag zahlen. Der *Beitrags-Widerstand* — so *Schmölders* — sei „viel geringer als der Steuerwiderstand; die Vorteile eines geordneten Staatswesens zu genießen, ist im Gegensatz zu dem Zugehörigkeitsgefühl im Verein eine sehr abstrakte und darum motivisch wenig wirksame Vorstellung“[31]. Verein und Staat bieten ja durchaus unterschiedliche Güterbündel an. Um unsere Hypothese von der relativen Unmerklichkeit von Globalabgaben zu testen, müßte man unterschiedliche Abgabensysteme in *sonst gleichen* Institutionen untersuchen.

Kehren wir nun mit diesen Hypothesen zu unserem Problem zurück. Es ergibt sich, daß die Nachfrage nicht nur von der *Höhe* der Gegenleistung abhängig ist, die für sie entrichtet werden muß, sondern auch von der *Organisationsform* der Entrichtung. Es ist mit einer *Nachfrageausweitung* zu rechnen, je *später* und *unmerklicher* die Gegenleistung erhoben wird.

Vergleichen wir, davon ausgehend, drei Organisationsformen, in denen am Gesamtmarkt die Gegenleistung zusammengefaßt werden kann: die Organisationsform des ökonomischen Marktes, der Verbände und des Staates.

Am *ökonomischen Markt* erfolgt Leistung und Gegenleistung Zug um Zug. Das heißt, sie erfolgt speziell und direkt. Insoweit die Gegen-

---

30 Vgl. *Schmölders*, Günter: Unmerkliche Steuern, in: Finanzarchiv, N.F. Bd. 20, 1961, S. 23 ff. und *ders.*: Finanz- und Steuerpsychologie, Hamburg 1970.
31 Ebenda.

leistung aufgeschoben wird (kreditiert wird), bedingt dies eine Preiserhöhung (bzw. umgekehrt einen Skontoabschlag).

Im *Verband* erfolgt die Gegenleistung durch Beiträge. Diese werden gewöhnlich am Ende der Periode und global erhoben. Beiträge sind demnach unmerklicher als Preise.

Beim *Staat* ist die Entgeltleistung in Steuern gefaßt. Diese werden gewöhnlich am Ende der Periode und/oder generell eingezogen. Sie sind als indirekte Steuern in besonderem Maße unmerklich (Arbeitgeberbeiträge hier = direkte Steuern).

Aus dieser Überlegung ist zu entnehmen, daß die Nachfrage am Markt ceteris paribus steigt, wenn von einem System direkter Preise zu einem System von Mitgliedsbeiträgen übergegangen wird; und wiederum steigt, wenn zu einem System indirekter Besteuerung gewechselt wird. Eine Nachfragekurve, die wir in ein Achsenkreuz einzeichnen, muß also immer gekennzeichnet werden durch die Organisationsform, unter welcher die Entgelterhebung erfolgt.

In der folgenden Fig. 13 ist ein Marktmodell mit den Achsen *P/M* wiedergegeben, auf dem vier verschiedene Nachfragestrukturen relevant werden: N_1 bei speziellen und direkten Preisen (*Pr;* z. B. am ökonomischen Markt); N_2 bei Beiträgen (*B;* Verbandsorganisation), N_3 bei Steuern (*St;* staatliche Organisation), N_4 ist vorgemerkt für ein Abgabensystem, das noch unmerklicher ist als eine staatliche Besteuerung. Selbst wenn uns dieses System gegenwärtig noch nicht bekannt ist, muß doch damit gerechnet werden, daß es eines Tages erfunden wird (vieles spricht dafür, Inflation als ein solches unmerkliches Abgabensystem anzusehen).

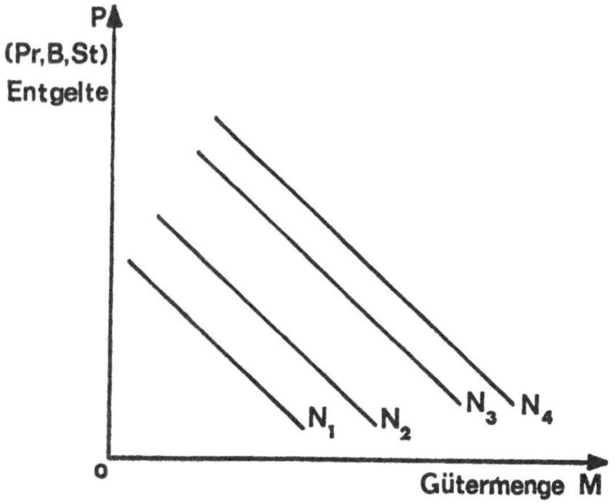

Figur 13

Dafür würde dann möglicherweise N_4 gerade zutreffen. Durch das spekulative N_4 soll jedenfalls auf die Fülle aller noch denkbaren Möglichkeiten hingewiesen werden.

Während also N_1 im Sinne der traditionellen Mikroökonomik das Verhältnis von abzusetzender Menge und zu zahlenden Preisen darstellt, sind für unser Problem hier die Nachfragekurven N_2, N_3, N_4 wohl besser als Kurven der Finanzierungsmöglichkeiten zu sehen. Der Einfachheit halber verbleiben wir jedoch bei der eingeführten Terminologie.

Unterstellen wir eine gegebene Kostenstruktur von der Art, wie sie A in der Fig. 14 wiedergibt, und tragen wir die Nachfragestruktur entsprechend der Entgeltvariation ein (N_1 für Preise, N_2 für Beiträge, N_3 für indirekte Steuern), so ergibt sich eine Vergrößerung der Versorgung, wenn von einer Marktorganisation m_1 zu einer Verbandsorganisation (Versorgung m_2) und schließlich zu einer staatlichen Versorgung (Versorgung m_3) übergegangen wird. In diesem Fall löst die eine Entgeltform die andere ab.

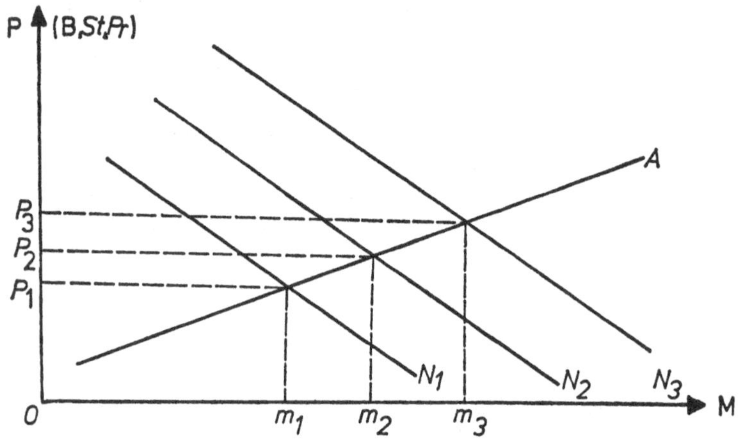

Figur 14

Wir wollen uns nun fragen, ob die verschiedenen Organisationsformen des Entgeltes nicht auch gleichzeitig verwendet werden können. Tatsächlich finden wir soziale Systeme, die sich durch Preise (sogenannte Selbstbeteiligung), durch Beiträge und durch Steuern *gleichzeitig* finanzieren (z. B. in der Sozialversicherung).

Das Modell der Fig. 15 zeigt eine Marktsituation, in der eine Versorgung von m_3 erreicht werden kann, wenn eine Finanzierung über Steuern erfolgt. Den Individuen können dann Einkommensteile in

Höhe von p_3 pro Gütereinheit entzogen werden. Würde eine Marktorganisation mit direkten Preisen eingeführt, so würden die Individuen nur bereit sein, ein Entgelt von p_1 für die Menge m_1 zu bezahlen; würde eine Verbandsorganisation mit Beitragssystem gewählt werden, so würden die Individuen für die Menge m_3 nur p_2 bezahlen wollen. Der Absatz einer Menge m_3 ist also nur bei Finanzierung über unmerkliche Steuern möglich.

Daraus folgt indessen noch nicht, daß das Entgelt *ausschließlich* über Steuern entrichtet werden muß. Die Politiker, die ein solches Versorgungssystem aufbauen, können sich die Nachfragestruktur der Individuen zunutze machen und ihr Finanzierungssystem *mischen.* Sie können gemäß unseren Annahmen eine Selbstbeteiligung in der Form direkter Preise in der Höhe von p_1 verlangen, sie können ein Beitragssystem einrichten mit Beiträgen in der Höhe von $p_2 - p_1$ (= B) und schließlich dann einen Staatszuschuß (= ST) in Höhe von $p_3 - p_2$ dazugeben. Auf diese Weise können die Politiker die grundsätzliche Steuerwilligkeit der Individuen für andere Zwecke schonen, ebenso die grundsätzliche Beitragswilligkeit für andere Aufgaben einsetzen. Unterstellen wir eine andere Situation, z. B. diejenige, die durch die Angebotsstruktur A' wiedergegeben wird, so zeigt sich, daß sich hier ein Beitragssystem mit Staatszuschüssen jedoch ohne Selbstbeteiligung einrichten läßt. Auf dem Markt wäre eine Menge m_4 nicht einmal zu einem Preis von 0 abzusetzen (vgl. Fig. 15).

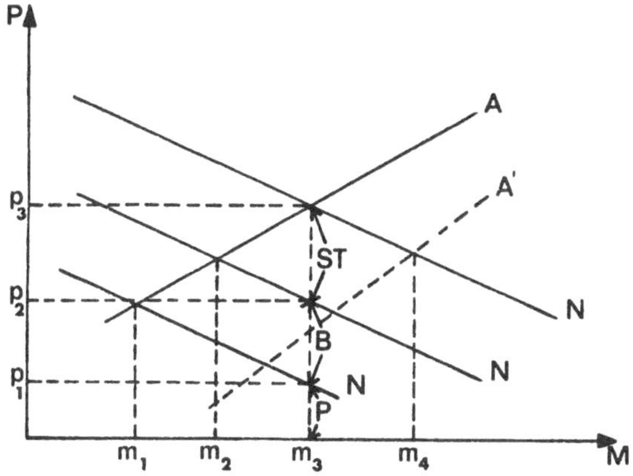

Figur 15

V. Zwei Verbände am Markt

1. Einleitung

Wir wenden uns nun einem anderen Typ komplexer Systeme zu, bei dem *zwei* Verbände am Markt agieren. Angebots- wie Nachfrageseite sind hier jeweils organisiert. Im Modell ergeben sich damit *vier* Aggregate in *vier* Subsystemen. In Fig. 16 a—d sind diese vier Systeme einzeln dargestellt, in der Fig. 17 in der typischen Kombination eines *beiderseitig organisierten Marktes.*

Fig. 16 a zeigt einen ökonomischen Markt *M* zwischen Produzenten *P* und Konsumenten *C*. Die Figuren 16 b und c zeigen die beiden Verbände *W*; den Produzentenverband (Fig. 16 b) und den Konsumentenverband (Fig. 16 c). Die Gruppenverhandlungen *G* zwischen den beiden Verbänden zeigt die Fig. 16 d).

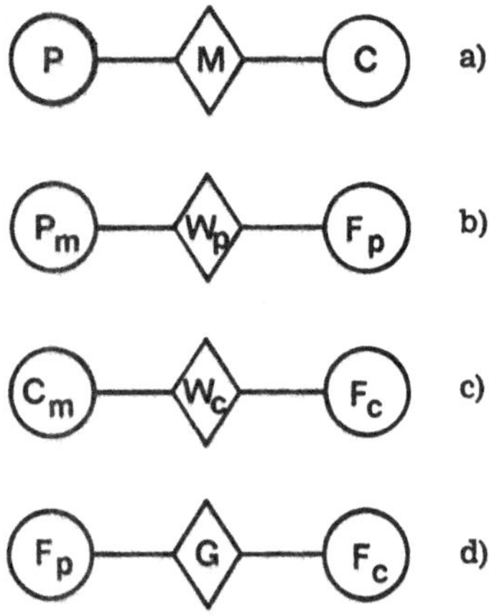

Figur 16 a - d

Die Figur 17 zeigt das Modell eines komplexen Systems, in welchem zwei Verbände agieren. Sie organisieren dabei einen ökonomischen Markt *M*.

Die Gleichgewichtsanalyse in einem solchen komplexen System macht es erforderlich, zunächst die Gleichgewichte in den *Subsystemen* *(M; W_c; W_p; G)* zu untersuchen und dann das Gleichgewicht des *Systems als Ganzem* zu analysieren. Die theoretischen Instrumente haben wir dazu bereitgelegt. Für die Analyse des *Marktes M* steht uns — wie oben schon dargelegt — die Marktökonomik (z. B. das oben verwendete Instrumentarium nach *H. Arndt*) zur Verfügung. Für die Untersuchung des *Willensbildungsprozesses* in W_p und W_c können wir die Willensbildungstheorie der *Wahlökonomik* (vgl. das Kapitel „Verbände im

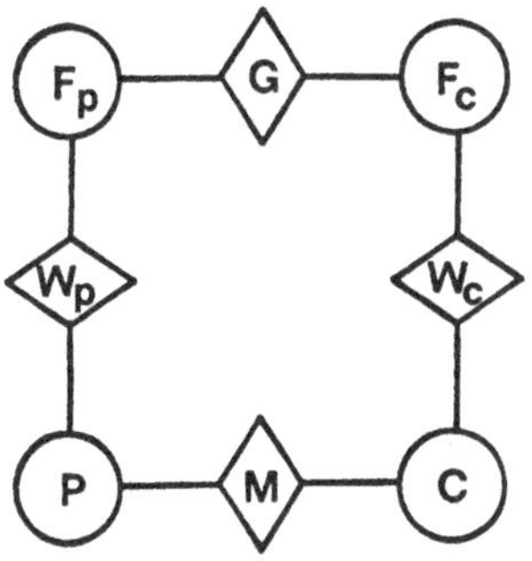

Figur 17

Wahlensystem" in diesem Buch) zu Rate ziehen. Die *Gruppenverhandlungen* lassen sich mit Hilfe der *Verhandlungsökonomik* analysieren (vgl. dazu den Beitrag von *Bernhard Külp* in diesem Band).

Die Gleichgewichtsanalyse eines solchen komplexen Systems ist theoretisch sehr aufwendig und mit Hilfe der bisher zur Verfügung stehenden Mittel tatsächlich auch noch nicht in allen ihren Konsequenzen durchführbar, geschweige denn in einfacher und didaktisch brauchbarer Weise darzustellen. Wir begnügen uns deshalb vorläufig, das Problem der Gleichgewichtsvielfalt einmal in seiner ganzen Komplexität aufzuzeigen und schlagen sodann hier gewissermaßen einen Abkürzungsweg ein, der uns das Ziel wenigstens annäherungsweise erreichen läßt: wir projizieren die gesamte Gleichgewichtsproblematik des komplexen Systems auf die Marktebene. Wir beobachten also, wie sich die Willensbildungsprozesse und die Verhandlungsergebnisse auf die Marktdaten und die Marktvariablen (Struktur von Angebot und Nachfrage; Verhaltensweisen der Marktpartner; Mengen und Preise) niederschlagen. Wir haben bei dieser Vorgehensweise den Vorteil, daß wir das gewohnte Preis-Mengen-Schema der Marktökonomik nicht zu verlassen brauchen. Wir greifen lediglich diejenigen Probleme heraus, die sich in ihm darstellen lassen und erweitern es auf diese Weise. Andererseits haben wir den Nachteil, daß eine Vielzahl von Problemen und Überlegungen nicht zugänglich wird, die wir zwar kennen und erkennen, aber mit unseren beschränkten graphischen Mitteln eben nicht darstellen können.

Man mag die Vorteile und Nachteile gegeneinander abwägen. Keine Theorie ist grundsätzlich davon verschont, ihren Aktions- und Erklärungsraum abstecken zu müssen. Die Projizierung verbandsökonomischer Fragen in das Preis/Mengen-Schema der gängigen Mikroökonomik erscheint mir nicht nur nützlich, sondern auch *didaktisch* außerordentlich wertvoll.

2. Gleichgewicht bei Preisdrift

Das Modell eines Vier-Aggregate-Systems, wie in Fig. 17 dargestellt, ist besonders aktuell für den Markt industrieller Arbeit. Von diesem Markt ausgehend wollen wir das Problem des Gleichgewichtes bei Preisdrift untersuchen. Die Besonderheit dieses Gleichgewichtes ist, daß *zwei verschiedene* Preise *gleichzeitig* auftreten. Auf dem ökonomischen Markt *M* und bei den Gruppenverhandlungen *G* ergeben sich voneinander abweichende Ergebnisse, die als Effektivpreise (Preise auf *M*) und als Tarifpreise (Preise bei *G*) bezeichnet werden. Im besonderen Falle des organisierten Arbeitsmarktes spricht man von *Effektiv-* und *Tariflöhnen.*

Zur Darstellung der Gleichgewichtsbildung können wir für die Gruppenverhandlungen das *Hicks*-Modell nach *Shackle*[32] verwenden und für den ökonomischen Markt ein einfaches polypolistisches Marktmodell[33]. Beide Modelle sind graphisch so einander gegenübergestellt, daß sie sich aufeinander projizieren lassen (vgl. Fig. 18).

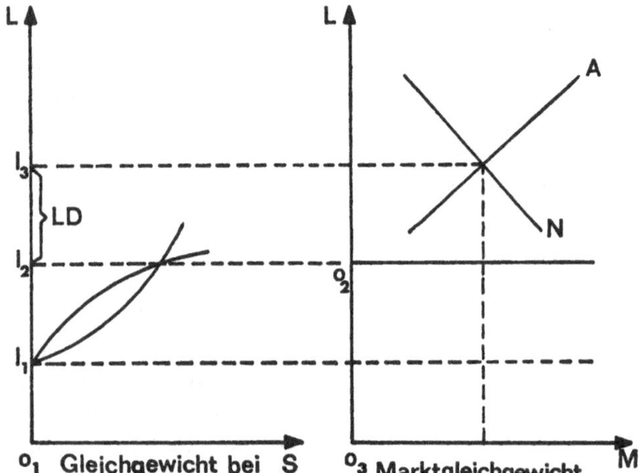

Figur 18

l_1 zeigt den Tariflohn der Vorperiode. l_2 zeigt den Tariflohn, der auf Grund von Verhandlungen zwischen Arbeitgeberverbänden und Gewerkschaften neu ausgehandelt worden ist. l_3 gibt den Effektivlohn an, der sich auf einem sektoralen Markt innerhalb des Tarifgebietes ergibt. Die Differenz zwischen l_3 und l_2 stellt die Lohndrift dar.

[32] Vgl. dazu den Beitrag von *Külp*, Bernhard, unten S. 110.
[33] Vgl. Figur 1.

l_2 und l_3 sind voneinander abhängig. Diese Abhängigkeit wird von verschiedenen Theorien unterschiedlich dargestellt. Einige gehen davon aus, daß das Tariflohniveau die Effektivpreise vor sich her*schiebe*, andere weisen auf, daß die Effektivlöhne das Tariflohnniveau nach sich *ziehen* würden. Insgesamt kann man feststellen, daß durch die Gruppenverhandlungen *G* das Lohn*niveau* dieses Verhandlungssektors bestimmt wird, während die sektoralen ökonomischen Märkte *M* die Lohn*struktur* bestimmen.

Gleichgewicht im System bildet sich dann, wenn die Effektivlöhne über den Tariflöhnen liegen. Die Willensbildungsprozesse in den Verbänden wirken sich bei der *Schiebe*theorie nur auf *G* aus und nicht auf *M*. Die Gleichgewichte bei den Willensbildungsprozessen W_p und W_c lassen wir hier unberücksichtigt.

Preisdrift läßt sich nicht nur als *Lohn*drift, sondern auch als *Honorar*drift (bei speziellen Typen der Krankenversicherung) beobachten (vgl. meine verschiedenen Schriften zur Analyse der Gesetzlichen Krankenversicherung).

3. Zwei Gewinnmaximierer: das Galbraith-Theorem

Im Verlauf der vorangegangenen Darstellungen haben wir verschiedentlich gesehen, daß das Monopolphänomen ohne Zuhilfenahme der Verbändetheorie nicht verstanden werden kann.

So ist es verständlich, daß auch die Theorie des *bilateralen Monopols* in der *herkömmlichen* Mikroökonomik das eigentliche Problem nur noch mehr verschleiert hat. Wir müssen feststellen, daß die Theorie des bilateralen Monopols ein Stiefkind der Mikroökonomik war und ist. Stellt sich das bilaterale Monopol allerdings im Rahmen einer *Verbandsökonomik* als Problem zweier gegenüberstehender Verbände dar, so ergeben sich neue Möglichkeiten zur Bildung empirisch überprüfbarer Hypothesen.

Der wichtigste und fruchtbarste Beitrag hierzu ist bisher von *Galbraith* gekommen. Auch er hatte zunächst erkannt, daß die *Unvollkommenheitsbedingungen* der Märkte längst zur Regel geworden sind. Während aber die herkömmliche Marktformenlehre stets nur die Wettbewerbssituation *einer* Marktseite untersuchte, ging *Galbraith* von der genau entgegengesetzten Auffassung aus. In seinem zuerst 1952 erschienenen Buch[34] über die *Gegengewichtige Marktmacht* deutete er die machtausübenden Kartelle, Zusammenschlüsse und Absprachen keineswegs als Vorboten einseitig ausbeutender Marktmacht. Dies

---

[34] Vgl. *Galbraith*, John Kenneth: American Capitalism. The concept of countervailing powers, Rev. ed., London 1957, Reprinted 1964.

hatte ja die Wettbewerbslehre bis dahin getan. Vielmehr regten gerade diese Machtzusammenballungen *auf einer Marktseite* nach Meinung *Galbraiths* einen Prozeß der Machtbildung auf der Gegenseite des betreffenden Marktes an. Dieser laufe auf eine Gleichgewichtssituation hinaus, die der des vollkommenen Wettbewerbs (Polypol) entspreche[35].

Damit war ein den Wettbewerbsmechanismus ergänzender *Selbstregulierungsprozeß* theoretisch erfaßt worden, der es erlaubte, die bislang geforderte passive Hilflosigkeit einseitiger Wettbewerbssituationen durch aktive Umgestaltung der Machtverhältnisse zu ersetzen.

Galbraith selbst hielt allerdings nicht viel davon, seine Gegenmacht-Theorie in den Kategorien des bilateralen Monopols darzustellen. Sein Haupteinwand trifft jedoch nicht oder weniger die Vorstellung des bilateralen Monopols selbst als die viel zu formale Motivation und das zu mechanische Verhalten, das dem Monopolisten herkömmlicherweise unterlegt wird[36].

Es scheint jedoch möglich zu sein, mit Hilfe der nunmehr als *Verbändeproblem* interpretierten Theorie des bilateralen Monopols einige sozialökonomische Prozesse darzustellen. Wir greifen dazu nicht auf die Marktkonstellation nach *Cournot,* sondern auf diejenige nach *Edgeworth* und *Pareto* zurück, wie sie z. B. auch bei *Erich Schneider* dargestellt ist. Da diese Darstellung sich zwar graphisch einfach wiedergeben läßt, der Vielfalt der Kurven wegen jedoch einigermaßen verwirrend sein kann, soll sie im folgenden kurz E. Schneider folgend referiert werden[37].

Um zu einer Darstellung in einem Kurvenschema zu kommen, vereinbaren wir, daß *isolierter Tausch* mit jeweils *einem Gut* herrsche. Die einander gegenüberstehenden Tauschpartner haben nur je ein Gut (*a* bzw. *b*), das sie tauschweise abzugeben bereit sind.

In Fig. 19 a und b sind für die Partner *A* und *B* Reihen von Tauschverhältnissen dargestellt, die für sie jeweils den gleichen Ophelimitäts-

---

[35] "In fact, new restraints on private power did appear to replace competition. They were natured by the same process of concentration which impaired or destroyed competition. But they appeared not on the same side at the market but on the opposite side, not with competitors, but with customers or suppliers" (*Galbraith,* John Kenneth: American Capitalism ..., S. 11).

[36] "... power on one side of market creates both the need for, and the prospect of reward to, the exercise of countervailing power from the other side" (S. 113 — "This has been one of the reasons I have rejected the terminology of bilateral monopoly in characterizing these phenomenon. ... the investigations of bilateral monopoly, which one would have thought might have been an avenue to the regulatory mechanisms here isolated, have in fact been a blind alley. However this line of investigations has also been sterilized by the confining formality of the assumptions of monopolistic and (more varely) oligopolistic motivation and behaviour with which it has been approached" (ebenda, S. 113, Fußnote).

[37] Vgl. *Schneider,* Erich: Einführung ..., Band II.

wert haben. In Fig. 19 a zeigt die Indifferenzkurve *I* alle jene Tauschmöglichkeiten, die jeweils für *A* den gleichen Nutzen erbringen, wie die ursprünglich besessene Menge a_0 seines Gutes *a*. Links dieser Kurve befinden sich alle jene Tauschverhältnisse, die *A* schlechter stellen, rechts alle jene, die ihn besser stellen. Entsprechend ist für *B* die Fig. 19 b zu verstehen.

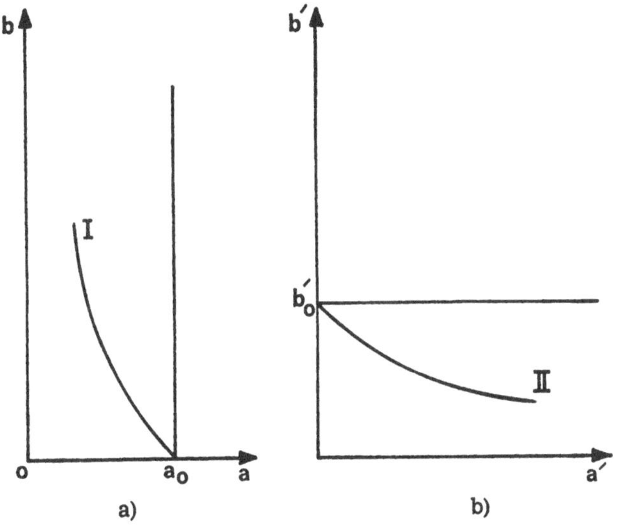

Figur 19 a — b

Nach *Pareto*[38] können nun die beiden Koordinatensysteme so zueinander ins Verhältnis gesetzt werden, daß, wie Fig. 20 zeigt, die Indifferenzkurven gleichen ursprünglichen Nutzens ein Feld einbeschließen, innerhalb dessen alle jene Punkte liegen, die *für beide Partner bessere Tauschverhältnisse repräsentieren* (Box-Diagramm).

[38] Vgl. *Edgeworth,* F. Y.: Mathematical psychics: essay on the application of mathematics to the moral science. London 1881, Neudruck in der Reihe: Series of reprints of scarce tracts in economic and political science, No. 10, 1932. *ders.:* On the determinatedness of economic equilibrium. In: Papers relating political economy, Vol. II, London Macmillan 1925, S. 313 ff. Durch das später von *Pareto* entwickelte Verfahren, die Indifferenzkurvensysteme zweier Tauschpartner einander so zu konfrontieren, daß sich ihre möglichen Gleichgewichtspositionen als Berührungspunkte der Indifferenzkurven ergeben, erhielt die Kontraktkurve *Edgeworths* als analytisches Instrument neue Bedeutung: Sie konnte nun als Verbindungslinie der Gleichgewichtspunkte interpretiert werden (vgl. *Pareto,* Vilfredo: Manuel d'Economic politique, Paris 1927, Chap. III, § 116 („Modes et formes de l'equilibre dans l'échange).

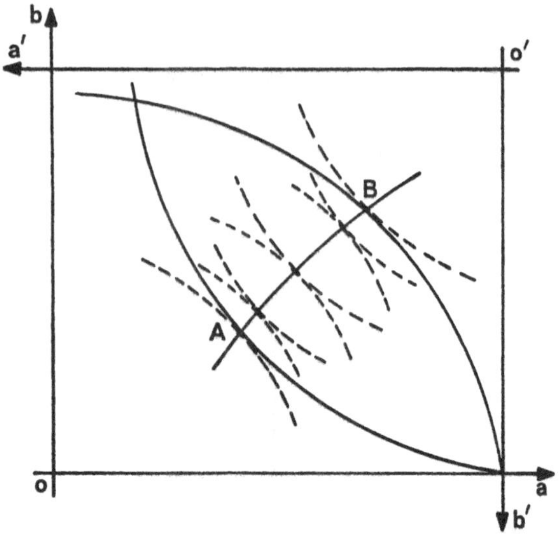

Figur 20

Für beide Subjekte ist es offensichtlich vorteilhaft, die jeweilige Tauschposition solange zu verändern, bis ein Punkt erreicht ist, in dem sich die durch ihn gehenden Indifferenzkurven beider Tauschpartner berühren. „Die Gesamtheit aller Berührungspunkte zwischen den Indifferenzkurven beider Tauschenden stellt mithin alle Punkte dar, die als Ergebnis der sukzessiven Tauschtransaktionen bzw. der sukzessiven Verhandlungen zur Realisierung in Frage kommen[39]." Die Verbindung dieser Punkte ist die bereits von *Edgeworth* erkannte *Kontraktkurve*. Sie ist an ihren Endpunkten durch die sogenannten Ausbeutungspunkte (die Partner sind Optionsempfänger bzw. -fixierer und umgekehrt) *A* und *B* gekennzeichnet.

Je nach *Verhaltensweisen* der Partner kann nun ein Gleichgewichtspunkt im Reaktionsfeld bestimmt werden. Dabei sind zunächst die Monopolpunkte der Partner von Bedeutung, d. h. diejenigen Gleichgewichtspunkte, in denen sich *A* als Preisfixierer und *B* als Mengenanpasser und umgekehrt verhalten. Für den ersten Fall wird *A* dann denjenigen für ihn gewinnmaximierenden Preis festlegen, zu dem *B* noch zu tauschen bereit ist. Denkt man sich nun Linien konstanter Tauschrelationen (Preislinien, von denen es beliebig viele geben kann, entsprechend den möglichen Tauschrelationen), so gibt es zu jeder Preislinie für jeden Tauschpartner einen maximalen Tauschpunkt: den Berührungspunkt der jeweiligen Linie mit einer Indifferenzkurve aus den beiden Indifferenzkurvenscharen der Partner (Punkt U_1 und U'_1

[39] *Schneider*, E.: Einführung ..., Bd. II, S. 361.

in Fig. 21). Verändern sich die Tauschrelationen *(Preise)*, dreht man also die Preislinie um den Punkt G, so wandern die Punkte U_1 und U'_1 *auf* sogenannten *Tauschkurven* (T_A und T_B) entlang. Dies hat bereits *Pareto* 1927 dargestellt.

Diese beiden Tauschkurven verlaufen für die Partner jeweils verschieden. Auf der Kontraktkurve jedoch schneiden sich die Tauschkurven. Dort liegt auch, wie später gezeigt wird, der dem Polypol entsprechende Gleichgewichtspunkt gegenseitiger Mengenanpassung. Für den Fall jedoch, daß ein Partner sich als Preisfixierer, der andere als

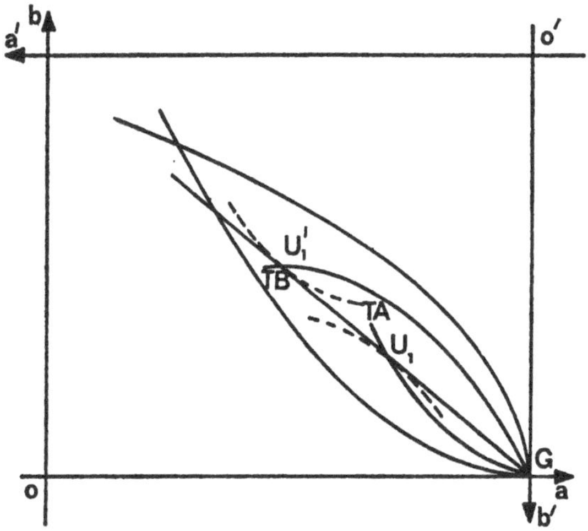

Figur 21

Mengenanpasser verhält, wird ersterer (in unserem Fall *A*) versuchen, den Preis zu setzen, bei dem sein Nutzen *(Gewinn)* maximal ist. Bedenkt er, daß sein Tauschpartner nur entlang der Tauschkurve mitzieht, wird dies derjenige Punkt sein, in dem eine Indifferenzkurve des Preisfixierers die Tauschkurve des Mengenanpassers der Gegenseite berührt. Hier liegt der *(Cournotsche)* Monopolpunkt. Fig. 22 zeigt die Tauschkurven T_A und T_B der Kontrahenten sowie die dazugehörigen Monopol- bzw. Monopsonpunkte *C* und *M*.

Die Monopolpunkte erweisen sich nicht als stabile, sondern als labile Gleichgewichtspunkte. Verlassen die Partner nämlich aus irgendeinem äußeren Grunde die Monopolpunkte, so führen die daraus ausgelösten Verhaltensweisen nicht wieder auf die Monopolpunkte zurück, sondern in Richtung auf die Kontraktkurve hin.

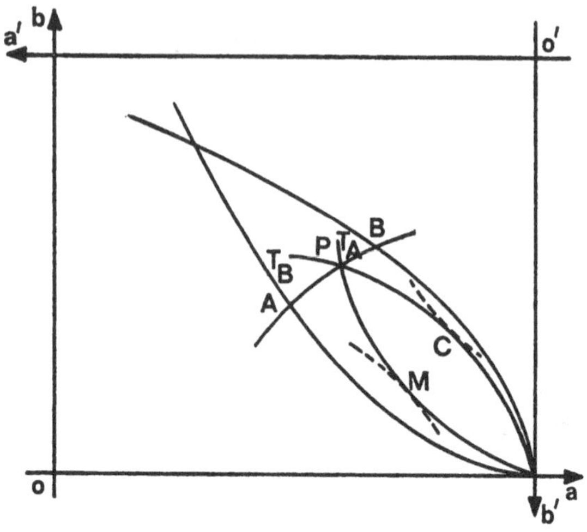

Figur 22

Stabiles Gleichgewicht stellt sich nur auf der Kontraktkurve ein. Freilich haben wir es hier nicht mit einem Gleichgewichts*punkt*, sondern mit einer Gleichgewichts*strecke* zu tun. Jeder Punkt auf dieser Strecke ist *in der gleichen Weise als Gleichgewicht möglich. Edgeworth* hat deshalb zu Recht gesagt, die ökonomische Lösung des bilateralen monopolistischen Gleichgewichts sei *indeterminiert.* Das Ergebnis hängt nach *Schneider* vom Verhalten der Verhandlungspartner ab: je nachdem wird ein anderer Punkt auf der Kontraktkurve realisiert. Im Punkte *A* verhält sich *A* als Optionsempfänger, *B* als Optionsfixierer. Im Punkte *P* verhalten sich beide Partner als Mengenanpasser; im Punkte *B* verhält sich *B* als Optionsempfänger und *A* als Optionsfixierer. Welche Verhaltensweise aber werden die Partner einnehmen? *Schneider* zeigt, daß diese Frage aus der *ökonomischen Theorie hinausführt.* Die Verhaltensweisen seien Daten der ökonomischen Theorie und als solche nicht mehr weiter analysierbar. Wir werden im folgenden deutlich machen, daß es sich hier lediglich um *Daten der marktökonomischen Theorie,* keinesfalls jedoch um Daten der *sozialökonomischen Theorie* handelt. Durch Einbezug der *Verbandsökonomik* in die Theorie des bilateralen Monopols werden wir die Bestimmungsfaktoren der Verhaltensweisen untersuchen können.

Einen wichtigen Hinweis für die Weiterentwicklung der Theorie des Box-Diagramms hat *Boulding*[40] gegeben. *Boulding* hat gezeigt, daß die

---

[40] Vgl. *Boulding,* Kenneth E.: Conflict and defense. A general theory. New York 1962.

Edgeworthsche Kontraktkurve auch als *Konfliktkurve* interpretiert werden kann. Entlang dieser Kurve treten die beiden Partner in Konflikt. Außerhalb der Kurve, im linsenförmigen Verhandlungsraum, lassen sich die Verhandlungen leicht lösen. Durch eine Veränderung des Tauschverhältnisses können ja *beide* Partner einen Vorteil gewinnen. Auf der Kontraktkurve (Konfliktkurve) jedoch ist der Vorteil des einen Partners der Nachteil des anderen. Nehmen wir als Ausgangspunkt unserer Überlegungen den Punkt *A*. Der Partner *A* ist hier sicher schwach. Er verhält sich als Optionsempfänger. *B* dagegen ist stark, er ist Optionsfixierer. *A* könnte einen höheren Ophelimitätsindex erreichen, wenn er den Partner *B* in Richtung auf Punkt *B* zurückdrängen könnte. *B* freilich müßte dann mit niedrigen Ophelimitätsindices zufrieden sein. Diese Bewegung wird nicht ohne Konflikt abgehen. Fragen wir uns also, wodurch dieser Konflikt bestimmt wird.

Für *Pareto, Schneider, Boulding* waren die Partner *A* und *B* möglicherweise durch *Individuen* repräsentiert. In dieser *individualökonomischen* Betrachtungsweise ist der Konflikt um die Tauschverhältnisse ein *psychologisches* Problem. Wir betreiben aber hier nicht Individual-, sondern *Sozialökonomik*. Die Psychologie des Individuums ist nicht Gegenstand einer Disziplin, die auf die Analyse *sekundärer Systeme* abstellt. *A* und *B* können jedoch auch als *Verbände* (Kartelle) begriffen werden. In diesem Fall ist die Wahl der Verhaltensweisen ein Problem der innerverbandlichen Willensbildung. Damit aber fällt sie eindeutig in unsere sozialökonomische wissenschaftliche Kompetenz. Das Strukturmodell der Verhandlungen *individualökonomischer* Verhandlungen zeigt die Fig. 23. Wir sehen hier die Partner *A* und *B* in Verhandlungen *V* stehen.

Figur 23

Das Strukturmodell *sozialökonomischer* Verhandlungen zeigt die Fig. 24. Hier sehen wir die Verbände *VA* und *VB*. Diese verhandeln miteinander in *G*. Die Mitglieder dieser Verbände bilden die Gruppen *A* und *B*. Die Willensbildungsprozesse in den Verbänden werden durch W_A und W_B dargestellt, die Gruppenverhandlungen durch *G*.

Aus dem Strukturmodell wird unmittelbar ersichtlich, daß wir neben den Verhandlungskalkülen in *G* auch die Willensbildungsprozesse W_A und W_B untersuchen müssen.

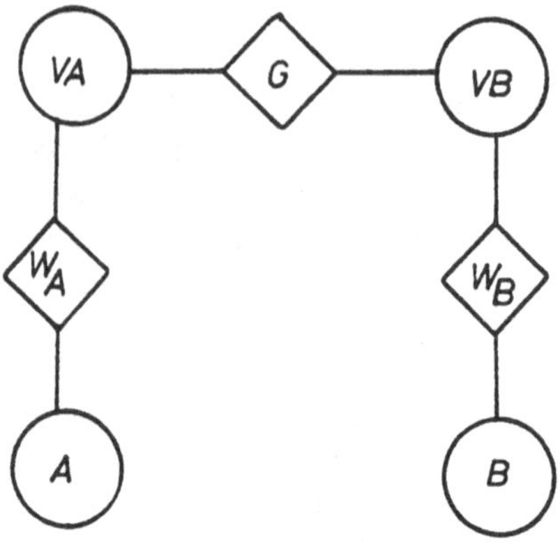

Figur 24

Die Willensbildungsprozesse in den Verbänden der Verhandlungspartner werden durch folgende Kalküle bestimmt: Die Funktionäre des Verbandes *VA* können ihren Mitgliedern *A* anbieten, den Verband so zu stärken, daß er Verhaltensweisen anzunehmen vermag, die den Verband *VB* zu einem für *A* günstigeren (für *B* ungünstigeren) Tauschverhältnis drängen. *VA* stellt also in den Verbandswahlen W_A ein Programm auf, das einen Aufrüstungsprozeß der Verbandsmacht vorsieht.

Die Aufrüstung verursacht natürlich Aufwand. Wir nehmen an, *VA* setze zur Vergrößerung seiner Verbandsmacht das Gut *c* ein (z. B. Unterhaltsmittel, Gehälter für Verbandsfunktionäre). Eine größere Verbandsmacht ruft auch einen vergrößerten Einsatz von *c* hervor. Die Zusammenhänge zwischen Verbandsmacht und Verbandsaufwand *c* können wir in einem Diagramm erfassen. Wir stellen im Diagramm 25 b die verschiedenen Tauschverhältnisse der Kontraktkurve (Konfliktkurve) dar, indem wir sie auf die Achse *a* projizieren. Wir können nun angeben, wieviel Verbandsaufwand *(c)* der Verband *VA* einsetzen muß, um den Verband *VB* vom Tauschverhältnis, das a_1 entspricht, auf das Tauschverhältnis zurückzudrängen, das durch a_2 wiedergegeben wird. Im Punkt *A* der Figur 25 a, das entspricht a_1 in der Figur 25 b, ist der Tauschpartner *A* Optionsempfänger, der Tauschpartner *B* Optionsfixierer.

Die Aufrüstungskosten für *VA* gibt die Aufrüstungskurve RA^1 wieder (vgl. Fig. 25 b). Dem Verlauf der Kurve RA^1 liegt die Annahme sinkender Grenzerträge über den gesamten Bereich zugrunde. Andere Annahmen sind natürlich denkbar.

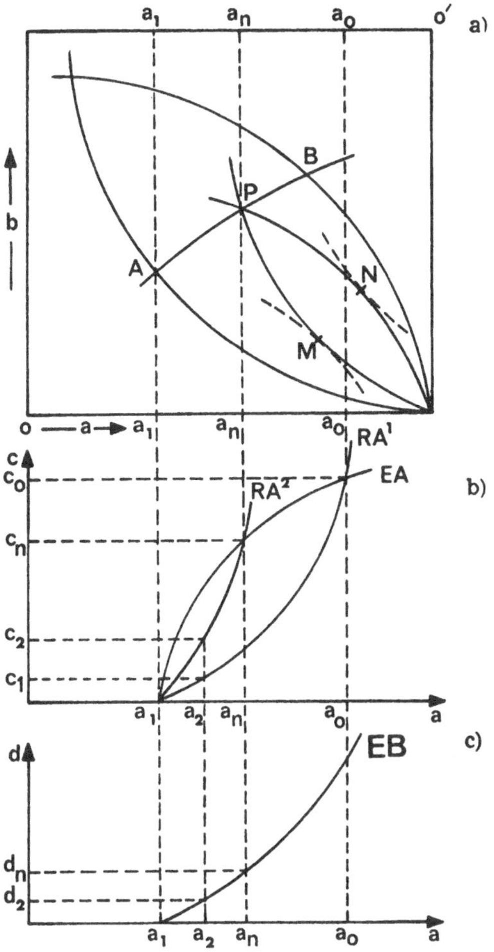

Figur 25 a - c

Wie weit wird *VA* seine Aufrüstung treiben? Wie weit wird *VA* auf diese Weise *VB* auf der Kontraktkurve zurückdrängen können? Offensichtlich wird für *A* die Verbesserung seiner Versorgung unrationell, wenn der Nutzenentgang durch die verursachten Verbandskosten größer wird als der Nutzengewinn durch die Versorgungsverbesserung. Die Nutzenüberlegungen von *A* können wir in das Diagramm der Fig. 25 b eintragen. Wir gewinnen in dieser Weise eine Entscheidungslinie E_A. Links von ihr sind die Mitglieder von *A* nicht mehr bereit, ihren Funktionären zu folgen. Alle Funktionäre müssen hier mit Abwahl rechnen. Andererseits müssen alle jene Funktionäre mit Abwahl rechnen, die in ihren Programmen unterhalb der Entscheidungslinie E_A bleiben. Sie müssen nämlich damit rechnen, daß konkurrierende Funktionäre weitergehende Programme anbieten und sie damit ausmonövrieren. Der Wettbewerbsprozeß zwischen den Funktionären wird also die Aufrüstung an E_A herantreiben.

Zur Analyse der Nutzenkalküle des Aggregates *A* ziehen wir die Theoreme der Grenznutzenschule heran. *A* wird also zunächst bereit sein, für eine Versorgungsverbesserung *a* relativ hohen Aufrüstungsaufwand *c* in Kauf zu nehmen. Je besser die Versorgung mit *a* wird, um so geringer wird der Aufrüstungsaufwand *c* sein, den *A* bereit ist, für eine zusätzliche Einheit von *a* noch hinzugeben. Damit ergibt sich eine Struktur der Entscheidungslinie E_A von der Gestalt, wie in der Fig. 25 b eingezeichnet.

VA wird den Aufrüstungsprozeß bis zum Punkt a_0 vorantreiben. Erst hier wird der tatsächlich verursachte Aufwand größer sein, als *A* bereit ist hinzunehmen. In diesem Punkte ist die Verbandsstärke von *VA* definitionsgemäß so groß, daß *VB* zum Tauschverhältnis, das a_0 entspricht, veranlaßt werden kann.

Wir müssen nun überlegen, ob *VB* sich tatenlos vom Versorgungsniveau a_1 in Richtung auf a_0 zurückdrängen lassen wird. Wir können annehmen, daß im Verband *VB* nach Spürbarwerden der verschlechterten Versorgungssituation Funktionäre auftreten werden, die im Willensbildungsprozeß *WB* Aufrüstungsprogramme anbieten. Sie werden darauf hinweisen, daß sie das Versorgungsniveau a_1 wieder erreichen könnten, wenn sie ebenfalls gegenüber *VA* aufrüsten. Das verursacht freilich Aufrüstungsaufwand *d*. Die Entscheidungslinie E_B ist im Diagramm der Fig. 25 c unten eingetragen. Die Kurve *E* zeigt, wieviel an Aufrüstungsaufwand *d* die Mitglieder *B* bereit sind aufzuwenden, um ihr Versorgungsniveau *a* auf dem entsprechenden Punkt zu halten. E_B ist damit gleichzeitig eine Aufrüstungskurve.

Kehren wir nun zum Kalkül des Verbandes *VA* zurück. Wenn *VA* vom Versorgungsniveau a_1 auf a_2 vordringen möchte, sieht er sich nun einer Verbandsstärke *VB* in Höhe von d_2 gegenüber. Will *VA* diese überwinden, so muß *VA* nicht nur c_1, sondern c_2 einsetzen. Das bedeutet, daß durch die Aufrüstung von *VB* der Verband *VA* stärker aufrüsten muß; seine Aufrüstungskurve RA_1 verschiebt sich auf RA_2.

Unter Berücksichtigung der Aufrüstung von *VA* und *VB* ergibt sich damit ein Gleichgewicht im Punkte a_n. Der Verband *VB* hat dann aufgerüstet mit einem Aufwand von d_n, der Verband *VA* mit einem Aufwand von c_n.

Wir können nun noch zur Erweiterung unseres Modells ein zirkulares Aufrüstungsverhalten der Verbände unterstellen. Dabei berücksichtigen wir, daß jede zusätzliche Aufrüstung von *VA* durch *VB* ebenfalls mit einem Aufrüstungsschritt beantwortet wird. Den zirkularen Aufrüstungsprozeß haben wir an anderer Stelle dargestellt. Wir können ihn hier in unsere Betrachtung einbeziehen, ohne daß sich unser Modell der Fig. 25 ändert, wenn wir annehmen, daß er bei der Festlegung von RA^2 abgeschlossen ist.

Wir können nun versuchen, mit Hilfe unseres oben entwickelten Modells, das Gleichgewichts-Theorem der Verbändelehre von *Galbraith* zu erfassen. *Galbraith* spricht von Monopolen, so daß man zunächst vermuten könnte, er wolle eine Diskussion um die Monopolpunkte *M* und *N* in der Fig. 25 a beginnen. Er zeigt, wie der Monopoldruck der einen Marktseite eine Reaktion (Verbandsbildung) auf der anderen Marktseite auslöst. Damit aber wird deutlich, daß er die *Kontraktkurve* diskutiert. Nur hier stehen sich nämlich *zwei* Verbände gegenüber. Freilich sind sie unterschiedlich stark. *Galbraith* beginnt seine Darstellung (etwa des Arbeitsmarktes) ähnlich wie wir im Punkte der Optionsfixierung. Er beschreibt den Aufrüstungsprozeß der Verbände und stellt dann als Ergebnis fest, daß sich ein Gleichgewicht im *Polypolpunkt* einspiele, d. h. die gleichgewichtigen Gruppenverhandlungen zwischen Verbänden führen zu demselben Ergebnis wie es unorganisierte Mengenanpasser erreichen würden. *Die Verbandsbildung hebe sich in ihrem Gleichgewicht in ihrer Wirkung auf.* Diesen Satz wollen wir als das *Galbraithsche Gleichgewichtstheorem* bezeichnen.

Galbraith hat sein Theorem als eine im allgemeinen zu erwartende Wirkung dargestellt. Tatsächlich zeigt unsere Analyse, daß sie nur unter extremen Bedingungen eintritt. Wir wollen die wichtigsten nennen:

a) grundsätzliche Organisierbarkeit beider Partner muß gegeben sein,
b) der gegenseitige Aufrüstungsprozeß muß zu einem Gleichgewicht kommen, d. h. die beiden Reaktionskurven der Aufrüstung im Aufrüstungsmodell nach *Hotelling* (siehe unten Figur 26) müssen sich schneiden,
c) das Verbandsgleichgewicht des die Reaktionen führenden Verbandes (in unserem Beispiel *VA*) muß sich im Polypolpunkt einstellen.

Die Auseinandersetzungen um *Galbraiths* Thesen wurden, insbesondere in nationalökonomischen Kreisen, recht heftig geführt[41]. Die Kritik der Unausweichlichkeitsthese (inevitability thesis[42]), schon immer

---

[41] Vgl. z. B. *Stigler*, George: The Economist Plays with Blocks, in: The American Economic Review, Papers and Proceedings, Bd. 44, 1954, S. 7 ff.

[42] Vgl. z. B. *Schweitzer*, A.: A Critic of Countervailing Power, in: Social Research, Bd. 21, 1954, S. 253—285.

einer der stärksten Einwände gegen *Galbraiths* Theorie, wird auch durch die Überlegungen *Olsons* gestützt. Unser Modell jedenfalls zeigt, daß ein Verhandlungsgleichgewicht im Polypolpunkt reiner Zufall wäre. Für eine ausführliche Diskussion des Gegenmachtprinzips sei auf die zusammenfassende Darstellung bei *Andreae* hingewiesen[43].

Wir sind uns im klaren darüber, daß auch unser erweitertes *Galbraith*-Modell — als dessen wesentlichen Vorzug wir den Einbezug der *Aufrüstungskosten* betrachten — zusätzlichen Verfeinerungen offen steht. So wäre in einer Weiterführung zu beachten, daß nicht nur Bewegungen auf der Kontraktkurve (Aufrüstungs-) Kosten verursachen. Verhandlungskosten entstehen auch dann, wenn das Verhandlungsergebnis zu einer Besserstellung beider Parteien führt, d. h. also bei Bewegung in Richtung auf die Kontraktkurve zu[44]. Die Beschränkung auf möglichst einfache Modelle hat zur Folge, daß wir auch der interessanten Frage nach dem *Verhandlungspfad*, der letztlich zur Kontraktkurve führt, nicht nachgehen konnten[45]. Wie überhaupt in dieser Arbeit kam es uns auch hier zu aller erst auf die *Zusammenschau einfacher Modelle* an; der Einbezug weiterer denkbarer Tatbestände soll dem Leser anheimgegeben sein.

4. Zwei Verbände mit divergierenden Verhaltensweisen

Wir sind bisher davon ausgegangen, daß die einander am Markt gegenüberstehenden Verbände beide *Gewinnmaximierung* als Handlungsziel anstreben. Diese Annahme ist aber nicht die einzig mögliche. Im Gegenteil, das eigentliche Phänomen zweier *Verbände* am Markt wird erst deutlich, wenn wir von *divergierenden* Verhaltensweisen ausgehen. Wir wollen deshalb das Gleichgewichtsmodell eines komplexen Systems untersuchen, in dem sich nur der eine der Verbände *gewinnmaximierend* verhält, der andere dagegen *umsatzmaximierend* (bedarfsdeckend).

Dazu ist es zweckmäßig, auf ein Modell zurückzugreifen, das *Hotelling* bereits im Jahre 1929 für zwei rivalisierende Oligopolisten entwickelt

---

[43] *Andreae*, C. A.: Das Prinzip der gegengewichtigen Marktmacht als Ansatzpunkt für die Wettbewerbspolitik, in: Grundlagen der Wettbewerbspolitik, Schriften des Vereins für Sozialpolitik, N. F. Bd. 48, Berlin 1968, S. 71—94.

[44] Vgl. *Buchanan*, James und *Tullock*, Gordon: The Calculus of Consent, Ann Arbor 1962, S. 104.

[45] Für eine Diskussion auf hohem theoretischen Niveau und eine Fülle von Anregungen vgl. *Isard*, Walter: General Theory. Social, Political, Economic and Regional, Cambridge Mass. 1969, Chap. 7, S. 275—371. Die grundlegenden Gedanken (und auf diese kommt es hier an) sollten auch dem mathematisch weniger versierten Leser zugänglich sein.

hat[46]. Der Verfasser hat es 1965 in seiner Schrift „Theorie der sozialen Steuerung“ auf das Verbandsverhalten übertragen[47]. Ausgangspunkt dieses Modells ist die Erkenntnis, daß ein Gleichgewicht bei Gruppenverhandlungen auch von einer Variation des Organisationsgrades der beteiligten Verbände abhängen kann. Wir gehen davon aus, daß der eine Partner bei den Gruppenverhandlungen seine Organisationsstärke insoweit entwickelt, daß er eine stärkere Verhandlungsposition des anderen Partners gerade ausgleichen kann. Der andere Partner verfährt vice versa. Die jeweilige Anpassungsgeschwindigkeit wird als unendlich groß unterstellt.

Das gegenseitige Aufschaukeln der Organisationsstärke wird sich nun in einem Gleichgewicht auspendeln. Während die Gleichgewichtstheorie sonst von Partnern ausgeht, die in ganz bestimmter Weise konstruiert sind und nun nach einem Verhandlungsgleichgewicht fragt, berücksichtigt die Aufrüstungstheorie, daß sich die Partner durch die Verhandlungen in ihrer Organisationsstruktur selbst ändern. In der Verhandlung befestigen die Verhandlungspartner ihre jeweilige Position, sie stärken ihren Organisationsgrad. Von Verhandlungsrunde zu Verhandlungsrunde wird dieser Organisationsgrad ausgebaut, bis er sein Gleichgewicht gegenüber dem Organisationsgrad der Gegenpartei findet. Das Organisationsgleichgewicht stellt sich in dem Punkt ein, wo keiner der Partner sich mehr veranlaßt sieht, seine Organisationsstruktur zu ändern.

Die Reaktionen der Verbände auf die Steigerung des Organisationsgrades ihrer Partner lassen sich in einem einfachen Reaktionsdiagramm veranschaulichen. Wir unterstellen dazu, daß sich der Organisationsgrad messen ließe (ein einheitliches Maß gibt es dafür allerdings nicht, da die Verbandsstärke gleichzeitig nach verschiedenen Gesichtspunkten abgeschätzt werden kann). Die verschiedenen Organisationsgrade zweier Verbände lassen sich nunmehr auf einem Achsenkreuz angeben (vgl. Figur 26).

---

46 Vgl. *Hotelling*, Harold: Stability in competition, in: The Economic Journal, Vol. 39, London (1929), S. 41—57. Die dort vertretenen Thesen hatte *Hotelling* bereits im Jahr davor erstmals in einem Vortrag dargestellt.
Die Darstellung eines Gruppenverhandlungsgleichgewichts mit Hilfe des Dyopol-Modells von Hotelling ist bereits in meiner Schrift „Zur Theorie der Sozialen Steuerung“ zu finden (vgl. *Herder-Dorneich*, Philipp: Zur Theorie der Sozialen Steuerung, Reihe: Sozialtheorie und Sozialpolitik, hrsg. v. W. Schreiber und Ph. Herder-Dorneich unter Mitwirkung von G. Briefs und in Zusammenarbeit mit dem Forschungsinstitut für Einkommenspolitik und Soziale Sicherung, Bd. 2, Köln 1965, S. 40—41).

47 Vgl. *Herder-Dorneich*, Philipp: Zur Theorie der sozialen Steuerung, Köln 1965.

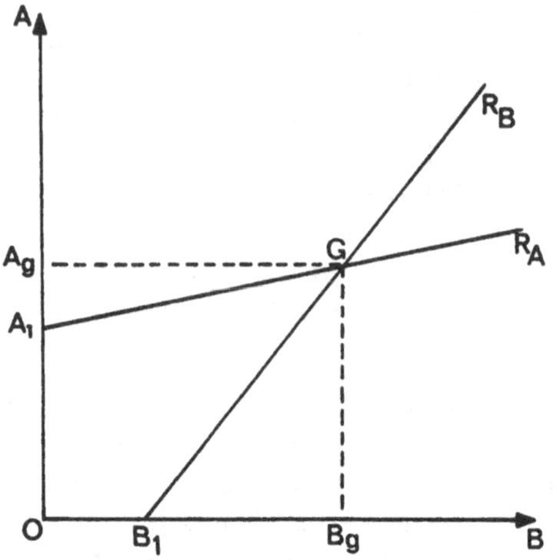

Figur 26

Auf der Abszisse sind in der Figur steigende Organisationsgrade des Verbandes *B*, auf der Ordinate steigende Organisationsgrade des Verbandes *A* abgetragen.

Nehmen wir weiter an, die beiden Partner stünden sich auf einem Markt gegenüber, der von Natur aus monopolistische Voraussetzungen biete. Es wird dann der Partner *A* versuchen, sich zu organisieren, selbst wenn der Partner *B* sich nicht organisiert hat. *B* hat ja von vornherein eine monopolitische Marktstellung, die *A* auszugleichen versucht. Der Organisationsgrad von *B* würde *A* veranlassen, seinen Verband ebenfalls besser zu organisieren.

Die Reaktionen von *A* auf *B* werden durch die Reaktionskurve R_A veranschaulicht. Dieselbe Überlegung gilt für *B*. Selbst wenn *A* nicht organisiert ist, wird *B* versuchen, den Organisationsgrad B_1 zu realisieren. Auf steigende Organisation von *A* reagiert *B* entlang der Reaktionskurve R_B. Im Punkt *G* finden beide Organisationsbemühungen ihr Gleichgewicht. Wenn *B* den Organisationsgrad B_g erreicht hat und *A* den Organisationsgrad von A_g, sehen beide Partner bei sonst gleichbleibenden Bedingungen keine Veranlassung mehr, ihre Organisationsstruktur zu verändern, weder zu verringern noch zu steigern. Das Gleichgewicht stellt sich also im Schnittpunkt beider Reaktionskurven ein.

Hotelling hat in seinem Modell darauf hingewiesen, daß die Reaktionskurven durchaus auch parallel verlaufen können (vgl. *RA* und *RB* in Fig. 27). In diesem Fall gibt es kein Gleichgewicht; der Aufrüstungsprozeß dauert kontinuierlich an, sobald er einmal in Gang gekommen ist.

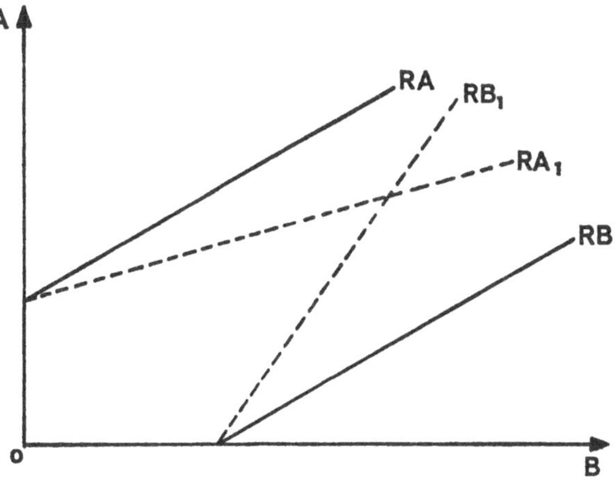

Figur 27

In einer solchen Verhandlungssituation mit parallelen Reaktionskurven gibt es für Gewinnmaximierer kein befriedigendes Verhandlungsergebnis. Sie würden also bei rationalem Handeln am besten auf den Einsatz des Parameters *Aufrüstung des Organisationsgrades* von vornherein verzichten. Nehmen wir aber einmal an, der eine Verhandlungspartner (die Nachfrageseite) habe doch begonnen aufzurüsten. Es ist ja z. B. denkbar, daß im Wettbewerb der Funktionäre untereinander der Ehrgeiz eines Funktionärs ihn zu diesem Schritt treibt, vielleicht überschätzt er auch die organisatorischen Möglichkeiten. In jedem Fall sieht sich nun die Angebotsseite dem Nachfragedruck eines sich organisierenden Monopsons gegenüber. Notwendigerweise muß es zu einer Mobilisierung der organisatorischen Reserven der Gegenseite kommen. Doch mit welchem Ziel? Die Funktionäre wissen aufgrund der angenommenen Reaktionskurven, daß es keine Chance für ein Gleichgewicht gibt. Sie erkennen, daß der eingeschlagene Weg zu unendlich hohen Aufrüstungskosten führen muß. In dieser Situation wird die sozialökonomische Bedeutung der Funktionärstheorie deutlich: Aufgrund der Trennung von Mitglieder- und Funktionärshandeln ist es dem Funktionär möglich, sich *janusköpfig* zu zeigen und entsprechend doppeldeutig zu reagieren: Nach außen, d. h. zum anderen Verband hin, erscheint sein Verhalten unverändert, nach innen jedoch wechselt er die Verhaltensweise. Wie ist dies zu denken?

Wir nehmen an: Signal für taktische Entscheidungen der *Monopsonisten* ist der *Angebotspreis*. Solange dieser nicht steigt, verändern auch die Monopsonisten nicht ihr Verhalten: sie rüsten also nicht weiter auf, sie verhalten sich *wie im Gleichgewicht*. Diese Verhaltensweise kann nun der Anbieterfunktionär F_A so ausnutzen, daß er dem Druck auf den Angebotspreis nachgibt, aber durch verbandsinterne Maßnahmen den Gewinndruck ausgleicht. Dies gelingt ihm durch Umschalten des Marktverhaltens seiner Mitglieder auf *Umsatzmaximierung* (Bedarfsdeckung). F_A legt seinen Mitgliedern nahe, in ihren Marktorganisationen nicht mehr zu Grenzkosten anzubieten, sondern zu *Durchschnittskosten*.

Durch diesen Schachzug unterläuft der Anbieterverband die Strategie des Nachfragefunktionäres F_N: Während dieser in den Verhandlungen mit F_A consensus über den Monopsonpreis *feststellt*, und diesen auch unter Annahme des gewinnmaximierenden Verhaltens der Gegenseite als solchen *interpretiert*, sind seine Mitglieder in den einzelnen Nachfrageaktionen bereits auf die günstigen Einzelangebote eingegangen. Die einzelnen Nachfrager übersehen ja nicht den ganzen Markt und glauben, sich rational zu verhalten, wenn sie *günstig einkaufen*. Am Markt sind nun zunächst ein niedriger Preis und eine entsprechend höhere Umsatzmenge verwirklicht als es in der strategischen Absicht des F_N lag.

Die Expansion des Marktes setzt sich fort, maximal bis der monopsonistische Preis erreicht ist. Die Existenz einer solchen Schwelle wird unten zu begründen sein.

An diesem Beispiel wird das eigentliche Problem der *Willensbildung von kollektiven Wirtschaftssubjekten* deutlich[48]. Gelingt es dem Funktionär eines Verbandes nämlich nicht, „solche Programme und Ziele zu entwickeln, die schließlich von der Mehrheit der Mitglieder gebilligt werden“[49], hat er den Kontakt zur Wirklichkeit verloren. Die *Wirklichkeit*, das sind für den vorliegenden Fall des Anbieterverbandes die Unternehmer-Mitglieder.

Was bedeutet das für die Analyse des Gleichgewichts? Es bedeutet zunächst einmal, daß die übliche Interpretation *komplementärer Verhaltensweisen* (Preisfixierer/Mengenanpasser und umgekehrt) aufgelöst wird. An diesem organisierten Markt stehen sich nun ein Preisfixierer (Nachfragefunktionär) und ein Mengenfixierer (Angebotsmitglieder) gegenüber. Fig. 28 zeigt diese Konstellation: Der Funktionär des Nachfrageverbandes F_N verhält sich gewinnmaximierend und kann aus seiner organisatorischen Aufrüstungsposition heraus als Preisfixierer auftreten (durchgezogener Pfeil). *Pro forma* gibt sich der Funktionär des Anbieterverbandes F_A geschlagen. Es bleibt ihm ja auch nichts anderes

---

[48] Ich wies darauf bereits in meiner Veröffentlichung „Der Markt und seine Alternativen“, Wien—Hannover 1968 hin: „Bezieht man nämlich Gruppen ... als Wirtschaftssubjekte in die Betrachtungsweise ein, so kann das Problem ihrer *Willensbildung* nicht mehr als irrelevant beiseite geschoben werden ... sie ist unter heutigen Bedingungen notwendigerweise *Problemgröße des sozialen Prozesses*“ (S. 18).

[49] *Külp*, Bernhard: Streik und Streikdrohung, Berlin 1969, S. 46.

übrig, will er nicht in einen endlosen und kostspieligen Aufrüstungsprozeß hineingeraten und seine ursprüngliche Verhaltensweise der Gewinnmaximierung beibehalten.

Das Nachgeben gegenüber F_N ist jedoch nur ein Manöver, das sich dahingehend auszahlen soll, daß der Anreiz zu weiterer Aufrüstung unterbleibt. F_N hat tatsächlich keinen Anlaß weiteraufzurüsten, wenn F_A den gesetzten Preis akzeptiert. Nur zum Schein (gestrichelter Pfeil) kämpft F_A in den Gruppenverhandlungen G gegen die Preispolitik von F_N weiter an. Unbemerkt von F_N geht F_A auf eine Mengenpolitik über. F_A empfiehlt seinen Mitgliedern Verhaltensänderung. Tatsächlich treten nun die Mitglieder M_A des Anbieterverbandes auf Rat ihres Funktionärs hin am Markt bedarfsdeckend auf (durchgezogener Pfeil) und *verführen* damit die Mitglieder des Nachfrageverbandes in den einzelnen, nicht abgesprochenen Transaktionen, sich als Preisanpasser *PA* zu verhalten (durchgezogener Pfeil). Die Nachfrager wollen die günstige Gelegenheit ja nicht vergeben. Deutlich wird die isolierte Position von F_N sichtbar, er ist *ausmanövriert*. Das Ergebnis bleibt das gleiche, wenn die Mitglieder M_A nicht als Mengenfixierer auftreten (vgl. Fig. 29), also etwa die Menge m_3 auf den Markt bringen, sondern den Preis fixieren und den Nachfragern die Mengenanpassung überlassen.

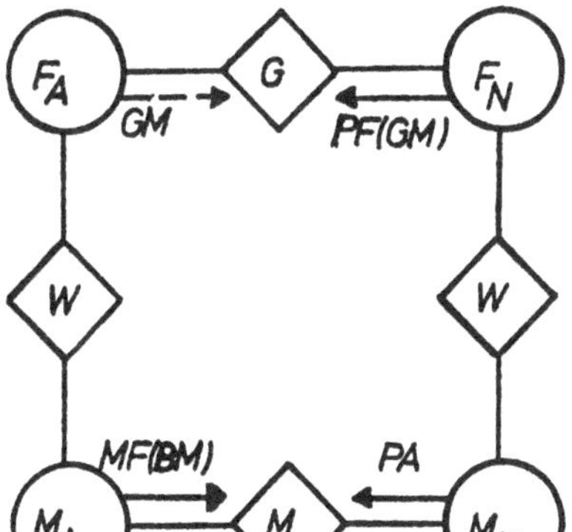

Figur 28

GM = Gewinnmaximierer
PF (GM) = Preisfixierer (Gewinnmaximierer)
MF (BM) = Mengenfixierer (Bedarfsmaximierer)
PA = Preisanpasser

In Figur 29 ist die Gleichgewichtssituation bei divergierenden Verhaltensweisen dargestellt. Zunächst bewirkt die einseitige Aufrüstung der Nachfrageseite, daß es zu einer monopsonistischen Gleichgewichtssituation kommt: Es gelten der Preis p_2 und die Menge m_2. Im klassischen Aufrüstungsprozeß mit Aussicht auf ein Gleichgewicht würde nun F_A im Gegenzug versuchen, den Monopolpreis durchzesetzen. Er tut dies aber — wie besprochen, aus Furcht vor dem drohenden endlosen Aufrüstungsprozeß — nicht, sondern gibt sich mit diesem ausbeuterischen Preis scheinbar zufrieden. Doch seine Mitglieder erhalten die Parole, zu Durchschnittskosten in den individuellen Tauschbegegnungen anzubieten, mit dem Ziel der Umsatzmaximierung. Damit wird ein Prozeß der Versorgungsausdehnung eingeleitet. Die umgesetzte Menge steigt von m_2 auf m_3.

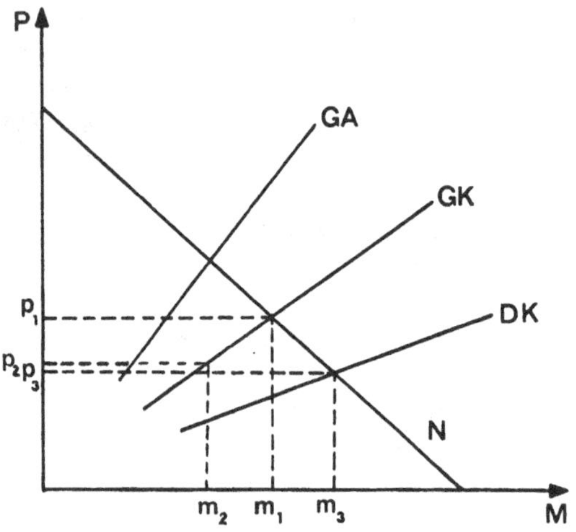

Figur 29

Bleibt noch die Frage, warum die Funktionäre des Nachfrageverbandes sich in dieser Weise ausmanövrieren lassen, würden sie doch bei Zurückhalten der Menge z. B. auf m_2 den Monopsongewinn vergrößern können? Wieder läßt sich die Frage nicht ohne Rückgriff auf innerverbandliche Faktoren beantworten. Der Verbandsfunktionär sieht seinen Erfolg in der durch Verbandsbildung erreichten Preissenkung von p_1 auf p_2 verkörpert. Solange dieser Erfolg ungefährdet ist, der tatsächliche Marktpreis also nicht über p_2 liegt, sieht er keinen Grund einzugreifen. Dies ist in unserem Modell durchweg der Fall.

Das Verhalten der Anbieter in diesem Modell kann als umsatzorientiert bezeichnet werden. Bei Produktion mit wenig Vorleistungen, die typisch für den Dienstleistungssektor ist, wird in der Rechnung des einzelnen Produzenten dann oft *Umsatz* mit *Einkommen* gleichzusetzen sein. Der Aufwand im Sinne der Kostenrechnung ist hier gering und die sogenannten Zusatzkosten (kalkulatorische Kosten wie Unternehmerlohn, Risikoprämie und Eigenkapitalverzinsung) gehen oft nicht ausreichend in das Bewußtsein der Produzenten ein. Oder es kann auch ausgesprochen altruistisches Verhalten vorliegen[50]. Es gibt einen schwer ausrottbaren Aberglauben, der die Nationalökonomie nur für egoistisches Verhalten zuständig sieht. Notwendig ist lediglich die Annahme einer eindeutig bestimmbaren Zielfunktion, aus der sich rationales Verhalten ableiten läßt[51]. Daß diese Zielfunktion empirisch oft schwer zu ermitteln ist, bestreitet niemand, sollte aber keinen grundsätzlichen Einwand abgeben, auf der Annahme lediglich einer ganz bestimmten Verhaltensweise zu bestehen.

Bei einem anders angenommenen Verlauf der Angebots- oder Nachfragekurve kann durchaus der Fall eintreten, daß der *Signalpreis* (von uns so genannt, weil er von den Nachfragefunktionären als Schwellenwert aufgefaßt wird) durch kauflustige Verbandsmitglieder ins Schwanken gerät. Für den einzelnen ist es ja rational, solange nachzufragen, wie sein Grenzvorteil größer als der geforderte Preis ist. Je nach Größe der benachteiligten Gruppe wird es dem Verbandsfunktionär schwerer oder leichter fallen, diese Nachfrage zurückzudrängen, eventuell einen innerverbandlichen Ausgleich herbeizuführen.

5. Ein Gewinnmaximierer: Ein Gegenmachtverband mit Beitragssystem

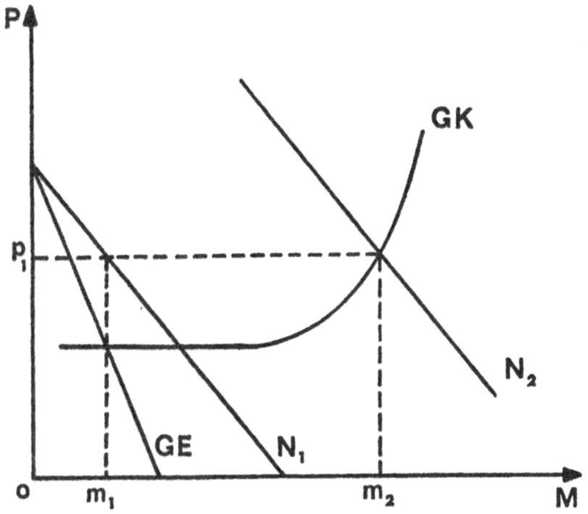

Figur 30

[50] Vgl. *Herder-Dorneich*, Philipp und *Kötz*, Werner: Zur Dienstleistungsökonomik: Systemtheorie und Systempolitik der Krankenhauspflegedienste, Berlin 1972.

[51] Zur Diskussion um die Nutzenmaximierung als Postulat der Nationalökonomie vgl. *Alchian*, Armen A. und *Kessel*, Reuben A.: Competition, Monopoly and the Pursuit of Money, in: Aspects or Labor Economics, Princeton 1962.

Wir gehen von einer Nachfragestruktur aus, wie sie N_1 in der Fig. 30 angibt. Diese Nachfrage werde von polypsonistischen Nachfragern gebildet. Ihnen steht ein Angebot gegenüber, das auf den Kosten *GK* basiert und das gegenüber den Nachfragern eine starke Neigung zur Verbandsbildung aufweist. Wir unterstellen, daß sich die *Anbieter* bereits zu einem *Verband mit monopolistischer Preispolitik* zusammengeschlossen haben und abstrahieren dabei von den Kosten der Verbandsbildung. Es wird der *Cournot*sche Preis p_1 und die Versorgung m_1 realisiert.

Die Nachfrager stellen fest, daß sie stark überhöhte Preise zu bezahlen haben, die sie jedoch den Marktgegebenheiten entsprechend zunächst hinnehmen müssen.

Wir nehmen nun an, daß die Funktionäre planen, einen Nachfrageverband als Gegenmacht aufzubauen. Bei der Stärke des Anbieterverbandes können sie aber — so unterstellen wir — nicht damit rechnen, den Preis herabzudrücken. Einem solchen Versuch würde der Anbieterverband starken Widerstand entgegenstellen. Die Funktionäre des geplanten Nachfrageverbandes wissen, daß die Funktionäre des Anbieterverbandes noch über zahlreiche Aufrüstungsmöglichkeiten verfügen.

Die Funktionäre des Nachfrageverbandes schlagen deshalb eine Politik ein, die den Nachfragern Vorteile bringt, ohne den bisherigen Erfolg der Funktionäre des Anbieterverbandes (deren Monopolgewinn) zu schmälern. Um den Widerstand der Anbieter gering zu halten, versprechen sie diesen zusätzliche Produktionsmöglichkeiten. Die Funktionäre des Nachfrageverbandes gründen unter diesen Überlegungen einen *Nachfrageverband mit Beitragssystem.* Wir unterstellen, daß die Individuen bereit seien, bei wenig fühlbaren und globalen Beiträgen ihre Nachfrage bis auf N_2 hin auszudehnen. Die Funktionäre des Nachfrageverbandes können demnach entlang N_2 operieren. Da sie als Gegenmachtverband stärker sind als die bisher unorganisierten Nachfrager und da die Verbandsmacht der Anbieter sich nicht verstärkt, solange keine Nachteile für den Verband zu erwarten sind, können die Nachfrager mit den Anbietern einen Preis entsprechend dem *Galbraith*-Theorem aushandeln, einen Preis, *wie wenn Konkurrenz bestünde.* Dieser Preis deckt sich mit p_1, er ermöglicht jedoch eine starke Ausweitung der Versorgung.

Gestützt auf die große Zahl der nunmehr versorgten Mitglieder können die Funktionäre — so nehmen wir an — ihren Nachfrageverband aufbauen. Denn bestünde dieser Verband nicht, könnten alle Mitglieder zwischen m_1 und m_2 nicht versorgt werden.

6. Ein gewinnorientierter und ein bedarfsorientierter Verband

Wir gehen von einer Nachfrage- und Angebotsstruktur aus, wie sie das Marktmodell der Fig. 31 zeigt. Die Nachfragestruktur sei durch N_1 gegeben, die Angebotsstruktur durch A_1. Die Nachfrage sei in einem starken Verband organisiert, der ein monopsonistisches Verhalten einnimmt und gegenüber dem wenig gewinnorientierten Verhalten des Angebots den Preis p_1 bei der Menge m_1 realisiert. Die Nachfrage zwischen m_0 und m_1 bleibt nun unversorgt. Die Anbieter, die bedarfsorientiert sind, sehen in der unversorgten Marktlage einen Anlaß zum Tätigwerden. Ziel ihrer Verhaltensweise ist also eine möglichst hohe Ausbringung (Versorgung des Bedarfs). Solange sie freilich unorganisiert sind, bleibt ihnen wenig Möglichkeit, die Situation zu ändern. Die Menge m_0 könnten sie nur zu dem Preise von p_0 anbieten, der über dem Preis liegt, der beim Verband der Nachfrager zu erlangen ist. Einen Gegenmachtverband aufzubauen, der in einen Preiskampf mit den Nachfragern eintritt, liegt dem wenig aggressiven Verhalten der Anbieter gemäß unserer Annahme fern. Grundsätzlich wäre es zwar nach unseren Annahmen möglich, m_0 bei p_0 zu verwirklichen, aber das setzte einen Gegenmachtverband voraus, der mindestens so stark und so aggressiv sein müßte wie der Nachfrageverband.

Die Anbieter schreiten nun zur Verbandsbildung und stellen dabei fest, daß sie im Verband sehr viel kostengünstiger tätig werden können. Ihre Kosten sinken damit auf A_2. Die im Verband hervorgebrachten Leistungen sind aber nicht nur kostengünstiger, sondern werden auch von der Nachfrageseite günstiger aufgenommen. Die Nachfrager erkennen, daß das, was ihnen vom Anbieterverband geboten wird, für sie viele Vorteile hat. Sie sind deshalb bereit, die Angebote des Anbieter*verbandes* besser zu honorieren als die Angebote der *Einzel*anbieter vordem. Damit verschiebt sich *die Nachfragekurve auf* N_2.

Nach der Verbandsbildung stehen sich Anbieter mit A_2 und Nachfrager mit N_2 gegenüber. Beide Marktseiten sind jedoch nunmehr organisiert. Der Nachfrageverband allerdings, solange er keine aggressive Preispolitik verspürt und keine Preiserhöhung auf sich zukommen sieht, rüstet nicht weiter auf. *Die beiden Verbände verhandeln nun als gleich starke Partner.* Der Nachfrageverband sieht Vorteile, wenn er zum gleichen Preis wie vordem eine größere Versorgung erhält. Die Anbieter, denen vor allem an der Versorgung liegt, können in einem angenehmen Klima einen fairen Ausgleich mit dem Partner erreichen. Die Verbandsbildung bei Schwesternschaften, die in einer anderen Schrift behandelt wurde[52], kann als Illustration für diesen Fall angesehen werden.

---

[52] Vgl. *Herder-Dorneich*, Ph. und *Kötz*, W.: Zur Dienstleistungsökonomik . . ., a.a.O.

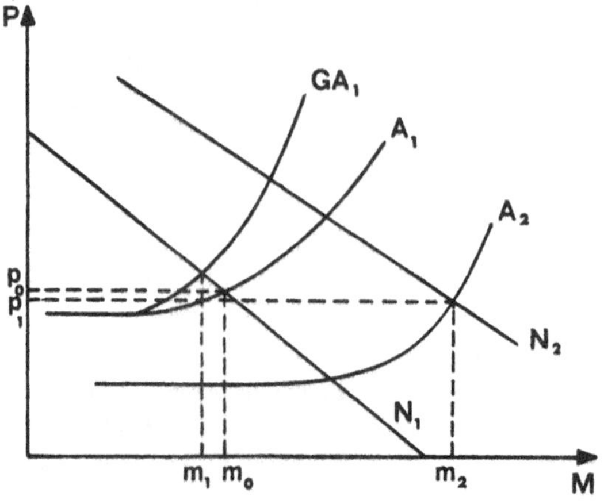

Figur 31

VI. Strukturelle Gleichgewichte

1. Das Marktgleichgewicht auf Grund des Sayschen Theorems

Ein strukturelles Gleichgewicht besteht, so haben wir definiert, wenn sich die organisatorische Struktur eines Versorgungssystems im Gleichgewicht befindet, d. h.: Die Beteiligten entnehmen ihren Aktionen innerhalb des Systems keinen Anlaß, das System selbst zu verändern. Ein strukturelles Ungleichgewicht tritt ein, wenn die Beteiligten darauf hinwirken, die Organisation des Systems umzugestalten. Das System kann z. B. durch Bildung von Verbänden erweitert werden.

Zur Darstellung der Probleme eines strukturellen Gleichgewichts gehen wir zunächst vom einfachen Elementarsystem eines Marktes aus. Wir nehmen also an, die Versorgung werde zwischen *P* und *C* durch einen ökonomischen Markt *M* organisiert. Der Einfachheit halber nehmen wir an, auf *M* bestehe ein Polypol, das sich im Gleichgewicht befinde (vgl. Fig. 34 a).

Unter welchen Bedingungen ist nun ein strukturelles Gleichgewicht zu erwarten?

Die Frage nach dem strukturellen Gleichgewicht ist für die Ökonomik neu. Sie ist für die monistische Marktökonomik sogar sinnlos. Möglich wird diese Frage erst innerhalb einer pluralistischen Ökonomik. So ist es verständlich, weshalb die Neoklassik sich mit ihr nicht auseinandergesetzt hat. Die Annahmen der Neoklassik waren dergestalt, daß die *Ansatzpunkte zu unserem Problem von vornherein weggebrochen* waren.

Es ist nicht verwunderlich, daß die ersten Anregungen zu einer umfassenden Betrachtung aus einem Gebiet stammen, auf dem die Anwendung reiner Neoklassik am fruchtlosesten erschien: Wir meinen die Entwicklungsplanung. Das folgende Zitat *Hirschmans* deckt sich durchaus mit unseren Überlegungen:

„Die Tradition scheint zu erfordern, daß Nationalökonomen in alle Ewigkeit darüber diskutieren, ob in irgendeiner Ungleichgewichtssituation die *Marktkräfte* allein ausreichen, das Gleichgewicht wieder herzustellen. Aber als Sozialwissenschaftler müssen wir uns sicher auch der umfassenden Frage zuwenden: wird das Ungleichgewicht überhaupt korrigiert werden, durch Markt- oder Nichtmarktkräfte, oder durch das Zusammenwirken beider? Wir behaupten, daß Nichtmarktkräfte nicht notwendigerweise weniger ‚automatisch' als Marktkräfte sind[53]."

Bezeichnend für die Marktökonomik der Neoklassik ist das Theorem: *Der Gleichgewichtspreis räumt den Markt.* Wenn der Markt *geräumt* ist, können freilich keine Kräfte entstehen, die ihn umzugestalten versuchen. Fragen wir uns, welche Annahmen das Theorem von der Räumung des Marktes impliziert, so stoßen wir auf das *Say*sche Theorem.

Say hat dargestellt, daß in der Marktwirtschaft jede Nachfrage ihr Angebot provoziere, aber umgekehrt auch ebenso das Angebot die Nachfrage hervorrufe. Das *Say*sche Theorem argumentiert damit unter Vollbeschäftigungsbedingungen. Für die Mikroökonomik bedeutet das: Ausschöpfung der Kapazitäten.

Mit Hilfe der modernen Betriebswirtschaftslehre, wie sie besonders *Gutenberg* vertreten hat, können wir das mikroökonomische Angebot der Industrie durch konstante Grenzkosten darstellen. Wir erhalten also eine Angebotskurve, die parallel zur Abszisse verläuft. An der Kapazitätsgrenze nimmt sie plötzlich einen steilen Verlauf (vgl. in der Fig. 32 die Kurve *A*). Sollen die Kapazitäten ausgelastet sein, so muß das Gleichgewicht im Bereich des Knickes bei *G* liegen. Auch für die Nachfrage impliziert das *Say*sche Theorem eine Auslastung der Kapazität. Würde die Nachfrage nicht vom Markt befriedigt, so würden über kurz oder lang Unternehmer an den Markt treten, und die Nachfrage zu befriedigen suchen.

Das Modell der Fig. 32 zeigt deutlich, daß beim Gleichgewicht *G* der Markt geräumt wird. Die Nachfrage und das Angebot, die grundsätzlich bereit sind, am Markt aufzutreten, die aber beim Gleichgewichtspreis p_0 nicht zum Zuge kommen, sind klein (im Falle der Nachfrage die Strecke m_1—m_0).

---

53 *Hirschman,* Albert O.: The Strategy of Economic Development, New Haven 1958, S. 63 (Hervorhebung im Original, Übersetzung vom Verf.).

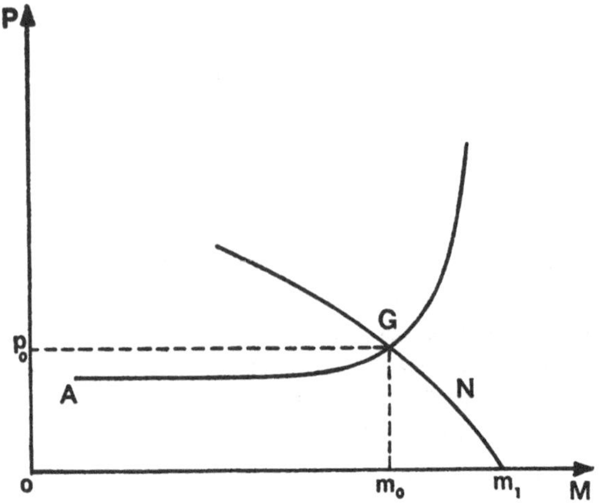

Figur 32

In der Betrachtungsweise der Neoklassik werden nur der Gleichgewichts*punkt* und die Elastizitäten *in diesem Punkte* relevant. Für den Verlauf von Angebot und Nachfrage *im weiteren Umkreis* um den Gleichgewichtspunkt hat die Neoklassik kein Interesse. Gerade daraus aber resultiert das Problem des strukturellen Ungleichgewichts. Wir wollen im folgenden beispielhaft einige Gleichgewichtsprozesse am Markt untersuchen, die zwar zu einem *Marktgleichgewicht* hinführen, dabei aber ein *strukturelles Ungleichgewicht* aufweisen.

2. Marktgleichgewicht und strukturelles Ungleichgewicht

Wir verlassen nun die Annahmen des *Say*schen Theorems. Wir nehmen an, es trete auf unserem Markt ein plötzlicher Nachfragerückgang ein, etwa auf Grund eines Konjunktureinbruchs mit Arbeitslosigkeit. Die Nachfrage geht also zurück, sie wird gleichzeitig aber auch unelastischer. Die übriggebliebenen Nachfrager nämlich schränken sich auf das Notwendigste ein. Dieses allerdings brauchen sie dringend, d. h., das Notwendige müssen sie gewissermaßen um *jeden Preis* haben. Den geschilderten Nachfragerückgang gibt die Fig. 33 wieder. N verschiebt sich auf N_1. Das Angebot und seine Kapazität bleiben zunächst unberührt.

Der starke Nachfragerückgang würde beim neuen Gleichgewicht G_1 zu einer großen Unterbeschäftigung der Anbieter führen. m_0—m_1 würden bei ihnen beschäftigungslos werden. Unter diesen Umständen liegt es für die Anbieter nahe, zu einer monopolistischen Preispolitik überzugehen. Eine ganz geringe weitere Rücknahme ihres Angebotes auf

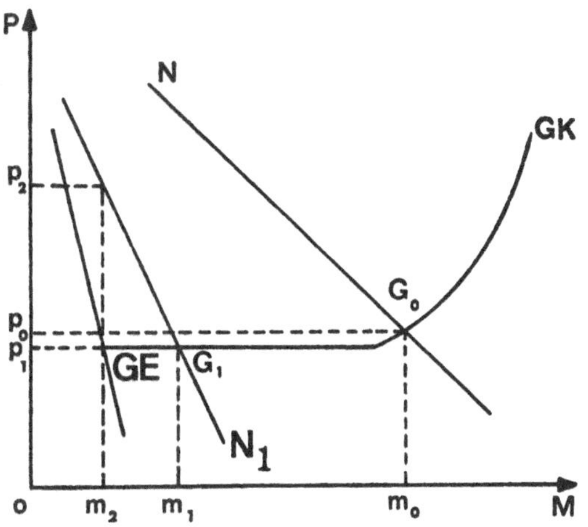

Figur 33

m_2 würde die Preise zu heben vermögen und die Gewinne stabilisieren. Diese Gruppenbildung aufgrund von Gewinnanreizen haben wir oben schon dargestellt[54].

Es zeigt sich, daß dem Gleichgewicht G_0 eine Marktstruktur wie in Fig. 34 a zugrundeliegt, während p_2/m_2 eine Marktstruktur wie in Fig. 34 b erfordert. Der Druck, von der einfachen zur komplexen Marktstruktur überzugehen, drückt sich als strukturelles Ungleichgewicht aus.

Da die Nachfrage stark zusammengedrängt ist und in ihren lebensnotwendigen Interessen betroffen wird, ist es denkbar, daß die Nachfrage die preisliche Ausnutzung ihrer mangelnden Elastizität nicht hinnimmt, sondern daß sich daraus ein Anlaß ergibt, gleichfalls in einem Verband aufzurüsten und dem Druck des Anbieterverbandes den Gegendruck eines Nachfragerverbandes entgegenzusetzen. Damit ergibt sich dann eine Marktstruktur wie in Fig. 34 c.

Strukturelles Ungleichgewicht hat sich im Modell der Fig. 33 vor allem aus der Gewinnsituation ergeben. Auf der einen Seite sind Verluste durch unausgelastete Kapazitäten vorhanden, auf der anderen Seite läßt sich durch monopolistisches Verhalten der Gewinn erhöhen (stabilisieren). Die Verbandsbildung gründet damit auf *gewinnorientiertem* Verhalten.

Wir wollen nun Verbandsbildung aus *umsatzorientiertem* Verhalten untersuchen. Die Fig. 35 zeigt die strukturelle gleichgewichtige Situation eines Marktes. Das Angebot ist ausgelastet; die Nachfrage ebenso. Beide Kurven verlaufen normal.

---

[54] Vgl. S. 83 ff.

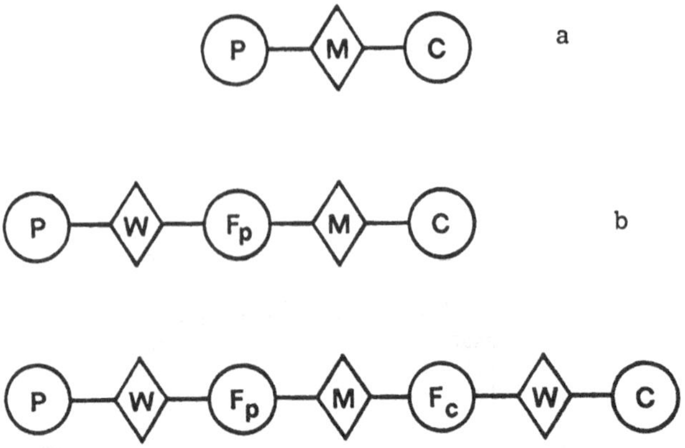

Figur 34 a - c

In dieser Ausgangssituation erwirtschaften die Anbieter keine Gewinne. Wenn sie sich gewinnorientiert verhalten, ergibt sich für sie kein Anlaß zur Aktion (Gleichgewicht). Anders, wenn sie sich umsatzorientiert verhalten. Es entsteht ein Wettbewerb um den größten Marktanteil. Dabei steht zwar *keine Gewinnerhöhung,* wohl aber eine *Umsatzerhöhung* in Aussicht. Wenn alle Anbieter sich so verhalten, steigt die Kapazität am Gesamtmarkt. Wir nehmen an, sie erweitere sich auf A_1. Wenn nun die Nachfrage nicht nachfolgt, ergeben sich Überkapazitäten.

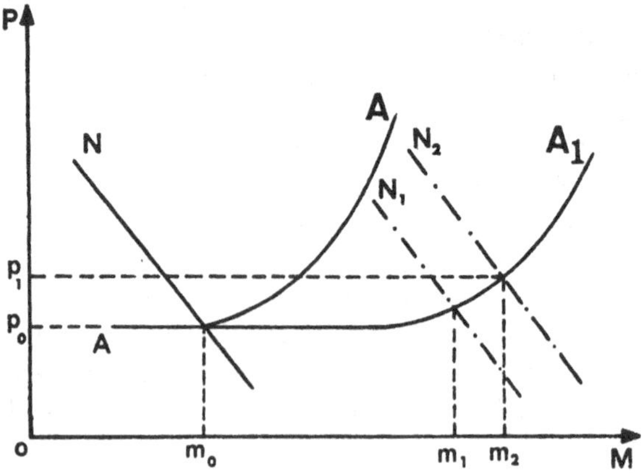

Figur 35

Die unausgelasteten Kapazitäten können zum strukturellen Ungleichgewicht führen. Die Anbieter können sich nämlich überlegen, ob es für sie sinnvoller ist, die Kapazitäten wieder abzubauen oder ob sie den ökonomischen Markt durch Verbandsbildung umgestalten sollen. Bei Umsatzorientierung läßt sich ein Kapazitätenabbau nicht verwirklichen. Jeder, der Kapazitäten abzubauen versucht, muß fürchten, daß die anderen nicht mitziehen und er aus dem Markt gedrängt wird. Wie also kann der ökonomische Markt umstrukturiert werden? Offensichtlich kommt es darauf an, die Nachfrage in Richtung auf N_1 auszuweiten.

Wir nehmen an, *A* bilde einen Verband und biete eine unentgeltliche Versorgung für diejenigen Nachfrager an, die an den Verband laufende Beiträge entrichten.

Die Beiträge werden zunächst so festgesetzt, daß sie für die Anbieter dieselbe Ausgabe bedeuten, wie wenn p_0 berechnet würde. Wir haben dargestellt, wieso *Beiträge weniger fühlbar als Preise* sind. Hier wollen wir nur so viel festhalten, daß der Verband *VA* damit rechnen

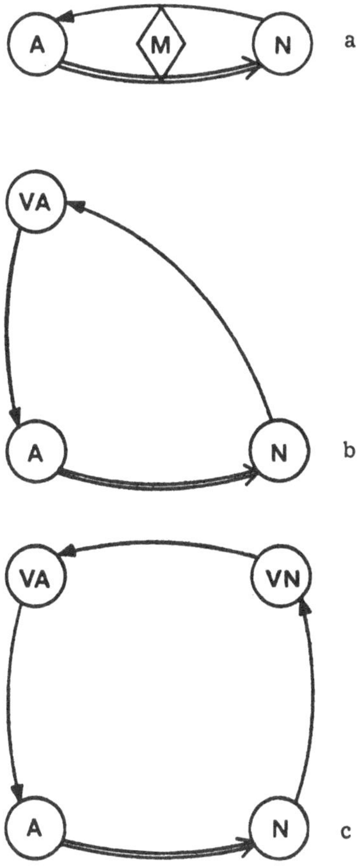

Figur 36 a - c

kann, daß die Nachfrage wächst und sich in Richtung auf N_1 oder gar auf N_2 zubewegt. Die Verbandsfunktionäre können damit den Mitgliedern *A* die Sicherung der Kapazitätsausweitung versprechen.

Aus dem umsatzorientierten Verhalten der Anbieter und aus der Beitragsillusion der Nachfrager (für die Nachfrager sind die Beiträge weniger fühlbar als die Preise) ergibt sich ein strukturelles Ungleichgewicht des ökonomischen Marktes *M* in der Fig. 36 a. Die Marktstruktur wird verändert. Sie führt zunächst zur Bildung eines Beitragsverbandes *VA*. Dabei entsteht der Zahlungsumweg über *VA* (vgl. Figur 36 b). Möglicherweise ergibt sich ein Druck auf die Nachfrager, so daß diese ebenfalls zur Verbandsbildung schreiten. Damit erweitert sich die Versorgungsstruktur (vgl. Fig. 36 c).

Wir haben damit zwei Fälle beispielhaft untersucht, in denen das strukturelle Ungleichgewicht des ökonomischen Marktes durch die Anbieterseite verursacht wurde. Dabei haben wir einmal gewinnorientiertes und zum anderen umsatzorientiertes Verhalten unterstellt. Wir wenden uns nunmehr der Nachfrageseite zu und untersuchen zuerst *gewinnorientiertes* Verhalten und die Bildung eines Monopsons; sodann *versorgungsorientiertes* Verhalten und die Schließung einer Versorgungslücke.

In Fig. 37 haben wir in Anschluß an *Ott*[55] (unter leichter Veränderung der Symbole) die Situation bei Monopsonbildung dargestellt. Dabei stellt das karierte Dreieck die Verminderung der Konsumentenrente bei Monopsonierung dar, das senkrecht schraffierte den Rentenzuwachs. In unserem Beispiel ist (abhängig von der Neigung der Angebots- bzw.

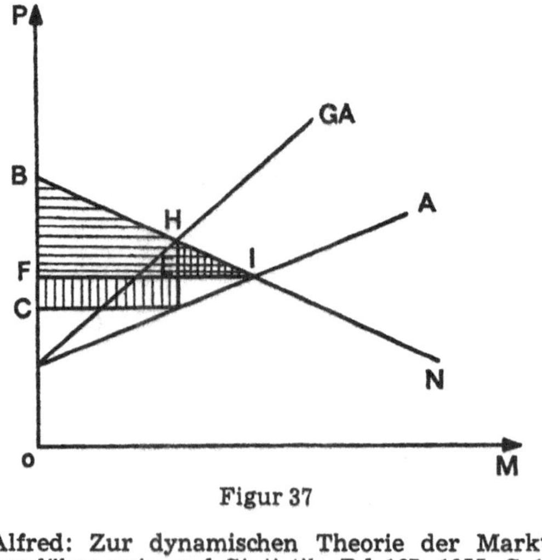

Figur 37

[55] Vgl. *Ott*, Alfred: Zur dynamischen Theorie der Marktformen, Jahrbücher für Nationalökonomie und Statistik, Bd. 167, 1955, S. 16 f.

Nachfragekurve) der Rentenzuwachs groß im Verhältnis zu *FBHE*, dem unverändert bleibenden Teil der Konsumentenrente. Es liegt ein starker Anreiz zur Monopsonbildung vor.

Ob es zur Monopsonbildung kommt ist weiter auch abhängig davon, ob es sich um die Nachfrage nach Endprodukten oder nach Produktionsfaktoren handelt. *Ott* führt dazu aus:

„Handelt es sich bei den Nachfragern um Endkonsumenten, so werden diese ausscheidenden Nachfrager einer Monopsonierung, bei der sie nicht mehr zum Kaufe kommen, den härtesten Widerstand entgegensetzen; die insgesamt gestiegene Konsumentenrente ist diesen *extramarginalen* Käufern völlig gleichgültig. Denn es ist ja nicht möglich, wie bei der Monopolisierung eines Marktes, wo die ausscheidenden Anbieter aus den Monopolgewinnen entschädigt werden, die extramarginalen Käufer aus der Monopson-Konsumentenrete zu entschädigen, da sie keinen verteilbaren Geldbetrag wie der Monopolgewinn darstellt. Die Größe *A* (das Maß für den Monopsongewinn, Anmerkung des Verf.) ist also für die Tendenz zur Monopsonbildung nur dann maßgebend, wenn das Integral der Nachfragekurve einen realen und nicht nur einen hypothetischen Geldbetrag darstellt[56]." Dies sei auf dem Arbeitsmarkt bzw. auf dem Markt für Produktionsmittel der Fall.

Wir untersuchen nun die Situation einer Versorgungslücke. Wir gehen also von einer Versorgungsorientierung der Nachfrage auf einem ökonomischen Markt beim Angebot *A* aus (vgl. Fig. 38).

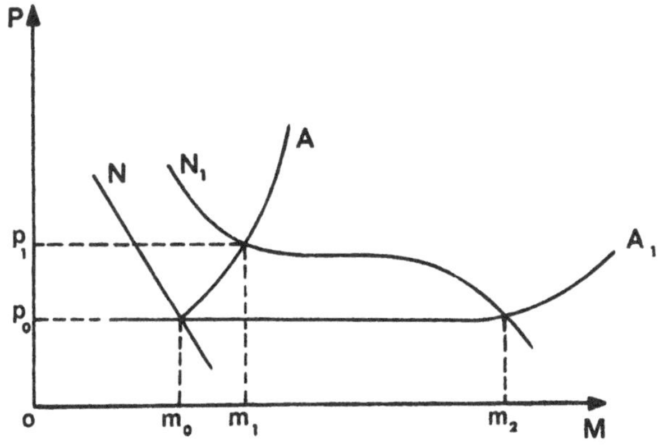

Figur 38

Auf diesem Markt ergibt sich im Gleichgewicht eine Versorgung von m_0. Wir nehmen nun an, die Nachfrage wachse plötzlich stark an und verschiebe sich auf N_1. Auf dem ökonomischen Markt stellt sich damit

[56] Ebenda, S. 29 f.

ein Gleichgewicht ein, das die Versorgung kaum merklich auf m_1 verbessert. Die Preise steigen fühlbar. Zum alten Preis von p_0 aber würde eine Versorgung von m_2 gewünscht. m_2—m_1 stellt die Versorgungslücke dar. Sie übt einen Druck auf Umstrukturierung des ökonomischen Marktes M in Fig. 39 a aus und bietet damit ein *strukturelles Ungleichgewicht.*

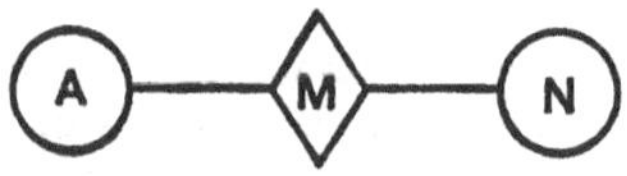

Figur 39 a

Es ist leicht vorzustellen, daß die große Gruppe der unversorgten Nachfrager N einen politischen Druck ausüben kann. Sie wirkt über die politischen Wahlen W_p auf die Politiker P ein. Die Politiker P sozialisieren die Betriebe A zum Beispiel durch zentrale Verwaltung Z. Dadurch werden die Kapazitäten erweitert. Auf dem Markt M wird dann eine verbesserte Versorgung zu niedrigeren Preisen angeboten (vgl. Fig. 39 b).

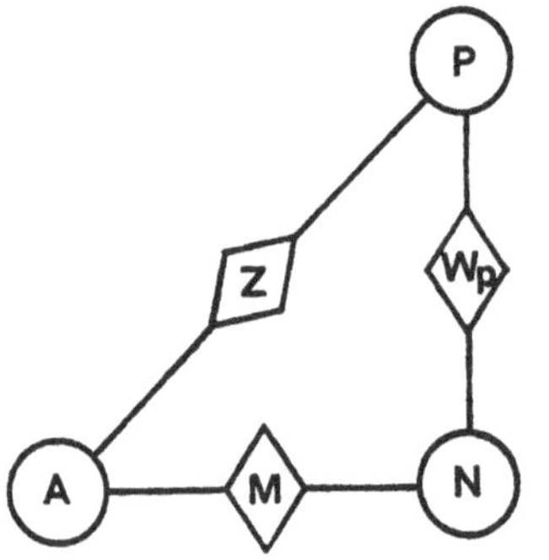

Figur 39 b

Konzentrieren wir unser Augenmerk auf einen Industriewarenmarkt unter Vollbeschäftigungsbedingungen, so können wir im allgemeinen feststellen, daß das Gleichgewicht des Marktes und der Marktstruktur (Gleichgewicht erster Ordnung und strukturelles Gleichgewicht) zusammenfallen. Greifen wir jedoch über diesen Bereich der Marktökonomik hinaus, so müssen wir allgemein davon ausgehen, daß Marktgleichgewicht nicht *notwendigerweise* auch Strukturgleichgewicht bedeutet. Die Gleichgewichte der verschiedenen Ordnungen können auseinanderfallen und tun es auch in den meisten Fällen.

3. Strukturelles Ungleichgewicht am klassischen Arbeitsmarkt

Wenn wir hier von einer klassischen Theorie des Arbeitsmarktes sprechen, so meinen wir damit nicht, daß die Klassik ein konsistentes Modell des Arbeitsmarktes anzubieten hatte. Was wir bei den Klassikern finden, sind Teiltheorien über das Verhalten der Angebots- bzw. Nachfrageseite. Wir präsentieren also im folgenden nicht *die* Theorie eines Klassikers sondern unsere eigene Kombination von Hypothesen, die sich bei den verschiedensten Autoren (vor allem *Malthus, Mill)* finden.

Die *Existenzminimumtheorie* stellt auf die Reaktion des Arbeitsangebots bei Lohnbewegungen ab. Als intervenierende Variable dient die Bevölkerungsentwicklung; entsprechend als theoretische Grundlage die klassische *(Malthus*sche) Bevölkerungstheorie. Danach steigt die Bevölkerungszahl bei Erhöhung des Einkommens über das Subsistenzminimum und fällt im gegenteiligen Fall. Gestiegene bzw. gesunkene Angebotsmenge an Arbeitskräften führt zu Lohnsenkungen bzw. Steigerungen, bis sich das Gleichgewicht wieder am Subsistenzniveau einpendelt. Die Angebotstheorie des Klassikers ist also eine *langfristige* (vgl. A_L in Fig. 40), die auf Realgrößen basiert (Lr = Reallohn).

Bei der Betrachtung der Nachfrageseite wird *kurz*fristig argumentiert. Die Lohnfondstheorie sieht den Durchschnittslohn abhängig von der verfügbaren Menge an Subsistenzmitteln (Kapital, Lohnfonds). Im einfachsten Fall ist der volkswirtschaftliche Lohnfonds durch die Ernte des Vorjahres gegeben. Kurzfristig und real betrachtet ist die Summe, die für Arbeitsleistungen ausgegeben werden kann, festgelegt (vgl. N in Fig. 40).

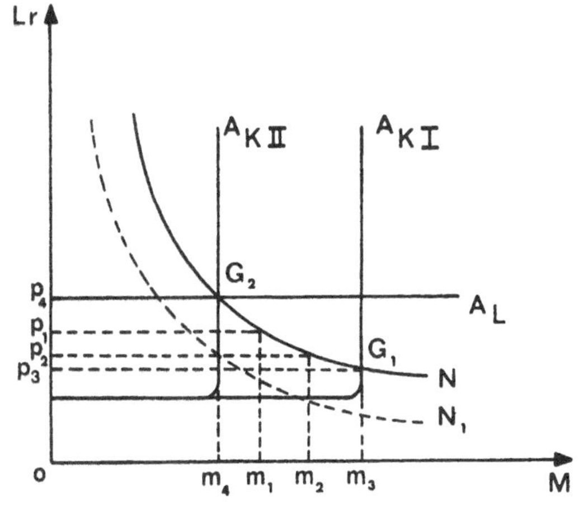

Figur 40
Lr = Reallohn

Wir wollen das Wagnis unternehmen, eine kurzfristige mit einer langfristigen Betrachtung zu kombinieren und diese Vorgangsweise dadurch rechtfertigen, daß es uns ja nicht auf eine vollständige Erklärung des Lohnphänomens, sondern nur auf einen Teilaspekt, eben der des strukturellen Gleichgewichts, ankommt. Fig. 40 zeigt die Kombination von Lohnfonds und Existenzminimumstheorie.

Die Nachfragekurve unter den Annahmen der Lohnfondstheorie hat an jedem Punkt eine Elastizität von 1. Als gleichseitige Hyperbel ist sie eine constant-outlay-curve im Sinne *Marshalls*. Das heißt, daß die Gesamtausgaben bei jedem Preis dieselben sind (die Rechtecke $p_1 m_1$ bzw. $p_2 m_2$ sind flächengleich und dies gilt für jede Preis-Mengenkombination entlang der Nachfragekurve).

Kurzfristig kann das Arbeitsangebot zur Zeit der Klassiker als vollkommen starr angesehen werden. Der Familienvater und alle seine Angehörigen waren bis zur Grenze ihrer Leistungsfähigkeit ausgelastet (Arbeitszeiten von 14 Stunden und mehr waren die Regel). Variationen des Arbeitsangebots vollzogen sich also nicht innerhalb einer Periode, sondern via Bevölkerungsbewegung (Geburten und Todesfälle) über mehrere Perioden hinweg. Sehen wir z. B. in Periode I das Arbeitsangebot mit A_{KI} gegeben an. Der Linksknick bei niedrigstem Lohn soll ausdrücken, daß es sich hier nicht mehr lohnt, Arbeit anzubieten. Betteln, Stehlen oder Verhungern werden vorgezogen. Die Menge m_3 kann zu dem niedrigsten Lohn p_3 beschäftigt werden.

Das Ergebnis: Die Bevölkerung schrumpft, das Arbeitsangebot geht zurück, in Periode II wird A_{KII} angeboten. Über die Länge und den genauen Verlauf dieses Anpassungsprozesses kann in komparativstatischer Analyse natürlich nichts ausgesagt werden. War G_1 nur ein kurzfristiges Gleichgewicht, so fallen in G_2 kurz- und langfristiges Gleichgewicht zusammen. Im Rahmen der Annahmen des Modells besteht für die Beteiligten kein Anlaß (z. B. durch generatives Verhalten), die Situation zu verändern.

Haben wir die Entwicklung vom kurzfristigen zum langfristigen Gleichgewicht im klassischen Modell verstanden, so bietet der Einbau von temporären Ungleichgewichten keine besonderen Schwierigkeiten. Verschiebt sich z. B. infolge einer Mißernte die Nachfragekurve nach links auf N_1, so können bei kurzfristig unverändertem Angebot A_{KI} selbst bei geringem Entgelt nicht alle Arbeiter beschäftigt werden. Langfristig aber würde sich durch Rückgang des Arbeitsangebotes ein neues Gleichgewicht einstellen.

Damit zeigt sich aber schon das Dilemma einer Nationalökonomie, die sich im sozialen und politischen Vakuum angesiedelt hat. Ein (makabres) Gleichgewicht in einem Sektor des Gesamtkomplexes Gesellschaft herauszulösen und von seinen Rückwirkungen auf andere

Bereiche zu abstrahieren, kann nur als erste Annäherung einer Problemlösung akzeptiert werden. Wirtschaftliche Notlage breitester Kreise kann nicht ohne Konsequenzen für den politischen Bereich bleiben (das war eine der Lektionen, die wir in der Weltwirtschaftskrise bezogen haben). Allerdings muß man den Klassikern zugute halten, daß die politischen Feedback-Mechanismen zu ihren Zeiten reichlich unterentwickelt waren. Sie heute zu ignorieren, erscheint unzulässiger denn je.

Wir können diesen Abschnitt zusammenfassen: Wir haben ein klassisches Modell des Arbeitsmarktes analysiert, nicht um seiner selbst willen, sondern um einige Konsequenzen einer monistischen — nur auf den Markt beschränkten — Perspektive aufzuzeigen. Der Denkweise des damaligen Nationalökonomen (und man möchte hinzufügen: nicht nur der des damaligen) lag es fern, nach der Reaktion der Betroffenen, etwa im *politischen* Raum durch Solidarisierung und Druckausübung, zu fragen. Gerade diese Frage aber ist es, die uns aus der Beschränktheit einfacher Gleichgewichte heraus und dem Problem struktureller Gleichgewichte näherführt. Wir werden veranlaßt zu fragen, inwieweit strukturelle Ungleichgewichte zu Verbandsbildung und zur Schaffung von verbandsorganisierten Systemen führen.

4. Strukturelles Ungleichgewicht am modernen Dienstleistungsmarkt

Eine ungewöhnliche Marktkonstellation können wir bei modernen *Dienstleistungen* beobachten. Die Nachfrage weist hier, links beginnend, zunächst einen sehr unelastischen Bereich auf. Die Elastizität nimmt plötzlich stark zu, die Kurve erreicht einen sehr elastischen Bereich, um erst sehr spät einen Sättigungswert zu zeigen (vgl. Fig. 41).

Wir können nun diesen Kurvenverlauf als Abhängigkeit vom Einkommen interpretieren. Wir unterstellen einfacherweise eine direkte Beziehung zwischen Einkommenshöhe und Preiswilligkeit. Bei hohem Preis werden nur die Bezieher hoher Einkommen zum Zuge kommen.

Diesen Zusammenhang zwischen Einkommensniveau und Nachfrage hat *Fourastié* als ein besonderes Kennzeichen der Nachfrage nach Dienstleistungen angegeben. Wir können deshalb die angegebene Kurve als eine *typische Nachfragekurve für Dienstleistungen* annehmen. Jederman würde Dienste in Anspruch nehmen, wenn die Preise nur niedrig genug wären.

Die Preise für Dienstleistungen aber liegen hoch. Die Angebotskurve schneidet die Nachfragekurve im Bereich geringer Nachfrage. Die Angebotskurve ist durch relativ hohe Grenzkosten gekennzeichnet, die sich offenbar kaum senken lassen. Das ist überraschend, denn man würde vermuten, daß die Unternehmer, die sich einer so elastischen Nachfrage gegenübersehen, versuchen würden, die Grenzkosten durch Rationalisie-

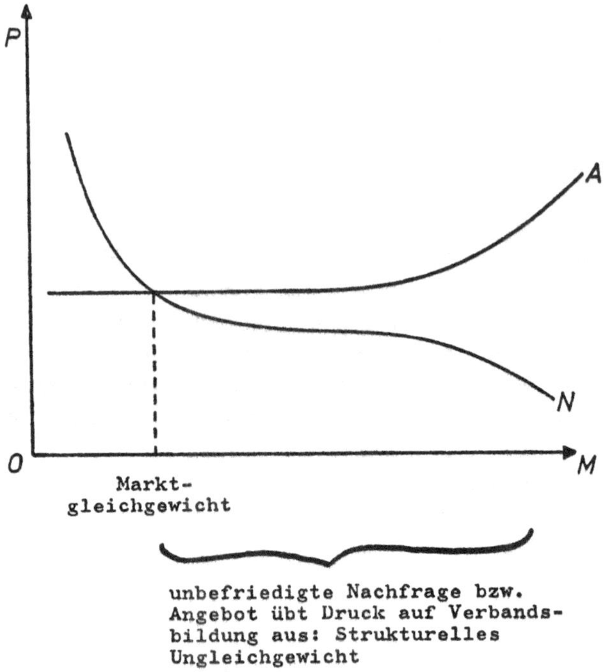

Figur 41

rung zu senken. Möglicherweise würden sie die Fixkosten erhöhen, also automatisierte Großanlagen schaffen, um die Grenzkosten zu reduzieren. Mit anderen Worten, die Gestalt der Nachfragekurve würde im Normalfalle erwarten lassen, daß die Lage der Angebotskurve nicht von Dauer sein kann. Sie würde auf Dauer wahrscheinlich gesenkt werden.

Wir müssen uns also fragen, wieso das hohe Niveau der Grenzkosten stabil bleibt. Das weist darauf hin, daß die Produktion dieser Güter einer Rationalisierung mit Hilfe von Fixkosteneinsatz wenig zugänglich ist. Das hohe Niveau der Grenzkosten weist darauf hin, daß die Kosten zum großen Teil aus Arbeitsleistungen bestehen. Auch diese Beschreibung der Angebotskurve deutet damit auf ein Angebot an Dienstleistungen hin.

Dem entspricht auch die große Elastizität des Angebots und die plötzliche Kapazitätsauslastung. Ein Arzt, ein Rechtsanwalt, ein Masseur verfügen über die gegebene Kapazität ihrer Arbeitszeit. Innerhalb dieser Kapazität sind sie in ihrem Angebot völlig elastisch. Das Kurvenbild eines Dienstleistungsmarktes zeigt damit eine Tendenz zum strukturellen Ungleichgewicht. Oder mit anderen Worten: Es erweist sich als günstig für eine *komplexe Marktordnung*.

VII. Einfache Gesamtarktmodelle mit unterschiedlichen Preisen

1. Einleitung

Wir haben bisher das Gleichgewicht an einzelnen komplexen Systemen untersucht. Dabei haben wir eine Reihe von analytischen Werkzeugen entwickelt. Wir wollen sie nunmehr auf die Gleichgewichtsanalyse des *Gesamtmarktes* anwenden. Auf dem Gesamtmarkt wird ein *gesamter Bedarf durch mehrere Systeme* befriedigt, deren Versorgungsbereiche teils nebeneinander liegen, teils Versorgungslücken zwischen sich lassen oder sich auch in Wettbewerbsbereichen überlappen[57].

Wir haben den Gesamtmarkt als ein sehr komplexes Gebilde in der Schrift „Wirtschaftssysteme" dargestellt[57a]. Die *Gleichgewichtsanalyse des Gesamtmarktes* ist entsprechend ebenfalls *komplex*. Wir wollen versuchen, mit Hilfe von vereinfachenden Annahmen die komplizierte Analyse so zu *reduzieren*, daß sich das Gleichgewicht des Gesamtmarktes auf *eine einzige* Ebene projizieren läßt und in einem *einzigen* Quadranten darzustellen ist.

Wir finden auf diese Weise wieder zu dem Preis-/Mengenschema zurück, das aus der neoklassischen Marktökonomik her allgemein bekannt ist. In einer *allgemeinen Ökonomik,* die die Verbandsökonomik einschließt, ist es freilich im einzelnen anders zu interpretieren. Durch den Rückgriff auf ein einfaches Preis-/Mengen-Schema wird also weniger die Marktökonomik darzustellen versucht, als vielmehr das Zusammenwirken von *Marktökonomik* und *Verbandsökonomik* herauszuarbeiten sein.

Wegen seiner *didaktischen* Vorzüge empfiehlt sich ein einfaches Gleichgewichtsmodell des gesamten Marktes durchaus, während es andererseits wegen der sehr vereinfachten Annahmen sicher in anderer Hinsicht unbefriedigend bleibt.

2. Freie Anbieter am organisierten Markt

Wir haben oben den durch einen Anbieterverband organisierten Markt untersucht. Wir nehmen an, dieser Markt habe die komplexe Struktur, wie sie die Fig. 42 wiedergibt.

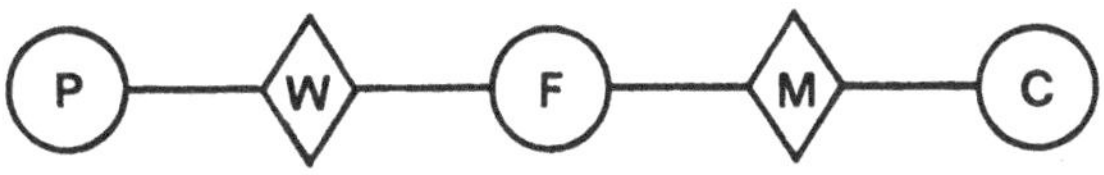

Figur 42

[57] Vgl. *Herder-Dorneich,* Ph.: Wirtschaftssysteme ..., a.a.O., S. 57.
[57a] Vgl. ebenda, S. 53 ff.

Die Produzenten *P* sind in einem Verband zusammengeschlossen. Sie wählen die Funktionäre *F*, die mit den Konsumenten *C* die Marktverhandlungen führen oder zumindest die entscheidenden Marktdaten festlegen.

Wir unterstellen, daß aufgrund seiner starken Stellung am Markt und aufgrund seiner gut organisierten Verhandlungsposition der Anbieterverband den *Cournot*schen Punkt verwirklichen kann. Den zugehörigen Preis p_0 und die zugehörige Versorgungsmenge m_0 zeigt die Fig. 43. Aus der Figur geht unmittelbar hervor, daß unter dieser Marktstruktur nur der Bereich *AK* versorgt wird. Der Bereich *FA* bleibt zunächst unversorgt. In diesem Bereich besteht zwar eine Nachfrage. Sie kommt jedoch unter den Bedingungen des organisierten Monopolmarktes nicht zum Zuge.

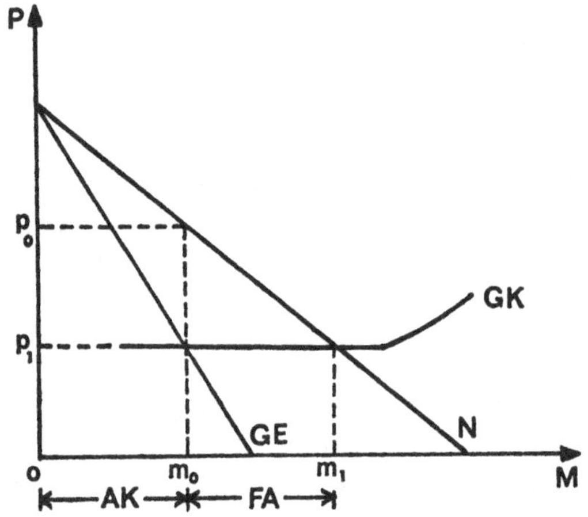

Figur 43

AK = Anbieterkartell
FA = freie Anbieter

Wir haben nun oben herausgearbeitet, daß eine Außenseiterprämie Unternehmer anreizen kann, für den unversorgten Bereich *FA* zu produzieren. Sie treten aus dem Anbieterverband aus oder kommen von außen hinzu. Zunächst werden sie zum Preise von p_0 oder knapp darunter anbieten, um die *Außenseiterprämie* zu realisieren. Bei Zunahme der Zahl der Außenseiter werden diese feststellen, daß sie auf Dauer nur entlang der Nachfragekurve *N* anzubieten vermögen und daß sie ihren Anteil nicht über m_1 hinaus vergrößern können, solange sie sich gewinnmaximierend verhalten.

Beim Auftreten von Außenseitern wird sich demnach unter bestimmten Voraussetzungen im Bereich *FA ein Markt freier Anbieter* zwischen m_0 und m_1 herausbilden können. Wir wollen versuchen, die wichtigsten dieser Voraussetzungen zu nennen. Zunächst aber wollen wir feststellen, daß sich durch das Auftreten freier Anbieter am organisierten Markt ein *Gesamtmarkt* herausgebildet hat, der aus *zwei verschiedenen* Systemen besteht. Die Fig. 44 zeigt, daß hier ein komplexes System *Anbieterkartell* und ein Elementarsystem *freier Markt* den Bedarfsmarkt insgesamt versorgen.

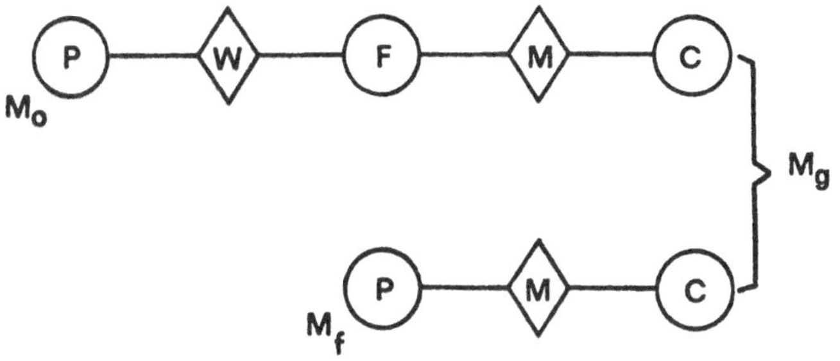

Figur 44

M_0 = Organisierter Markt (Angebotskartell)
M_f = freier Markt
M_g = Gesamtmarkt

Wir wollen nun die *Stabilitätsbedingungen dieses Gesamtmarktes* untersuchen. Dabei drängt sich sofort die Frage auf, weshalb die Außenseiter nicht in der Lage sind, den Anbieterverband (das Anbieterkartell) zu *verdrängen*, da sie dieses doch in ihrem Bereich wesentlich zu unterbieten vermögen[58]. Zwei verschiedene Möglichkeiten sind leicht vorstellbar.

Es ist denkbar, daß der Gesamtmarkt räumlich nicht zusammenhängend ist. Der Anbieterverband konzentriert sich möglicherweise auf den geschlossenen Kern dieses Marktes, während der Bereich der freien Anbieter stark zerstreut ist. Die Fig. 43 zeigt die aufaddierte Nachfrage in einer Kurve zusammenhängend. Tatsächlich aber kann der Bereich *FA* sich aus einzelnen, sehr kleinen Nischen zusammensetzen, die untereinander und zum Kernbereich des Marktes wenig Beziehung haben. Solange der freie Bereich stark zersplittert ist,

[58] Zur Analyse eines solchen Prozesses vgl. *Nutter,* Warren G.: Duopoly, Oligopoly and Emerging Competition, in: *Breit,* William und *Hochman,* Harold: Readings in Microeconomics, London 1969, S. 285—296 (zuerst in Southern Economic Journal, 1964, S. 342—352).

bleiben seine Rückwirkungen auf den organisierten Bereich gering. Erst, wenn die freien Märkte ölfleckartig ineinanderfließen und sich verbinden, besteht die Gefahr, daß der Anbieterverband seine Kunden verliert.

Es ist zum anderen denkbar, daß der Anbieterverband Produktdifferenzierung im Sinne eines Markenartikels betreibt, wie wir sie oben (vgl. Fig. 12) kennengelernt haben. Für unser Modell der Fig. 43 bedeutet das, daß die Nachfragekurve links von m_0 durch die Nachfrage nach dem Markenartikel gebildet wird, die Nachfrage rechts von m_0 dem *Bedarfsartikel* entspricht. Die Kunden aus dem einen Bereich wandern deshalb nicht in den anderen Bereich hinüber, weil sie den Markenartikel vorziehen.

Die räumliche und die sachliche Differenzierung geht einerseits soweit, beide Bereiche im Kundenverhalten voneinander zu *trennen,* andererseits nicht soweit, daß die beiden Bereiche vollkommen auseinanderfallen und nicht unter dem *Begriff des Gesamtmarktes* zusammengefaßt werden können.

3. Freier Markt und Beitragsverband

Wir wollen nun annehmen, an dem von uns untersuchten Gesamtmarkt bilde sich ein Beitragsverband. Da wir zunächst davon ausgehen, daß die Angebotsseite eine natürliche Marktüberlegenheit habe, unterstellen wir einen Beitragsverband, der durch die Anbieter gebildet wird. Seine Struktur zeigt die Fig. 45.

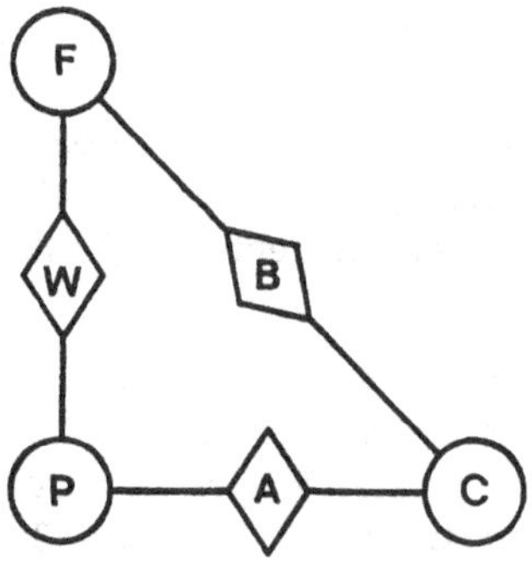

Figur 45

Die Produzenten sind hier in einem Verband zusammengeschlossen, in dem die Willensbildung der Funktionäre *F* durch verbandsinterne Willensbildungsprozesse *W* geregelt wird. Die Konsumenten *C* zahlen an *F* Beiträge *B*. Sie erhalten dafür Gutscheine (Beitragsquittungen, Bons), für die sie im Abtausch *A* bei *P* die Versorgungsgüter eintauschen können.

Das Nachfrageverhalten gegenüber Marktpreisen und gegenüber globalen und unmerklichen Beiträgen sei in unserem Modell verschieden. Es wird durch die beiden Nachfragekurven in der Fig. 46 dargestellt. N_m gibt dabei die Nachfrage wieder, die direkten Marktpreisen gegenüber entfaltet wird; N_b die Nachfrage bei einem Entgelt in Form von unmerklichen Beiträgen.

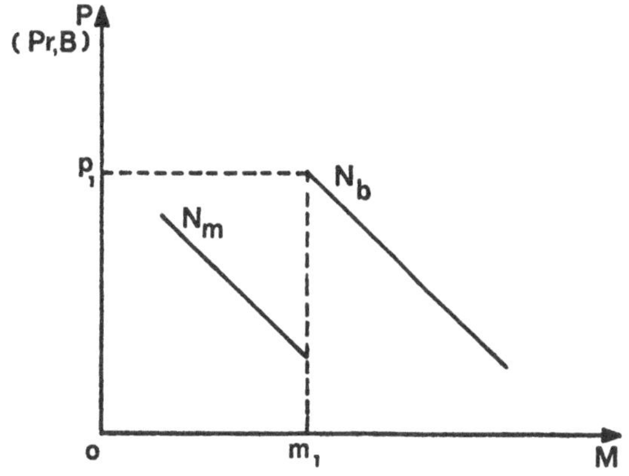

Figur 46

Die Nachfragesituation im Modell der Fig. 46 zeigt insofern eine Besonderheit, als die Nachfrager, die nicht mehr bereit sind, Marktpreise zu zahlen, dennoch bereit sind, gegen Entrichtung von Beiträgen an der Versorgung teilzunehmen. Beide Bereiche schließen direkt aneinander an.

Diese Annahme scheint plausibel, wenn wir davon ausgehen, daß die *Beitragsillusion,* d. h. die geringe Fühlbarkeit von Beiträgen gegenüber Preisen, bei den Nachfragern unterschiedlich ausgeprägt ist. So können wir uns vorstellen, daß eine Gruppe mit hoher Beitragsillusion einer Gruppe mit *negativer Beitragsillusion* gegenübersteht. Letztere hat oft aus einer tief verwurzelten Aversion gegen alles Bürokratische zu Beiträgen eine negative Einstellung. Ihre N_b-Kurve liegt dann links von ihrer N_m-Kurve. Am einfachsten ist unser Modell dann, wenn wir davon ausgehen, daß N_m und N_b durch getrennte Gruppen von Beitragsfreundlichen bzw. Beitragsfeindlichen repräsentiert sind. Ob diese Bedingung tatsächlich anzutreffen ist, ist eine empirische Frage. Die weite Verbreitung von Ratenkäufen gerade in einkommensschwächeren Kreisen ist wohl als positives Indiz zu werten. Wenngleich Raten nicht Beiträge im strengen Sinn sind, so sind beiden Entgeltformen doch wichtige Züge gemeinsam, besonders ihre größere Unmerklichkeit im Vergleich zu Preisen.

Ein Problem ergibt sich bei der Bestimmung der Grenzerlöskurve für N_b. Ist hier noch das Koordinatensystem P/M mit dem Ursprung 0 heranzuziehen? Sicher nicht, wenn wir annehmen, daß bei einem Beitrag p_1 nicht mehr nachgefragt wird. m_1 wird dann zum Ursprung der Beitragskoordinate. Diese Praxis wollen wir im folgenden beibehalten.

Wir nehmen nun an, daß die Anbieter sich einer gegebenen Kostenstruktur gegenübersehen und daß sie sich gewinnorientiert verhalten. Die Kostenstruktur ist als Grenzkostenkurve *GK* in Fig. 47 in unserem Modell eingetragen. Bei gewinnorientiertem Verhalten werden die Anbieter jeweils den *Cournot*schen Punkt zu verwirklichen suchen. Sie bilden dazu im Marktbereich einen Anbieterverband, der über direkte Preise seine Versorgungsgüter abgibt *(MV)*. Im Beitragsbereich bilden sie einen Verband, der gegen Beitragszahlungen die Versorgung zur

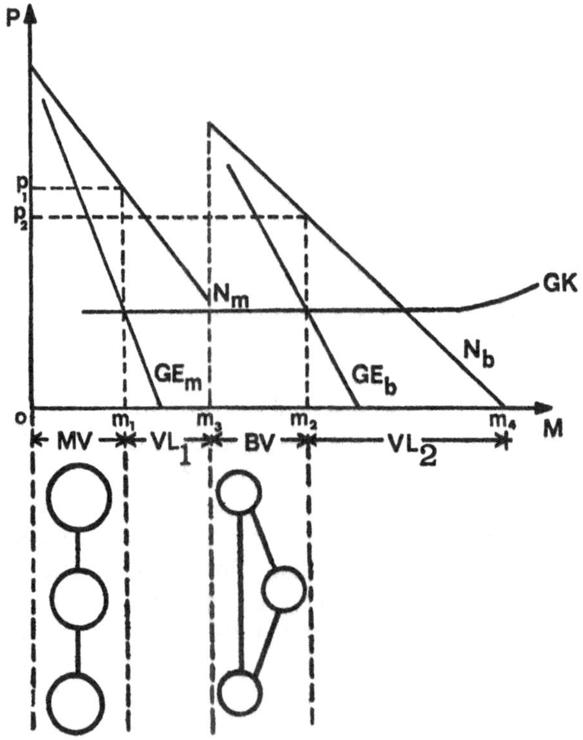

Figur 47

MV = Marktversorgung *VL*$_2$ = Versorgungslücke 2
VL$_1$ = Versorgungslücke 1 *BV* = Beitragsverband

Verfügung stellt (*BV*). Es bildet sich der Marktpreis p_1 und der Beitrag p_2 heraus. Der Markt umfaßt die Versorgung $0/m_1$; der Beitragsverband versorgt den Bereich m_3/m_2.

Zwischen beiden Versorgungsbereichen bleibt eine Versorgungslücke VL_1 offen. Rechts von m_2 bleibt ebenfalls eine Versorgungslücke VL_2 bestehen. Wir werden uns im nächsten Abschnitt fragen, welche Wirkungen auf die Struktur des Gesamtmarktes von diesen Versorgungslücken ausgehen.

4. Beitragsverband und Umverteilungsverband

Wir wollen die Gesamtversorgung der Nachfrage durch einen Beitragsverband und einen Umverteilungsverband untersuchen. Wir gehen dazu davon aus, daß beide Verbände Beiträge erheben: Der reine Beitragsverband erhebe jedoch einen für alle Mitglieder gleich hohen Beitrag, der Umverteilungsverband dagegen sei in der Lage, Beiträge in Abhängigkeit von der Nachfrageintensität einzuziehen. Wir können (wie oben schon in der Fig. 9) die Annahme machen, daß die Nachfrageintensität direkt proportional der Einkommenshöhe sei. Dann handelt es sich um einkommensproportionale Beiträge.

Wir unterstellen, daß die Anbieter sich primär gewinnorientiert, sekundär umsatzorientiert verhalten. Die Funktionäre ihrer Verbände werden zunächst einen möglichst großen Gewinn zu schaffen suchen und sodann sich bemühen, eine möglichst große Beschäftigung ihrer Mitglieder zu erreichen.

Die Fig. 48 zeigt das Nachfrageverhalten der Nachfrager in der Kurve N_b. Die Anbieter bilden zunächst einen Beitragsverband V_1, in dem sie den Gewinn zu maximieren versuchen und dazu den *Cournot*schen Punkt *C* verwirklichen. Es ergibt sich eine Versorgung von $0/m_1$.
Für den Bereich m_1/m_2 bildet sich ein Umverteilungsverband V_2. Wir unterstellen: Die Anbieter in V_2 ziehen der Gewinnmaximierung eine Umsatzmaximierung vor, weil der Gewinnverzicht gegenüber dem Beschäftigungszuwachs relativ klein ist. Wenn wir annehmen, daß die Anbieter auch die Produktionsfaktoren selbst zur Verfügung stellen, wird verständlich, daß für sie der Beschäftigungszuwachs gegenüber dem Gewinnverlust interessant ist.

Daß die Nachfrager zwischen 0 und m_1 nicht zu dem für sie billigeren Umverteilungsverband hinüberwechseln, wird durch eine Einkommensobergrenze verhindert. Der Verband V_1 trifft mit dem Verband V_2 ein Abkommen, wonach V_2 keine Nachfrager mit einem Einkommen aufnimmt, das der Nachfrage links von m_1 entspricht. Der Verband V_1

verpflichtet sich dafür seinen Beitragssatz nicht unter p_1 zu senken, um so dem Verband V_2 seine gewinnträchtige Nachfrage rechts von m_1 nicht wegzunehmen (Berechtigungsgrenze).

Die Einführung einer Beitragsbemessungsgrenze in Höhe von p_1 wird aus dem Modell der Fig. 48 noch nicht eindeutig verständlich. Um ihr Bestehen zu erklären, müssen wir das Modell noch erweitern. Wir greifen dazu auf das Modell der Fig. 47 zurück, das in der Fig. 49 wieder aufgenommen ist. Wir berücksichtigen hierbei das Nachfrageverhalten gegenüber *direkten* Preisen und *globalen* Beiträgen und differenzieren unsere Überlegungen insoweit gegenüber der Fig. 48 durch Einbezug gespaltenen Nachfrageverhaltens.

Mit Hilfe der Ergebnisse, die wir an der Fig. 48 und an der Fig. 43 erarbeitet haben, können wir nun die Probleme der Versorgungslücke VL_1 und der Versorgungslücke VL_2 (Fig. 47) schließen. In der Versor-

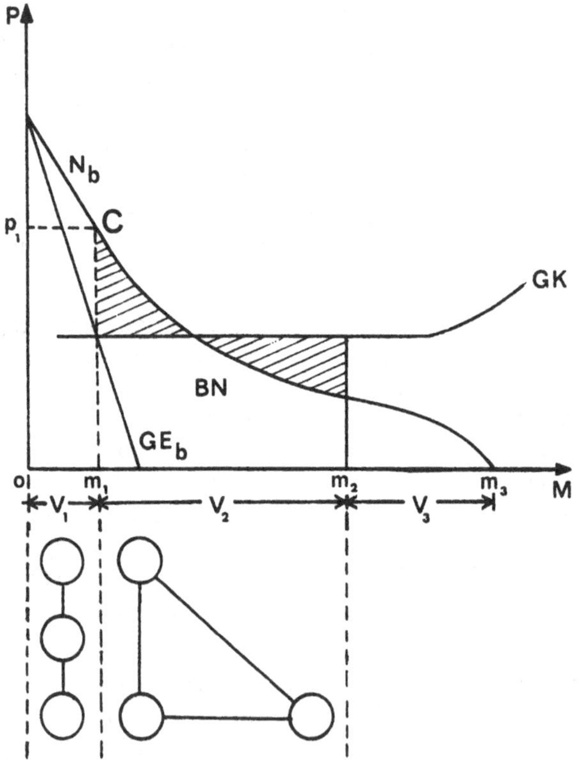

Figur 48

gungslücke VL_1 siedeln sich *freie Anbieter* als Außenseiter an (vgl. *FA* in Fig. 43 und in Fig. 49). In der Versorgungslücke VL_2 etabliert sich ein Umverteilungsverband (vgl. *UV* in Fig. 49) mit einkommensproportionalen Beiträgen.

Die Beitragsbemessungsgrenze p_3 des Verbandes *UV* muß dort angesetzt werden, wo die Nachfrage abzubröckeln beginnt, um zum Verband *BV* (mit p_3) oder zu den Freien Anbietern *FA* (mit p_2) überzugehen.

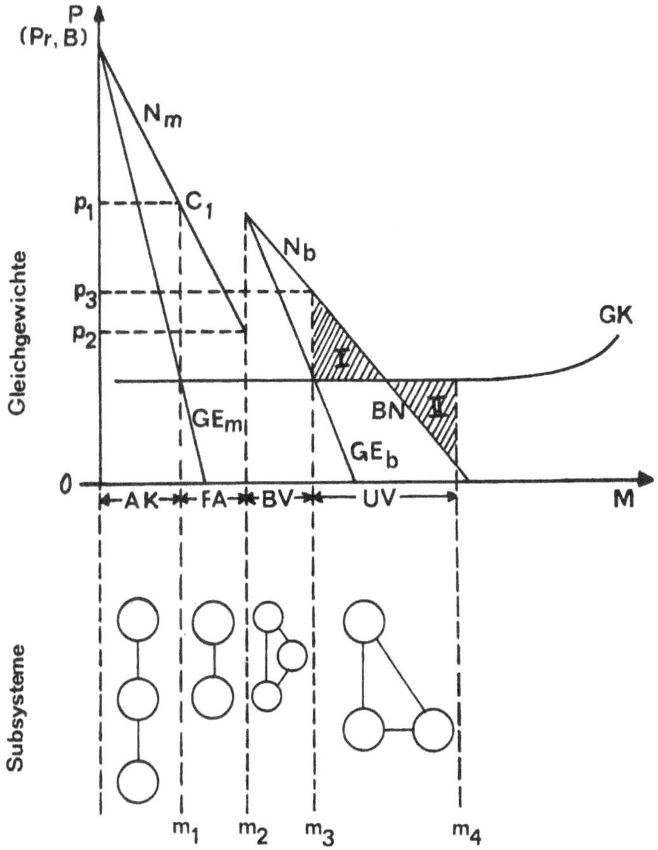

Gleichgewichte und Subsysteme am Gesamtmarkt

Figur 49

5. Angebotskartell, freie Anbieter, Beitragsverband und Umverteilungsverband

Das Modell der Fig. 49 zeigt einen Gesamtmarkt, der aus *vier* Bereichen besteht. Wir wollen sie kurz anhand unseres Modells der Reihe nach besprechen. Dabei zeigt die Fig. 49 in der oberen Zone das Angebots/Nachfrage-Verhalten im gewohnten Entgelt/Mengen-Diagramm.

In einer mittleren Zone sind die Bereiche der sich bildenden Versorgungssysteme abgesteckt; die Versorgungssysteme sind mit Kurzbezeichnungen eingetragen: *AK; FA; BV; UV.*

Eine untere Zone zeigt die Modelle der jeweiligen Versorgungssysteme in einer aus Platzmangel sehr verkleinerten Form. Insgesamt erhalten wir einen Gesamtmarkt mit 4 Subsystemen.

Im Bereich o/m_1 besteht in unserem Modell ein *Angebotskartell AK.* Es arbeitet nach dem *Gewinnmaximierungsprinzip* und verwirklicht den *Cournot*schen Punkt C_1 mit dem Preis p_1 und der Menge m_1.

Das Angebotskartell *AK* kann sich durch geeignete Produktdifferenzierung gegen die freien Anbieter *FA* im Bereich m_1/m_2 absichern. Es bietet einen Markenartikel an, den bestimmte Nachfrager bereit sind, dem einfachen Bedarfsartikel der freien Anbieter vorzuziehen.

Im Bereich m_1/m_2 bieten *freie Anbieter* an. Sie verkaufen zu niedrigeren Preisen als das Angebotskartell, allerdings nur einfache *Bedarfsartikel* und keine Markenartikel. Damit versorgen sie die Nachfrage im Bereich m_1/m_2 zu Preisen, die je nach ihrer individuellen Marktlage zwischen p_1 und p_2 schwanken.

Im Bereich m_2/m_3 bietet ein *Beitragsverband BV* an. Er befriedigt die Nachfrage m_2/m_3 zu einem Beitrag in der Höhe von p_3. Mit dieser Mengenkombination erreicht der Beitragsverband sein *Gewinnmaximum.*

Im Bereich von m_3/m_4 arbeitet ein *Umverteilungsverband UV.* Er versorgt die Nachfrage m_3/m_4 zu *einkommensproportionalen* Beitragssätzen (nach unseren Annahmen liegen diese jeweils auf der Nachfragekurve N_b).

Die Fig. 49 zeigt deutlich, daß alle vier Versorgungssysteme zusammen die Versorgungslücken einigermaßen schließen können. Noch bleibt freilich eine *Versorgungslücke* im Bereich rechts von m_4.

Es ist deutlich, daß weitere Versorgungslücken auftreten müssen, wenn der Bereich m_1/m_2 der freien Anbieter oder der Bereich m_3/m_4 des Umverteilungsverbandes fehlen. Es ist andererseits deutlich, daß die Systeme des Angebotskartells und des Beitragsverbandes mit Gewinnmaximierung notwendige Folge unserer Grundannahme der Marktüberlegenheit des Angebots sind.

Die Versorgungslücke im Bereich rechts von m_4 könnte dann geschlossen werden, wenn der Beitragsverband eine Ausweitung des Umverteilungsverbandes zuließe. Könnte sich der Umverteilungsverband nach links über m_3 hinaus ausdehnen, so könnte er seine Gewinnfläche I ausdehnen und damit seine Versorgung nach rechts über m_4 hinaus vergrößern. Die Verlustfläche II kann ja notwendigerweise nicht größer sein als die Gewinnfläche I. Dies gilt allerdings nur, wenn Subventionen von außen nicht in die Betrachtung einbezogen werden.

C. Verbände in Verhandlungen

Marksteine der Theorie der Tarifverhandlungen

Von *Bernhard Külp*

Dieses Kapitel will einige wichtige Theorien über die Tarifverhandlungen vorstellen und kritisch analysieren. Es soll untersucht werden, von welchen Bestimmungsgründen das Ergebnis der Tarifverhandlungen abhängt, welche Lohnhöhe bei gegebenen Daten vereinbart wird, unter welchen Voraussetzungen die Tarifpartner zu einer Einigung gelangen und wie es den Tarifpartnern im allgemeinen gelingt, die jeweilige Gegenseite zu Konzessionen zu bewegen. Die Theorien, die sich mit diesen Fragen befassen, werden als collective bargaining-Theorien bezeichnet.

Verhandlungsgegenstand der Tarifverhandlungen können die unterschiedlichsten Forderungen der Gewerkschaften sein: Löhne, Arbeitszeitfragen, Arbeitsplatzbedingungen und organisatorische Fragen. In der Literatur werden die einzelnen collective bargaining-Theorien in der Regel am Verhandlungsgegenstand Lohn dargestellt. Man ist sich darüber im klaren, daß ähnliche Überlegungen auch für die übrigen Verhandlungsgegenstände gelten. Man wählt jedoch den Verhandlungsgegenstand Lohn, da dieser auf der einen Seite innerhalb des „Verhandlungspakets" in den meisten Fällen das stärkste Gewicht hat und da sich auf der anderen Seite die quantitativen Beziehungen zwischen dem Verhandlungsgegenstand und seinen Bestimmungsfaktoren am leichtesten für den Lohn darstellen lassen. Wir wollen uns in diesem Kapitel dieser Praxis anschließen.

Die einzelnen collective bargaining-Theorien wurden aus recht unterschiedlichen Ansätzen entwickelt. So hat man zunächst den Versuch unternommen, die Marktformenlehre, die die Verhältnisse auf den Gütermärkten analysiert, auch auf den Arbeitsmarkt anzuwenden. Später wurden allgemeine Verhandlungsmodelle konzipiert, die für alle Verhandlungen gültig sein sollten, unabhängig davon, ob die oligopolistischen Beziehungen einzelner konkurrierender Unternehmungen, das collective bargaining zwischen Gewerkschaften und Arbeitgeberverbänden oder internationale Beziehungen zwischen einzelnen Staaten zur Diskussion stehen. Schließlich wurden auch im Rahmen der experimentellen Psychologie Ansätze für Bargaining-Theorien gefunden.

In dieser Arbeit sollen diese Theorien nur insoweit dargestellt werden, als sie sich auf die Beziehungen zwischen Gewerkschaften und Arbeitgebern (Tarifverhandlungen) anwenden lassen. Selbstverständlich konnten nicht alle Theorien vorgestellt werden, es wurden vor allem diejenigen ausgewählt, die auch in der heutigen Diskussion noch eine entscheidende Rolle spielen. Bei der Darstellung der einzelnen Theorien wollen wir uns weniger um eine chronologisch exakte Abfolge als vielmehr um eine nach systematischen Gesichtspunkten gegliederte Einführung bemühen.

I. Die Theorie des Angebotsmonopols

Im Rahmen der Wirtschaftstheorie wurde wiederholt der Versuch gemacht, die Theorie des Angebotsmonopols, die zunächst zur Erklärung der Güterpreise entwickelt wurde, auch auf den Arbeitsmarkt zu übertragen. Man sah somit in dem Zusammenschluß der Arbeitnehmer in Gewerkschaften die Bildung eines Angebotsmonopols auf dem Arbeitsmarkte. Man versuchte, mit Hilfe der Theorie des Angebotsmonopols die Macht der Gewerkschaften gegenüber den Unternehmungen in ähnlicher Weise zu erklären, wie dies im Rahmen dieser Theorie bereits für die Angebotsmonopolisten auf dem Gütermarkte geschehen war.

Die Theorie des Angebotsmonopols wurde vor allem von E. H. Chamberlin und J. Robinson auf den Arbeitsmarkt angewandt. Auch die theoretischen Überlegungen von J. T. Dunlop können dieser Problemstellung zugeordnet werden.

Die Art und Weise, wie diese Theorie den Einfluß der Gewerkschaften auf die Lohnhöhe zu erklären versucht, läßt sich am besten anhand folgender Graphik (Figur 1) verdeutlichen:

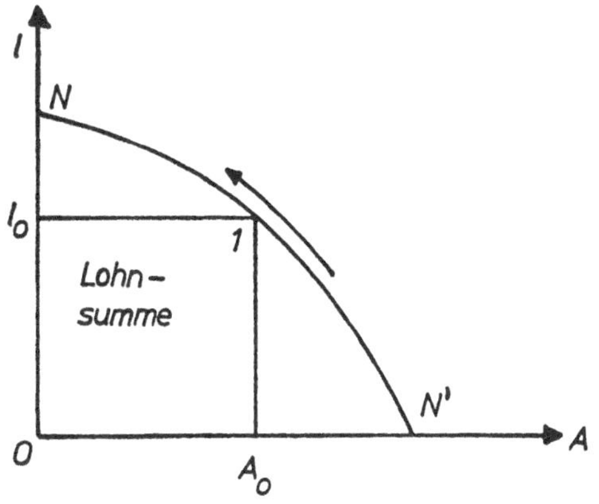

Figur 1

Auf der Abszisse tragen wir die Anzahl der nachgefragten Arbeitsstunden *(A)*, auf der Ordinate die Höhe des jeweiligen in den Tarifverhandlungen vereinbarten Lohnsatzes *(l)* ab. Die Strecke N N′ gibt die konjekturale Kurve der Arbeitsnachfrage wieder. Die Kurve heißt „konjektural", weil sie sich nicht auf die tatsächlich von den Unternehmungen geplante Nachfrage nach Arbeitskräften, sondern auf die von den Gewerkschaften erwartete (konjekturale) Nachfrage von seiten der Unternehmungen bezieht.

Diese konjekturale Kurve der Arbeitsnachfrage gibt also an, wie hoch die Gewerkschaften die Nachfrage der Unternehmer nach Arbeitskräften bei alternativen Lohnsätzen einschätzen. Die negative Neigung der Kurve bringt zum Ausdruck, daß die Gewerkschaften von der Annahme ausgehen: bei Ansteigen des Lohnsatzes sinke die Nachfrage nach Arbeit.

Die Annahme, daß sich die Gewerkschaften monopolistisch verhalten, bedeutet, daß sie den Lohnsatz, den Preis für Arbeit, nicht als ein von außen gegebenes Datum nehmen, sondern bemüht sind, den Lohnsatz zu erhöhen. Nicht der Lohnsatz ist ein Datum, sondern die konjekturale Kurve der Arbeitsnachfrage, d. h., die erwarteten Reaktionen der Unternehmungen auf Lohnsatzveränderungen. Die Gewerkschaften wissen — dieser Theorie zur Folge —, daß eine Erhöhung des Lohnsatzes eine Mindernachfrage nach Arbeit auslöst. Ihre strategische Aufgabe besteht darin, auf der vorgegebenen konjekturalen Nachfragekurve den Punkt (und damit einen bestimmten Lohnsatz und eine bestimmte Beschäftigungsmenge) anzusteuern, der ihnen eine optimale Realisierung der gewerkchaftlichen Ziele ermöglicht.

Welcher Punkt im einzelnen dieses gewerkschaftliche Optimum garantiert, hängt von der konkreten Zielsetzung der Gewerkschaften ab. Dunlop unterstellt, daß sich die Gewerkschaften wie eine Unternehmung verhalten, die Arbeitskräfte anbietet. Er nimmt an, daß die Gewerkschaften in ähnlicher Weise wie die Unternehmungen eine Maximierung des Einkommens, d. h., in diesem Fall eine Maximierung der Lohnsumme der Beschäftigten, anstreben. Da die Lohnsumme gleich ist dem Produkt aus Lohnsatz und Beschäftigungsmenge, bedeutet dies, daß die Gewerkschaften bei *der* Lohnhöhe ihr Ziel optimal erreichen, bei der das Rechteck aus Lohnsatz und Arbeitsmenge ($l^0, 1, A^0, 0$) den größten Flächeninhalt erreicht .

Dunlop räumt ein, daß die Gewerkschaften auch andere Ziele verfolgen können, z. B. die Realisierung der Lohnhöhe, bei der gerade Vollbeschäftigung garantiert wird oder bei der das gesamte Lohneinkommen der Organisierten, aber nicht unbedingt aller Beschäftigten maximiert wird. Welches Ziel wir auch unterstellen, jedem konkreten Ziel entspricht eine ganz bestimmte Strategie, die sich unmittelbar aus dieser Zielsetzung in Verbindung mit der konjekturalen Kurve der Arbeitsnachfrage ergibt.

Unsere bisherigen Überlegungen bezogen sich auf die Frage, welche Lohnhöhe die Gewerkschaften ansteuern, wenn sie ein bestimmtes *Ziel* verfolgen. Wir haben weiterhin die Frage zu klären, auf welchem *Wege* die Gewerkschaften — dieser Theorie zur Folge — dieses Ziel realisieren. Entsprechend dieser Theorie liegt die Machtposition des Angebotsmonopolisten darin, daß er das Angebot künstlich verknappen kann. Eine Verknappung des Angebotes bedeutet jedoch eine Bewegung entlang der konjekturalen Nachfragekurve nach links oben. Annahmegemäß führt diese Verknappung des Angebotes zu der (von den Gewerkschaften erwarteten) Bereitschaft der Unternehmer, höhere Löhne zu gewähren: das Gut Arbeit ist knapper und damit wertvoller geworden.

Kritik an der Monopoltheorie: Nun ist es in der Tat richtig, daß die Gewerkschaften das Arbeitsangebot über einen Streik zeitweise künstlich verringern können und es kann auch kein Zweifel bestehen, daß gerade in dieser Streikmöglichkeit die Stärke der Gewerkschaften gegenüber den Arbeitgebern liegt. Trotzdem bringt die Theorie des Angebotsmonopols, wie Pen gezeigt hat, keine befriedigende Erklärung der Machtposition der Gewerkschaften.

Erstens können wir feststellen, daß die Unternehmungen bereits aufgrund der *Androhungen* mit Streik den Lohnforderungen der Gewerkschaften entgegenkommen. Dieser Tatbestand kann mit Hilfe der Monopoltheorie nicht erklärt werden, da der Wert der Arbeit dieser Theorie zu Folge — nur dann ansteigt, wenn der Beschäftigungsgrad *tatsächlich* zurückgeht. Nicht die Furcht vor Verknappung, sondern die Verknappung selbst und der verringerte Beschäftigungsgrad vergrößeren Wert der Arbeit.

Zweitens kann diese Theorie den Machteinfluß der Gewerkschaften auch dann nicht befriedigend erklären, wenn es tatsächlich zum Streikausbruch kommt. Denn entsprechend der Monopoltheorie steigt der Wert der Arbeit nur für die Zeitspanne, innerhalb der die Arbeit verknappt wird, d. h., innerhalb der gestreikt wird. Mit dem Abschluß eines neuen Tarifvertrages endet jedoch der Streik; die Unternehmungen zahlen in Wirklichkeit nicht — wie es aufgrund dieser Theorie zu erwarten wäre — während der Dauer des Streikes, sondern nach Beendigung des Steiks die höheren Löhne, d. h., zu einem Zeitpunkt, in dem der Wert der Arbeit wiederum auf das ursprüngliche Niveau abgesunken ist.

A. Ross hat noch aus einem anderen Grunde die Theorie von Dunlop angegriffen. Nach Ross entspricht die Verhaltensmaxime der Gewerkschaften nicht der von Unternehmern, sondern der von Politikern. Nicht die Maximierung des Einkommens oder eine andere wirtschaftliche Größe sei das primäre Ziel der Gewerkschaften, sondern das Überleben und der Ausbau der Gewerkschaftsorganisation. Die Unternehmungen handelten nach einem *wirtschaftlichen*, die Gewerkschaften nach einem *politischen* Kalkül.

Diese Diskussion zwischen Dunlop und Ross — in der Literatur als Dunlop-Ross-Kontroverse bekannt — wurde bisweilen dahingehend mißverstanden, als ob Dunlop den Einfluß jeglicher Machtfaktoren, Ross hingegen den Einfluß jeglicher wirtschaftlicher Größen auf die Entscheidung der Gewerkschaften leugnen wollte. Diese Unterscheidung bringt jedoch den Gegensatz zwischen Dunlop und Ross nicht richtig zum Ausdruck. Dunlop gibt zu, daß auch politische Faktoren die Entscheidungen der Gewerkschaften beeinflussen, sofern diese in den wirtschaftlichen Kalkül der Gewerkschaften Eingang finden, d. h., sofern diese Faktoren die Höhe des Lohneinkommens beeinflussen. In gleicher Weise leugnet Ross nicht, daß sich die Gewerkschaften auch von wirtschaftlichen Faktoren beeinflussen lassen, sofern diese in den politischen Kalkül eingehen, d. h., sofern diese Faktoren Einfluß nehmen auf die Erhaltung und auf den Ausbau der Gewerkschaftsorganisation. Die Kontroverse zwischen Dunlop und Ross bezieht sich also zunächst auf den modus procedendi oder anders ausgedrückt, auf die Verhaltensweisen der Tarifpartner und nicht auf das Ergebnis der Tarifverhandlungen. Natürlich wird diese Unterscheidung nur dann für die Theorie relevant, wenn aus den unterschiedlichen Verhaltensweisen auch Unterschiede für das Ergebnis der Verhandlungen erwachsen.

Die Verhaltenstheorie von R. E. Walton und R. B. McKersie hat diese Diskussion um die Verhaltensweisen der Tarifpartner einen Schritt weitergebracht. Beide Autoren üben an der traditionellen collective bargaining-Theorie vor allem deshalb Kritik, weil diese Theorie einseitig lediglich einen Aspekt der Tarifverhandlungen beleuchtet. In Wirklichkeit müsse man davon ausgehen, daß die Tarifverhandlungen aus mehreren konkurrierenden Systemen bestünden. Walton und McKersie weisen auf vier solcher Systeme hin: Das erste System ist das *Distributionsbargaining*, das im Mittelpunkt fast aller traditionellen collective bargaining-Theorien steht. Innerhalb dieses Systems geht es um die Aufteilung knapper Güter auf zwei oder mehrere Gruppen. Eine Theorie des Distributionsbargaining hat die Frage zu untersuchen, von welchen Faktoren es abhängt, wie die knappen Güter auf die einzelnen Gruppen aufgeteilt werden und welcher Strategien und Taktiken sich die Gruppen bedienen, um ihren Anteil möglichst groß werden zu lassen.

Die Tarifverhandlungen stellen zweitens ein *integratives Bargaining* dar. Im Rahmen dieses zweiten Systems geht es darum, Lösungen zu finden, die beiden Partnern zugutekommen. So könnten z. B. beide Partner an der Erhaltung der Tarifautonomie interessiert sein. In die Sprache der Spieltheorie übersetzt, bezieht sich dieses integrative Bargaining auf alle Nichtkonstantsummenspiele. (Ein Nullsummenspiel zeichnet sich dadurch aus, daß die Summe der Gewinne der einzelnen Spieler gleich null ist, so daß der Gewinn des einen Spielers einen Verlust des anderen bedeutet.) Nach Meinung von Walton und McKersie muß damit gerechnet werden, daß beide Systeme in einem gewissen Zielkonflikt zueinanderstehen, und daß damit das integrative Bargaining andere Strategien und Taktiken verlangt als das Distributionsbargaining.

Walton und McKersie unterscheiden noch zwei weitere Systeme der Tarifverhandlungen. Eine dritte Aufgabe der Tarifverhandlungen bestehe nämlich darin, die vorwiegend emotionalen Beziehungen zwischen den Parteien, wie Freundschaft-Feindschaft, Vertrauen-Mißtrauen, Respekt vor den Interessen der anderen Gruppe und kooperatives bzw. rivalisierendes Verhalten so zu beeinflussen, daß die Tarifverhandlungen zu dem erwünschten Ergebnis führen. Auch hier gilt es die Frage zu klären, welcher Strategie sich die Parteien bedienen, um die Strukturierung der Verhaltensweisen der anderen Partei zu beeinflussen (Attitüdenpolitik) und unter welchen Voraussetzungen diese Strategien in einen Konflikt zu den anderen Zielen der Tarifverhandlungen treten.

Ein viertes, letztes System der Tarifverhandlungen wird von Walton und McKersie als *Intraorganisationsbargaining* bezeichnet. Die Verfasser wollen mit diesem Begriff auf den Umstand aufmerksam machen, daß die Entscheidungen der Tarifpartner viertens auch danach getroffen und beurteilt werden, inwieweit hierdurch die Position der Verhandlungsführer innerhalb ihres eigenen Verbandes berührt wird. Auch hier muß mit der Möglichkeit gerechnet werden, daß sich ein Verhandlungsführer aus verbandsinternen Gründen zu anderen Maßnahmen entschließt als denjenigen, die im Hinblick auf das Distributions- oder Integrationsbargaining notwendig wären. Dieses vierte Bargaining bezieht sich genau auf die verbandsinternen Probleme, die Ross mit seiner These vom politischen Kalkül angesprochen hatte.

Die Unterscheidungn von Walton und McKersie bringen eine Vertiefung der Diskussion zwischen Dunlop und Ross insofern, als sie nicht nur zwischen zwei, sondern vier verschiedenen Systemen unterscheiden und auf den konkurrierenden (und damit auch gleichzeitig nebeneinanderbestehenden) Charakter dieser Systeme aufmerksam machen. In gewisser Weise kann man jedoch in dieser Betrachtungsweise auch einen Rückschritt sehen. Walton und McKersie sind aufgrund ihrer

Betrachtungsweise nicht in der Lage, eine Auskunft darüber zu geben, welches Bargaining den Ausschlag gibt, wenn die einzelnen Systeme in einen Zielkonflikt zueinander geraten. Wenn das Distributionsbargaining ein Nachgeben, die Attitüdenpolitik jedoch ein Hartbleiben nahelegt, nach welchem System verhalten sich die Parteien dann tatsächlich? Es fehlt also ein Auswahlkriterium, das darüber Auskunft gibt, welches Gewicht den einzelnen Systemen zukommt. Aber gerade um ein solches Auswahlkriterium haben sich Dunlop und Ross bemüht. Beide sind der Meinung, daß wirtschaftliche wie politische Faktoren die Entscheidungen der Tarifpartner beeinflussen oder — um in der Sprache von Walton und McKersie zu sprechen — beide legen ihren Betrachtungen ein Distributions- wie Intraorganisationsbargaining zugrunde. Kommt es jedoch zum Konflikt zwischen diesen beiden Systemen, verlangen also beide Systeme unterschiedliche und sich widersprechende Strategien, dann entscheidet nach Dunlop das wirtschaftliche und nach Ross das politische Kalkül über die einzuschlagenden Maßnahmen. Insofern erlauben die Theorien von Dunlop und Ross in stärkerem Maße als die Theorie von Walton und McKersie eine Prognose über das Verhalten der Tarifpartner.

II. Die Theorie des bilateralen Monopols

Im Rahmen der wirtschaftswissenschaftlich ausgerichteten collective bargaining-Theorien beschränkte man sich nicht darauf, den Arbeitsmarkt als (einseitiges) Angebotsmonopol aufzufassen. Man berücksichtigte vielmehr, daß sich nicht nur die Arbeitnehmer, sondern auch die Arbeitgeber in Verbänden zusammenschließen, so daß der Arbeitsmarkt die Form eines *bilateralen Monopols* annimmt. Diese Betrachtungsweise finden wir vor allem bei W. Fellner.

Welche Unterschiede bringt die Theorie des bilateralen Monopols im Vergleich zur Theorie des Angebotsmonopols? Der wohl wichtigste Unterschied zwischen beiden Theorien besteht darin, daß die Theorie des Angebotsmonopols einen eindeutig determinierten Gleichgewichtslohn kennt (dem Ziel Lohnsummenmaximierung entspricht bei gegebener konjekturaler Nachfragekurve ein und nur ein bestimmter Lohnsatz); die Theorie des bilateralen Monopols hingegen kommt zu dem Ergebnis, daß die Höhe des Lohnsatzes nicht eindeutig bestimmbar sei, daß man lediglich eine Ober- und Untergrenze angeben könne, über die bzw. unter die der Lohnsatz nicht steigen bzw. sinken könne.

Ausgangspunkt dieser Theorie ist die Kurve der *durchschnittlichen Wertproduktivität der Arbeit*. Diese Kurve gibt an, welchen Wert die durchschnittliche Arbeitsproduktivität *(Y/A)* bei alternativen Beschäftigungsmengen *(A)* annimmt. Der Verlauf dieser Kurve spiegelt die Gültigkeit des *Ertragsgesetzes* wieder.

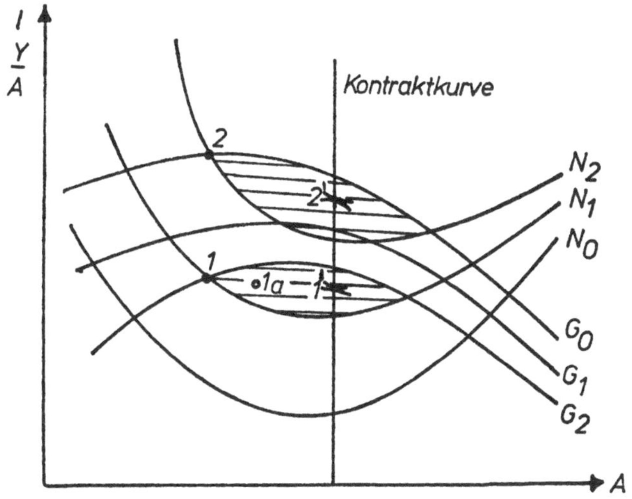

Figur 2

Entspräche der Lohnsatz gerade dem Wert der durchschnittlichen Arbeitsproduktivität, so würde das Unternehmen ex definitione keinen Gewinn erzielen, der gesamte Ertrag würde als Lohn an die Arbeitnehmer ausgezahlt werden. Gerade aus diesen Gründen können wir diese Kurve der durchschnittlichen Wertproduktivität der Arbeit auch als Isogewinnkurve mit der Gewinnsumme 0 (G_0) bezeichnen. (Eine Isogewinnkurve faßt alle Kombinationen von Lohnsätzen und Beschäftigungsmengen zusammen, die dem Unternehmen einen gleichen Gewinn bringen. Die spezielle Isogewinnkurve (G_0) zeichnet sich dadurch aus, daß auf jedem Punkt dieser Kurve der Gewinn gleich null ist.)

Verschieben wir nun diese Isogewinnkurve nach unten, so erhalten wir eine neue Isogewinnkurve mit einer positiven Gewinnsumme. Wir können auf diese Weise für jede mögliche Gewinnhöhe eine Isogewinnkurve erhalten; je weiter diese Kurve von der Ausgangskurve (G_0) entfernt ist, um so höher ist der Gewinn, der dieser Kurve entspricht. Alle Isogewinnkurven haben einen nach oben gekrümmten Verlauf.

In ähnlicher Weise kann man auch für die Arbeitnehmer *Isonutzenkurven* konstruieren. Ausgangspunkt sind hier zunächst all die Kombinationen von Lohnsätzen und Beschäftigungsmengen, die den Arbeitnehmern gerade ein Existenzminimum ermöglichen. Wir wollen die Kurve, die diese Punkte miteinander verbindet, als Isonutzenkurve (N_0) bezeichnen. Wir wollen unterstellen, daß diese Kurve in etwa einen spiegelbildlichen Verlauf zur Isogewinnkurve habe. Da das Produkt aus Lohnsatz und Beschäftigungsmenge gleich ist dem Lohneinkommen, hätte ein bei allen alternativen Beschäftigungsmengen gleichbleibendes Existenzminimum zur Folge, daß die Isonutzenkurve (N_0) einen parabelförmigen Verlauf hätte. Unterstellen wir nun, daß die Höhe des Existenzminimums selbst wiederum von der Beschäftigungsmenge abhängt und daß das Existenzminimum aufgrund eines zunehmenden Kräfteverschleißes mit zunehmender Beschäftigungsmenge ansteigt, so erhalten wir eine Isogewinnkurve (N_0), die von einer bestimmten Beschäftigungsmenge an wiederum ansteigt.

Wir können nun analog zu der Entwicklung der Schar von Isogewinnkurven auch eine Schar von Isonutzenkurven bilden, wobei wir davon ausgehen müssen, daß eine Isonutzenkurve um so höher liegt, je größer der Nutzen ist, den diese Kurve auf jedem ihrer Punkte garantiert. Das Nutzenniveau wird in diesem Falle an der Differenz zwischen tatsächlichem Einkommen und Existenzminimum gemessen. Wir wollen diese Differenz als Überschußeinkommen bezeichnen. Diese Vorgehensweise hat den Vorteil, daß wir das Nutzenniveau nicht in Ophelimitätsgraden, sondern in Geldgrößen messen, die eine kardinale und interpersonelle Vergleichbarkeit zulassen.

Schaubild 2 zeigt nun, daß der Lohnsatz sicherlich nicht über der Isogewinnkurve (G_0) liegen kann, da bei einem Lohnsatz oberhalb dieser Kurve die Unternehmen keinen Gewinn, sondern einen Verlust erzielen und deshalb langfristig die Produktion einstellen würden. Die Isogewinnkurve (G_0) stellt also die obere Grenze für den Lohn dar.

In gleicher Weise kann man davon sprechen, daß die Isonutzenkurve (N_0) die Untergrenze für den Lohnsatz bildet, da ex definitione alle Lohnsätze, die unterhalb dieser Kurve liegen, den Arbeitnehmern noch nicht einmal das Existenzminimum garantieren.

Unterstellen wir nun, daß sich die Tarifpartner im Verlaufe ihrer Verhandlungen vorläufig auf einen Lohnsatz und damit auch auf eine Beschäftigungsmenge geeinigt hätten, die im Schaubild 2 dem Punkt 1 entsprechen. Durch diesen Punkt 1 geht sowohl eine Isogewinn- wie auch Isonutzenkurve. Beide Kurven umschließen eine ellipsenförmige Fläche, wobei jeder Punkt innerhalb dieser Fläche beiden Partnern einen größeren Gewinn bzw. einen größeren Nutzen garantiert als der Ausgangspunkt 1. Jeder Punkt innerhalb dieser Fläche liegt nämlich erstens auf einer Isogewinnkurve, die weiter von der Isogewinnkurve (G_0) entfernt ist, d. h., die einen höheren Gewinn garantiert und zweitens auf einer Isonutzenkurve, die weiter von der Isonutzenkurve (N_0) entfernt ist und deshalb ebenfalls einen höheren Nutzen als Punkt 1 stiftet.

Diese Überlegungen können unbegrenzt weitergeführt werden. Auch ein neu gewählter Punkt (1 a) innerhalb dieser ellipsenförmigen Fläche, der annahmegemäß beiden Partnern einen größeren Nutzen stiftet als

Punkt 1 kann nur entweder erneut eine ellipsenförmige Fläche bestimmen, deren Punkte einen noch größeren Gewinn bzw. Nutzen für beide Partner ermöglichen; oder aber die beiden Indifferenzkurven, die durch diesen neuen Punkt gehen, berühren sich gerade in diesem Punkt. In diesem Falle ist die ellipsenförmige Fläche zu einem Punkt zusammengeschrumpft, was nichts anderes bedeutet, als das es unter den gegebenen Voraussetzungen keinen neuen Lohnsatz mehr geben kann, der beiden Partnern einen weiteren Vorteil bringt; beide Gruppen können sich somit auf diesen Lohnsatz freiwillig einigen.

Anstatt von Punkt 1 hätten wir auch von einem beliebigen anderen Punkte — etwa von Punkt 2 — ausgehen können, sofern dieser Punkt innerhalb der von der Isogewinnkurve (G_0) und der Isonutzenkurve (N_0) umgrenzten Fläche liegt. Wir wären schließlich wiederum zu einem Punkt gelangt, bei dem sich die Indifferenzkurven tangieren, von dem ab also keine weiteren Verhandlungsgewinne für beide Partner erreichbar sind. Allerdings wäre je nach Ausgangspunkt auch der jeweilige Endpunkt der Verhandlungen ein anderer. Wir wollen nun alle diese möglichen Endpunkte in einer Kurve zusammenfassen und diese Kurve als *Kontraktkurve* bezeichnen.

Falls wir unterstellen, daß die Lohnkosten der Unternehmungen in voller Höhe zu Lohneinkommen der Arbeitnehmerhaushalte werden, liegen diese Endpunkte der Verhandlung alle auf einer Geraden, die parallel zur Ordinate verläuft. Wie unmittelbar einsichtig, besteht diese Kurve aus allen gemeinsamen Tangentialpunkten der Indifferenzkurven. Zur Beweisführung sei auf eine Darstellung von E. Schneider verwiesen. Schneider bezieht sich zwar auf ein bilaterales Monopol, dessen Angebots- wie Nachfrageseite aus Unternehmungen besteht. Der Arbeitsmarkt unterscheidet sich von dieser Situation dadurch, daß die Angebotsseite aus Haushalten und nicht aus Unternehmungen zusammengesetzt ist. Da wir jedoch den Nutzen der Arbeitnehmerhaushalte am Überschußeinkommen messen, läßt sich die Nutzenfunktion in eine Form bringen, die eine formal gleiche Gestalt aufweist wie die Gewinnfunktion eines unternehmerischen Anbieters. An die Stelle der Kosten tritt das Existenzminimum. Aus diesen Gründen läßt sich die Beweisführung Schneiders unmittelbar auch auf den Arbeitsmarkt übertragen.

Unsere Überlegungen haben uns gezeigt, daß die Lohnsätze, die in freien Verhandlungen vereinbart werden, nicht nur durch eine Ober- und Untergrenze eingeengt werden, sondern darüber hinaus dadurch, daß das Verhandlungsergebnis stets auf dieser Kontraktkurve liegt.

Die einzelnen Punkte auf der Kontraktkurve zeichnen sich dadurch aus, daß eine Bewegung entlang der Kurve unter den gemachten Annahmen nicht möglich ist, daß also alle Punkte auf der Kontraktkurve

Endpunkte der Verhandlung darstellen, sie unterscheiden sich jedoch voneinander darin, daß sie eine recht unterschiedliche Einkommensverteilung bedeuten. Punkt 2 im Schaubild 2 sichert z. B. den Arbeitnehmern ein höheres Lohneinkommen (und den Unternehmungen ein geringeres Gewinneinkommen) als Punkt 1. Da die Lage des Endpunktes auf der Kontraktkurve entscheidend davon abhängt, von welchem Punkte die Verhandlungen ausgehen, kann man aufgrund dieser Theorie den Schluß ziehen, daß das Ergebnis der Tarifverhandlungen entscheidend dadurch bestimmt wird, mit welchen Anfangsforderungen bzw. Anfangszugeständnissen die Tarifpartner in die Verhandlungen gehen. Diese Theorie widerspricht also der These, daß das Ergebnis der Verhandlungen von vornherein festliegt und vom taktischen Geschick der Partner unabhängig ist.

Nun kann man zeigen, daß der Lohnsatz, der bei vollständiger Konkurrenz erzielt worden wäre, ebenfalls auf dieser Kontraktkurve liegt. Das bedeutet jedoch — im Zusammenhang mit der Tatsache, daß die Kontraktkurve parallel zur Ordinate verläuft —, daß das Verhandlungsergebnis, wie es auch ausfallen mag, stets den Beschäftigungsgrad und damit auch die Produktion garantiert, die auch bei vollständiger Konkurrenz erreicht worden wäre. Die Verhandlungsergebnisse unterscheiden sich von den Ergebnissen bei vollständiger Konkurrenz nur darin, daß eine andere Einkommensverteilung erzielt werden kann. Wenn man nun von der These der Wohlfahrtstheorie ausgeht, daß unter gewissen Voraussetzungen gerade bei vollständiger Konkurrenz eine optimale Allokation der Produktionsfaktoren erfolgt, so bedeutet dieses Ergebnis, daß über Tarifverhandlungen die Einkommensverteilung zugunsten der Arbeitnehmer beeinflußt werden kann, ohne daß sie negative Auswirkungen auf die Allokation der Produktionsfaktoren und damit auf die Versorgung der Bevölkerung mit materiellen Gütern hat.

Kritik an der Theorie des bilateralen Monopols: Die Theorie des bilateralen Monopols unterliegt einer zweifachen Kritik. Man kann *erstens* bezweifeln, ob durch die Festlegung der Ober- und Untergrenze der Bereich, innerhalb dessen der Lohnsatz liegen muß, eindeutig abgegrenzt wurde. Das gilt vor allem für die Untergrenze. Der Begriff des Existenzminimums ist vage. Sicherlich ist nicht das physische Existenzminimum, sondern das kulturelle gemeint. Was jedoch als kulturelles Minimum angesehen wird, hängt selbst wiederum ganz entscheidend von Faktoren ab, die sich u. U. aus dem Willensbildungsprozeß innerhalb der Tarifverhandlungen ergeben.

Ähnliche Überlegungen gelten für die Obergrenze. Wir können unterstellen, daß die Unternehmungen auf lange Sicht die Produktion bereits zu einem Zeitpunkt aufgeben, bevor der Gewinn auf null abgesunken ist. Die Unternehmungen erwarten eine Mindestverzinsung des Kapitals. Wiederum hängt jedoch die Höhe dieser erwarteten Mindestverzinsung von Faktoren ab, die sich u. U. aus dem Tarifverhandlungsprozeß ergeben. Die Ober- und Untergrenzen sind also nicht eindeutig feststellbar, es sei denn, man bezieht sich auf das physische Existenzminimum und auf eine Mindestverzinsung gleich null. In diesem Falle beschränkt sich jedoch diese These auf eine Trivialität, zu deren Feststellung es keiner eigenen Theorie bedarf.

Zweitens muß bemängelt werden, daß diese Theorie von einer irrealistischen Annahme ausgeht, von der Annahme nämlich, daß die Partner keinerlei Druckmittel einsetzen, um das Verhandlungsergebnis zugunsten der eigenen Gruppe zu verbessern. Beziehen wir jedoch Druckmittel in unsere Betrachtung mit ein, so bedeutet dies, daß auch Bewegungen entlang der Kontraktkurve möglich werden: so können die Gewerkschaften mit Hilfe einer Streikdrohung die Unternehmer zu Konzessionen bewegen, die eine Verminderung der Gewinnsumme nach sich ziehen. Werden jedoch Bewegungen entlang der Kontraktkurve als möglich angesehen, dann ist der Verhandlungsspielraum bedeutend geringer als es die Theorie des bilateralen Monopols vermuten läßt. Um mit Boulding zu sprechen, die Kontraktkurve wird in diesem Falle zur Konfliktkurve.

III. Die Theorie von J. R. Hicks

Im vorhergehenden Abschnitt hatten wir gesehen, daß sich der (relativ große) Unbestimmtheitsbereich im Rahmen der Theorie des bilateralen Monopols vor allem daraus ergab, daß von jeglicher Anwendung von Druckmitteln abgesehen wurde. J. R. Hicks versucht nun im Rahmen seiner Lohntheorie nachzuweisen, daß die Tariflohnhöhe, auf die sich die Tarifpartner einigen, weitgehend bestimmt ist, sobald wir die Möglichkeit der Streikdrohung als Druckmittel mit in die Betrachtung einbeziehen.

Hicks unterstellt für die Arbeitgeber, daß sie ihre Entscheidungen an einem *Kostenkalkül* orientieren. In jeder Phase der Verhandlungen stehen die Arbeitgeber vor der Entscheidung, ob sie auf die Forderungen der Gewerkschaften eingehen oder ob sie Widerstand leisten, d. h., bei ihrem bisherigen Angebot verharren sollen. Beide Alternativen sind für die Arbeitgeber mit Kosten verbunden. Geben sie den Forderungen der Gewerkschaften nach, so werden ihre Kosten deshalb steigen, weil sie nach Inkrafttreten des neuen Tarifvertrages eine höhere Lohnsumme als bisher auszahlen müssen; leisten sie jedoch Widerstand und verharren bei dem bisherigen Angebot, so laufen sie Gefahr, daß es zum Arbeitskampf kommt, der aufgrund der zeitweiligen

Produktionsniederlegung ebenfalls mit Kosten für die Arbeitgeber verbunden ist. (Ein Streik verursacht für die Arbeitgeber vor allem deshalb zusätzliche Kosten, da ein Teil der Kosten, die sogenannten fixen Kosten, auch bei einer vorübergehenden Produktionsstillegung weiterhin in voller Höhe anfällt.)

Folgen die Arbeitgeber einem reinen Kostenkalkül, so werden sie sich stets für die Alternative entscheiden, die für sie die geringere Kostenerhöhung bringt. Die Arbeitgeber werden somit solange den Forderungen der Gewerkschaften nachgeben, als die hieraus erwachsende Lohnkostensteigerung geringer ist als die Kostenerhöhung bei Ausbruch eines Streikes.

Die für die Unternehmer anfallenden Streikkosten hängen nun entscheidend von der Dauer des Streiks ab. Mit zunehmender Streikdauer steigen auch die damit verbundenen Kosten an. Das bedeutet jedoch gleichzeitig, daß die Bereitschaft der Unternehmer, auf die Forderungen der Gewerkschaften einzugehen, abhängt von der Dauer des Streiks, mit dem die Arbeitgeber im Falle eine Scheiterns der Tarifverhandlungen rechnen. Wir erhalten somit eine *Konzessionskurve* der Arbeitgeber, die angibt, bis zu welcher Lohnhöhe die Arbeitgeber allenfalls zu Zugeständnissen bereit sind, bei alternativem Ausmaß der von den Unternehmern erwarteten Streikdauer.

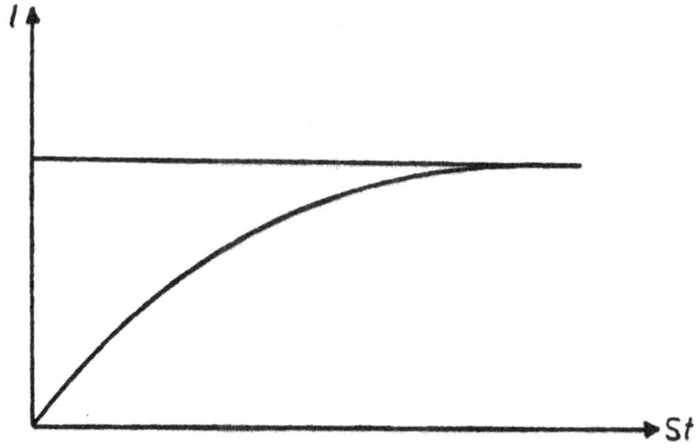

Figur 3

Welchen Verlauf zeigt diese Konzessionskurve der Arbeitgeber? Wenn wir auf der Abszisse die erwartete Dauer des Streikes *(St)* und auf der Ordinate die Höhe des angebotenen Lohnsatzes *(l)* abtragen (und wenn wir den Ursprung des Koordinatensystems so legen, daß der Ursprung duch einen Punkt geht, bei dem ein Streikniveau von Null erwartet wird und der Lohnsatz dem bisher gültigen Lohnsatz entspricht), beginnt die Konzessionskurve der Unternehmen im Ursprung:

da die Unternehmen auch bei einem Scheitern der Verhandlungen mit keinem Streikausbruch rechnen, ist das Scheitern der Verhandlungen für die Unternehmer mit keinen zusätzlichen Kosten verbunden. Sie sind deshalb auch nicht bereit, den Lohnforderungen der Gewerkschaften in irgendeiner Weise zu entsprechen. In dem Maße nun, in dem die Arbeitgeber damit rechnen, daß es zum Streik kommt und daß das Ausmaß des Streikes zunimmt, steigen die für die Unternehmen anfallenden Streikkosten an und die Bereitschaft der Unternehmen zu Konzessionen nimmt zu. Das bedeutet, daß die Konzessionskurve eine positive Neigung aufweist. Die Grenzkonzessionsbereitschaft der Unternehmer (= Zuwachs an Konzessionen bezogen auf die erwartete Verlängerung der Streikdauer) nehme jedoch mit wachsender Streikdauer ab. Die Konzessionsbereitschaft der Unternehmer kann auch bei zunehmender Streikdauer nicht unbegrenzt ansteigen, da die Unternehmungen an einer Aufrechterhaltung der Produktion dann nicht mehr interessiert sind, wenn die Gewinnsumme eine kritische Grenze (z. B. Gewinn entspricht der Mindestverzinsung des Kapitals) unterschreitet.

Der genaue Verlauf der Konzessionskurve der Arbeitgeber kann bestimmt werden, wenn die Abhängigkeit der Streikkosten von der erwarteten Streikdauer und die Abhängigkeit der Lohnkostensteigerungen von den Lohnsatzsteigerungen bekannt ist. Wie Schaubild 4 zeigt, läßt sich bei Kenntnis dieser beiden Funktionen der genaue Verlauf der Konzessionskurve leicht bestimmen. Dabei soll unterstellt werden, daß die Lohnkostenkurve *linear* verläuft; diesem Verlauf liegt die Annahme zugrunde, daß die Beschäftigungsmenge von den Lohnsatzveränderungen unberührt bleibt. Für die Streikkostenfunktion wird unterstellt, daß die Streikkosten mit wachsender Streikdauer nur unterproportional ansteigen.

Es soll noch einmal hervorgehoben werden, daß es sich bei der Konzessionskurve lediglich um eine obere Begrenzung handelt, die Arbeitgeber werden versuchen, den Lohnsatz möglichst niedrig zu halten. Der Lohnsatz wird nur dann auf dieser Konzessionskurve liegen, wenn es den Gewerkschaften gelingt, den gesamten Verhandlungsspielraum auszuschöpfen.

In ähnlicher Weise wie für die Arbeitgeber leitet Hicks auch für die Arbeitnehmer bzw. für die Gewerkschaften eine Beziehung zwischen Lohnsätzen und Streikdauer ab. Zu welcher Streikdauer sind die Arbeitnehmer bei alternativen Lohnangeboten der Arbeitgeber äußerstenfalls bereit? Hicks unterstellt, daß bei geringen Lohnzugeständnissen von seiten der Arbeitgeber mit einer relativ großen Streikbereitschaft der Arbeitnehmer gerechnet werden müsse und daß mit zunehmenden Lohnzugeständnissen von seiten der Arbeitgeber diese Streikwilligkeit (ausgedrückt im Ausmaß der Streikdauer) zurückgeht.

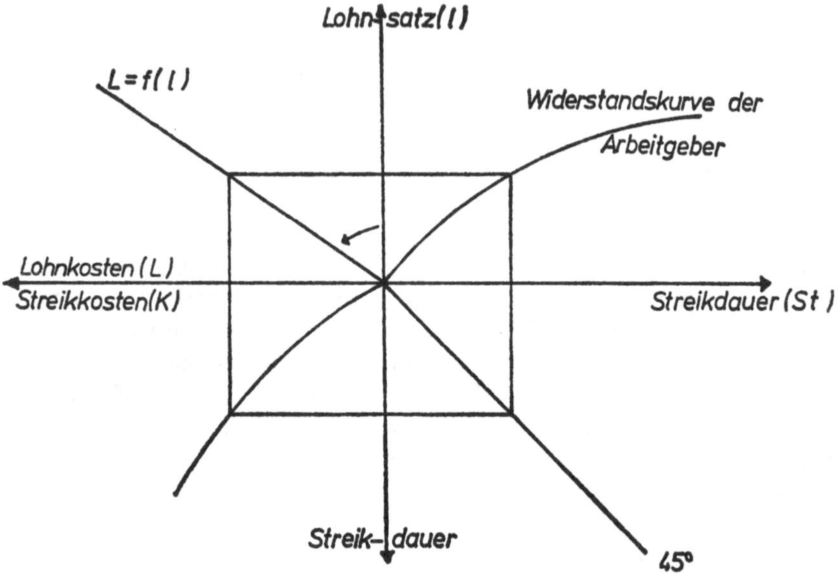

Figur 4

Wir wollen diese zweite Beziehung zwischen Lohnhöhe und Streikdauer als *Widerstandskurve* der Arbeitnehmer bezeichnen und auch diese Kurve in unser Diagramm einzeichnen. Diese Widerstandskurve hat — den Annahmen Hicks entsprechend — einen negativ geneigten Verlauf.

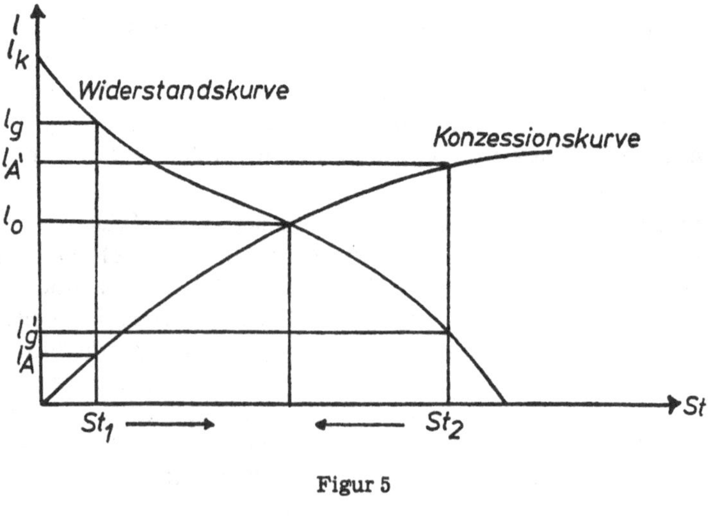

Figur 5

Hicks unterstellt, daß diese Kurve die Ordinate schneidet, d. h., daß die Gewerkschaften erst dann zum Streik bereit sind, wenn die Lohnhöhe eine kritische Grenze (l_k) unterschreitet. Weiterhin sei unterstellt, daß die Grenzneigung der Arbeitnehmer zum Widerstand (= Abnahme der geplanten Streikdauer verursacht durch eine Zunahme im Lohnangebot der Arbeitgeber um eine Einheit) zunächst, d. h., bei niedrigem Streikniveau gering ist, dann mit abnehmendem Lohnniveau ansteigt, von einem bestimmten Streikniveau jedoch wiederum zurückgeht. Die Kurve wird somit auch die Abszisse schneiden. Hinter diesem Verlauf der Kurve steht die Annahme, daß der Streik nicht über ein bestimmtes Ausmaß hinaus verlängert werden wird, da die Streikdauer von dem gegebenen Streikfonds begrenzt wird.

Der Schnittpunkt beider Kurven ergibt die Lohnhöhe, bei der die Kalküle beider Partner übereinstimmen und bei der deshalb ein Kompromiß möglich erscheint. Unterstellen wir, daß beide Partner zu Beginn der Verhandlungen mit einer geringen Streikdauer rechnen ($St1$). Der geringen erwarteten Streikdauer entspricht eine relativ hohe Anfangsforderung der Gewerkschaften (l_G) und ein relativ niedriges Anfangsangebot der Arbeitgeber (l_A). Gerade weil die Gewerkschaften ihre Erwartungen nicht bestätigt finden, steigt ihre Streikbereitschaft. Die militantere Haltung der Gewerkschaften hat zur Folge, daß die Arbeitgeber Konzessionen machen, also ihr Angebot entsprechend der Konzessionskurve erhöhen. Gleichzeitig vermindern sich die Lohnforderungen der Gewerkschaften. Beide Reaktionen bringen die Partner dem Gleichgewichtslohn (= Schnittpunkt beider Kurven) näher.

Einigen sich die Tarifpartner auf den durch den Schnittpunkt beider Kurven bestimmten Lohn, so kommt es nicht zum Streik. Die Drohung mit dem Streik reicht in diesem Falle aus, um die Arbeitgeber zum Nachgeben zu bewegen. Eine Übereinstimmung setzt jedoch voraus, daß sich die Arbeitgeber über das Ausmaß der Streikbereitschaft und die Gewerkschaften über den Verlauf der Konzessionskurve — zumindest im Zeitpunkt der Einigung — nicht täuschen.

Eine Erhöhung des Gleichgewichtslohnes können die Gewerkschaften dann erreichen, wenn es ihnen gelingt, ihre eigene Widerstandskurve nach rechts oben oder die Konzessionskurve der Unternehmer nach links oben zu verschieben. Eine Rechtsverschiebung der Widerstandskurve kann z. B. dadurch eintreten, daß sich der Organisationsgrad der Gewerkschaften erhöht und daß die Gewerkschaften auf diese Weise ihren Streikfonds vergrößern. Eine Linksverschiebung der Konzessionskurve der Arbeitgeber kann dann erreicht werden, wenn es den Gewerkschaften gelingt, die mit einem Streik (einer bestimmten Dauer) verbundenen Kosten der Unternehmungen zu vergrößern. (So könnten die

Gewerkschaften z. B. den Streik zeitlich so legen, daß die Unternehmungen wichtige Aufträge nicht fristgerecht erfüllen können.)

Kritik an der Lohntheorie von Hicks: Die Theorie von Hicks ist wiederholt kritisiert worden. So hat Shackle bezweifelt, ob die Widerstandskurve der Gewerkschaften tatsächlich negativ geneigt sei. Shackle unterstellt, daß die Gewerkschaften in ähnlicher Weise wie die Arbeitgeber in jeder Phase der Verhandlungen vor der Entscheidung stehen, ob sie Konzessionen machen und dem Angebot der Arbeitgeber zustimmen oder ob sie auf ihren Forderungen beharren sollen, auch auf die Gefahr hin, daß es deshalb zum Arbeitskampf kommt. Genauso wie für die Arbeitgeber sei auch für die Gewerkschaften jede Alternative mit Kosten verbunden. Geben sie nach, so entgehen ihnen die Lohnerhöhungen, die sie eventuell noch hätten erzielen können (= Kosten im Sinne von entgehenden Nutzen), leisten sie jedoch Widerstand und kommt es zum Arbeitskampf, so müssen die Arbeitnehmer während der Dauer des Streiks auf die regulären Leistungseinkommen verzichten. Aus der Sicht der Gewerkschaften vermindert sich der Streikfonds und damit die Machtposition in zukünftigen Verhandlungen.

Wenn wir unterstellen, daß auch die Gewerkschaften sich für die Alternative mit den geringsten Kosten entscheiden, dann werden steigende Lohnforderungen auch mit steigender Streikbereitschaft verbunden sein: die Widerstandskurve der Gewerkschaften hat dann genauso wie die Konzessionskurve der Arbeitgeber eine positive Neigung. Da der Grenznutzen des Einkommens mit steigendem Lohn sinkt und gleichzeitig das Grenzopfer des Arbeitskampfes mit wachsender Streikdauer zunimmt, kann man allerdings davon ausgehen, daß die Widerstandskurve der Arbeitnehmer überproportional ansteigt. In diesem Falle kann damit gerechnet werden, daß es auch hier einen Schnittpunkt beider Kurven gibt.

Mangels empirischer Untersuchungen kann nicht entschieden werden, welcher Verlauf der Widerstandskurve (der von Hicks oder der von Shackle unterstellte) der Wirklichkeit mehr entspricht.

Eine weitere Kritik setzt am Verlauf der Konzessionskurve der Arbeitgeber an. Nach der Theorie von Hicks sind die Arbeitgeber nur dann bereit, den gewerkschaftlichen Forderungen Widerstand zu leisten, wenn die Kosten eines Streikes von den Arbeitgebern niedriger veranschlagt werden als die Kosten einer Lohnerhöhung. Hier wird stillschweigend unterstellt, daß die Arbeitgeber keinerlei Risiko einzugehen bereit sind oder die Widerstandskurve der Gewerkschaften genau kennen. Wenn man hingegen unterstellt, daß die Arbeitgeber ein gewisses Risiko einzugehen bereit sind und den Verlauf der Wider-

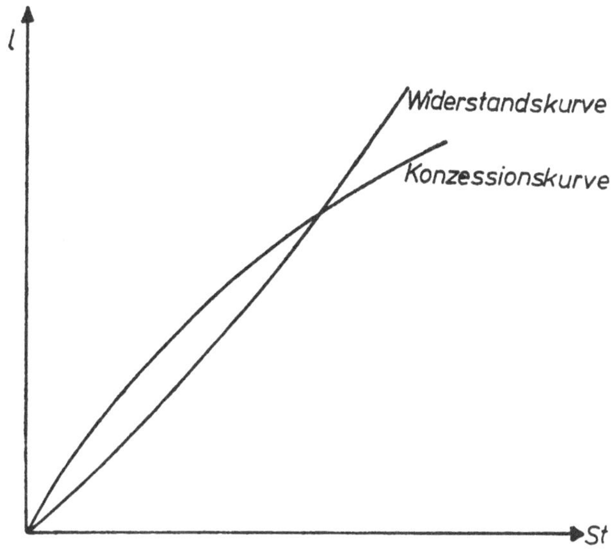

Figur 6

standskurve nicht genau kennen, dann werden sie u. U. auch dann Widerstand leisten, wenn die erwarteten Streikkosten höher sind als die Lohnkosten. Sie vertrauen dann darauf, daß es gar nicht zum Streik kommen wird.

Auch in dieser Frage fehlen empirische Untersuchungen darüber, welche der alternativen Verhaltenshypothesen der Wirklichkeit eher entspricht.

Die Kritik, die Ross gegenüber Dunlop geäußert hatte, läßt sich auch gegen die Theorie von Hicks anwenden. Für beide Tarifpartner wird ein rein wirtschaftliches Nutzenkalkül unterstellt. Da die Verhandlungen jedoch im allgemeinen nicht von den Mitgliedern selbst, sondern von Funktionären geführt werden, können wir nicht damit rechnen, daß diese Kostenüberlegungen die einzigen oder wichtigsten Bestimmungsgründe für das Verhalten der Tarifpartner darstellen. Ein realistisches Modell müßte auch der Frage nachgehen, inwieweit die Beziehungen zwischen den Führungskräften und den Mitgliedern der Verbände für den Verlauf der beiderseitigen Verhandlungsgrenzen verantwortlich sind.

Ein weiteres Problem stellt die Überwälzung der Löhne auf die Preise dar. Hicks unterstellt offensichtlich, daß es den Unternehmern nicht gelingt, die Kostensteigerungen auf den Preis abzuwälzen. Nur in diesem Falle belasten die Kostensteigerungen die Rentabilität. Nun mag diese Annahme für die amerikanischen Verhältnisse realistisch sein, da die Lohnverhandlungen dort im allgemeinen auf betrieblicher Ebene stattfinden. Werden jedoch — wie z. B. in der BRD — die Tarifverhandlungen für die Mehrzahl der Unternehmungen einer Branche auf regionaler Ebene geführt, so muß mit Preisüberwälzungen gerechnet werden, da fast alle Konkurrenten vor der gleichen Situation stehen und da eine Überwälzung tendenziell keine größeren Wettbewerbsnachteile nach sich zieht. (Eine andere Situation ergibt sich in den Branchen, die in starkem Wettbewerb zur ausländischen Wirtschaft stehen.) Wenn man die relativ großen Überwälzungsmöglichkeiten in praxi berücksichtigt, erscheint der Widerstand der Arbeitgeberverbände gegenüber den Lohnforderungen der Gewerkschaften erstaunlich hoch. Die Theorie von Hicks ist nicht in der Lage, diesen Widerstand befriedigend zu erklären.

IV. Die Theorie von N. W. Chamberlain

Eine der Hicksschen Theorie verwandte Betrachtungsweise finden wir bei N. W. Chamberlain, der den Versuch unternimmt, die wichtigsten Bestimmungsgründe für die Verhandlungsstärke eines Tarifpartners in dem Begriff der Verhandlungsmacht *(bargaining power)* zusammenzufassen. Nach Chamberlain kann man davon sprechen, daß die Gewerkschaften eine größere (kleinere) Verhandlungsmacht als die Arbeitgeber haben, wenn folgende Beziehung gilt:

$$\frac{K_{ak}}{K_{ag}} > (<) \frac{K_{gk}}{K_{ga}}$$

Wobei folgende Symbole verwandt wurden:

K_{ak} = die Kosten, die den Arbeitgebern *(a)* entstehen, wenn es zum Konflikt *(k)* kommt.

K_{ag} = die Kosten, die den Arbeitgebern entstehen, wenn diese den Forderungen der Gewerkschaften *(g)* entsprechen.

K_{gk} = die Kosten, die den Arbeitnehmern *(g)* entstehen, wenn es zum Konflikt kommt.

K_{ga} = die Kosten, die den Arbeitnehmern entstehen, wenn diese dem Angebot der Arbeitgeber zustimmen.

Der Zusammenhang mit der Hicksschen Theorie leuchtet ohne weiteres ein: der Quotient auf der linken Seite der Ungleichung setzt die Streikkosten der Unternehmungen in Beziehung zu den Kostensteigerungen bei einer Lohnerhöhung. Sind für eine der Parteien die Streikkosten höher als die Lohnkosten, so gibt diese Partei nach: ein Zeichen der Verhandlungsstärke der Gegenpartei. Genau der gleiche Zusammenhang liegt jedoch auch der Theorie von Hicks zugrunde.

In zwei Punkten unterscheidet sich der Ansatz Chamberlains von der Hicksschen Theorie. Auf der einen Seite schließt Chamberlain in den Begriff der Kosten auch immaterielle Nachteile mit ein, während Hicks sich nur auf die materiellen Kosten bezieht. Insofern kann man von einer erweiterten Betrachtungsweise bei Chamberlain sprechen. Man wird zustimmen können, daß die Entscheidungen und damit auch die Verhandlungsstärke der Tarifgruppen sicherlich nicht nur von den materiellen Kosten abhängen.

Allerdings besteht auf die Weise auch die Gefahr, daß der Begriff der Verhandlungsmacht tautologisiert wird. Man wird den Umstand, daß sich die eine Gruppe in den Verhandlungen besser durchsetzen konnte als die andere, immer damit erklären können, daß irgendwelche materiellen oder immateriellen Kosten den einen Partner zum Nachgeben veranlaßt haben. Das bedeutet jedoch, daß gar keine anderen Fälle logisch denkbar sind und daß damit der Erklärungswert dieser Theorie auf null absinkt. Diese Theorie bringt dann nur noch zum Ausdruck, daß sie jeweils den Partner, der dem anderen nachgibt, ex definitione als den Partner mit der schwächeren Verhandlungsposition bezeichnet. Das Ziel einer Theorie der Verhandlungsmacht muß jedoch darin bestehen, die Verhandlungsmacht als ursächlichen Bestimmungsgrund für das Verhandlungsergebnis anzusehen. Diese Aufgabe erfüllt eine Theorie jedoch nur dann, wenn beide Begriffe (Verhandlungsmacht und Verhandlungsergebnis) nicht deckungsgleich sind, wenn es also mit anderen Worten durchaus denkbar ist, daß der eine Partner trotz größerer Verhandlungsmacht das ungünstigere Verhandlungsergebnis erzielt. Nur in diesem Falle hätte eine Theorie, die eine positive Korrelation zwischen Verhandlungsmacht und Verhandlungsergebnis behauptet, einen informativen Gehalt.

Ein zweiter Unterschied zur Theorie von Hicks besteht darin, daß sich Chamberlain darauf beschränkt, diesen Begriff der Verhandlungsmacht zu entwickeln und darauf hinzuweisen, daß beide Partner versuchen werden, das Verhandlungsergebnis zu ihren Gunsten zu verändern, indem sie die Kosten des Gegners entsprechend der Ungleichung beeinflussen. Eine Parallele zu Hicks, der von einer festen Beziehung zwischen Lohnhöhe und Streikerwartung und von der Existenz eines Gleichgewichtslohnes ausgeht, finden wir bei Chamberlain nicht.

V. Die Verhandlungsmodelle von F. Zeuthen, J. Pen und G. L. S. Shackle

Einer der Kritikpunkte an der Theorie von Hicks bestand darin, daß das Problem des Risikos aus der Betrachtung ausgeschlossen blieb. Zwei Jahre vor Erscheinen der Hicksschen Lohntheorie (und zwar im Jahre 1930) hatte F. Zeuthen ein Verhandlungsmodell entwickelt, das diesen Mangel vermeidet. Ziel dieser Theorie ist es, nachzuweisen, daß unter Berücksichtigung der Risikofaktoren das Verhandlungsergebnis im Gleichgewicht eindeutig bestimmt ist und damit die von der Theorie des bilateralen Monopols aufgezeigte Unbestimmtheit überwunden werden kann.

In ähnlicher Weise wie Hicks geht auch Zeuthen davon aus, daß die Verhandlungspartner in jeder Phase der Verhandlungen vor der Alternative stehen, den Vorstellungen der Gegenseite entgegenzukommen, also Konzessionen zu machen oder aber auf den eigenen Vorstellungen zu verharren und Widerstand zu leisten. Auch hier wird davon ausgegangen, daß der Widerstand mit dem Risiko eines Konfliktes verbunden ist, dann nämlich, wenn beide Seiten zu keinen weiteren Konzessionen bereit sind, obwohl sie sich (die Partner) noch auf keinen Kompromiß geeinigt haben.

Im Gegensatz zu Hicks unterstellt jedoch Zeuthen, daß die einzelnen Partner bei Widerstand nicht in jedem Falle mit einem Konflikt rechnen, sondern daß sie davon ausgehen, es komme mit einer bestimmten Wahrscheinlichkeit p zum Konflikt. Der Wert der Konfliktwahrscheinlichkeit wird so festgesetzt, daß bei einer vollkommenen Sicherheit des Konfliktausbruches p gleich 1 ist, bei einer vollkommenen Sicherheit, daß kein Konflikt ausbricht p gleich 0 ist und daß sich deshalb der Wert von p zwischen 0 und 1 bewegt. (Eine Konfliktwahrscheinlichkeit von 0,5 würde z. B. bedeuten, daß mit einer 50 %igen Wahrscheinlichkeit mit einem Konflikt gerechnet wird.)

Wenn p die Konfliktwahrscheinlichkeit bedeutet, dann ist der Ausdruck $(1 - p)$ immer gleich der Wahrscheinlichkeit, daß kein Konflikt ausbricht.

Partner 1 (z. B. die Gewerkschaften) stehe vor der Entscheidung, ob er hart bleiben oder Konzessionen machen solle. Wenn er hart bleibt, so bedeutet dies, daß er eine Verbesserung seines Verhandlungsergebnisses erzielen kann, sofern es nicht zum Konflikt kommt. Die erwartete Verbesserung des Verhandlungsergebnisses wollen wir mit dl bezeichnen (im Falle der Gewerkschaften z. B. eine weitere Erhöhung des Lohnsatzes); die Wahrscheinlichkeit, mit der der Verhandlungspartner 1 mit einem Konflikt rechnet, mit p_1. In diesem Falle kann man davon sprechen, daß das Nachgeben dem Partner 1 einen Verlust bringt im Werte von: $(1 - p_1)\, dl$. Leistet hingegen Partner 2 ebenfalls Widerstand, kommt es also zum Konflikt, so verliert Partner 1 — so wird unterstellt — die Verbesserungen, die er bereits in den Verhandlungen erzielt hatte. Wir wollen die bisher erreichten Verbesserungen mit l bezeichnen (l bringt z. B. die Lohnerhöhungen zum Ausdruck, auf die beide Partner sich bereits geeinigt hatten. Gleichzeitig können Streikkosten in Höhe von (k) entstehen). Der wahrscheinliche Verlust für Partner 1 im Falle des Hartbleibens ist somit gleich: $p_1 (l + k)$

Unterstellen wir rationales Verhalten, so wird sich Partner 1 stets für die Alternative entscheiden, die ihm den geringeren Verlust verspricht. Solange die Ungleichung gilt:

$$(1 - p_1)\, dl > p_1 (l + k)$$

wird Partner 1 hart bleiben und erst dann, wenn der Wert der linken Seite gerade gleich dem Wert der rechten Seite wird, oder größer, wird Partner 1 nachgeben.

Man kann nun aufgrund dieser Ungleichung bestimmen, wie groß die Konfliktwahrscheinlichkeit maximal sein darf ($= p^1_{max}$). damit Partner 1 noch hart bleibt und nicht zu Konzessionen bereit ist. Wir lösen hierzu die Ungleichung nach p_1 auf und erhalten:

$$dl - p_1 dl = p_1 (l + k)$$

$$p_1 (l + dl + k) = dl$$

(1) $$p^1_{max} = \frac{dl}{l + k + dl} \sim \frac{dl}{l + k}$$

In ähnlicher Weise können wir auch für Partner 2 (in unserem Fall für die Arbeitgeber) eine maximale Konfliktwahrscheinlichkeit p^2_{max} bestimmen. Im Gegensatz zu den Gewerkschaften sind jedoch die Arbeitgeber nicht an Lohnerhöhungen, sondern daran interessiert, daß es zu keinen weiteren Lohnerhöhungen kommt. Geben sie nach, so ist der wahrscheinliche Verlust für Partner 2 gleich: $(1 - p_2)\, dl$. Bleiben sie jedoch hart, so ist der wahrscheinliche Verlust gleich: $p_2 (k - l)$. (Auf der einen Seite sparen die Arbeitgeber die Lohnerhöhungen ein, die sie bereits zugestanden haben, auf der anderen Seite entstehen zusätzliche Streikkosten in Höhe von k.) Die Arbeitgeber bleiben somit solange hart, als die Ungleichung gilt:

$$(1 - p_2)\, dl > p_2 (k - l)$$

Aus dieser Ungleichung läßt sich in ähnlicher Weise wie oben die maximale Konfliktwahrscheinlichkeit für Partner 2 errechnen:

(2) $$p^2_{max} = \frac{dl}{dl + (k - l)} \sim \frac{dl}{k - l}$$

Wie Gleichung (1) und (2) zeigen, hängt die maximale Konfliktwahrscheinlichkeit sowohl für Partner 1 wie Partner 2 von den Lohnsteigerungen (l) ab, die bereits in den Verhandlungen vereinbart worden sind. Für Partner 1 gilt, daß das maximale Konfliktrisiko mit zunehmendem Lohnniveau absinkt, für Partner 2 hingegen, daß es ansteigt. Diese Abhängigkeiten veranschaulicht Zeuthen in einem Diagramm, wobei auf der Abszisse die in den einzelnen Verhandlungsphasen bereits zugestandene Lohnhöhe *(l)* und auf der Ordinate das jeweilige maximale Konfliktrisiko (p_{max}) abgetragen wird, das die einzelnen Partner höchstens einzugehen bereit sind. Über den Verlauf dieser Kurven sollen keine weiteren Annahmen gemacht werden. Der Einfachheit halber seien deshalb diese Kurven als Gerade eingezeichnet.

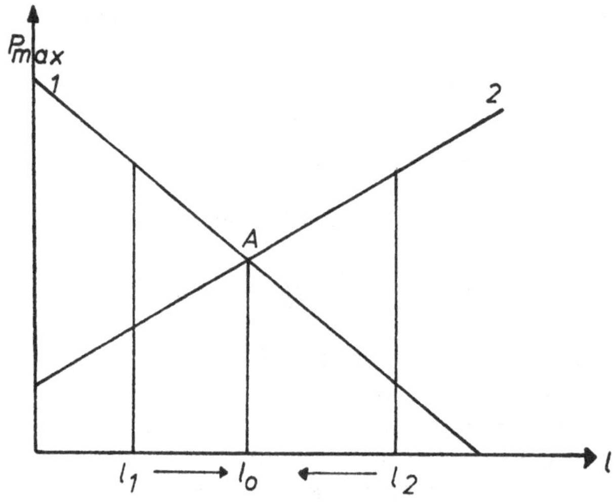

Figur 7

Der Schnittpunkt *(A)* gibt die Lohnhöhe (l_0) wieder, bei der sich beide Partner auf einen Kompromiß einigen können. Solange die maximale Konfliktwahrscheinlichkeit von Partner 1 größer ist als die von Partner 2 (solange also der Lohnsatz (l_1) links vom Schnittpunkt beider Kurven liegt) ist der Widerstand von Partner 1 größer als der von Partner 2, es werden deshalb von 2 (den Arbeitgebern) Lohnzugeständnisse gemacht. Aber gerade aufgrund dieser Lohnzugeständnisse sinkt entsprechend der Reaktionskurven die maximale Konfliktwahrscheinlichkeit von 1 und die von 2 steigt an. Die Partner bewegen sich auf das durch den Schnittpunkt charakterisierte Gleichgewicht zu.

Ist jedoch im Ausgangszustand das maximale Konfliktrisiko von Partner 2 größer als das von Partner 1, liegt also der Lohnsatz (l_2) rechts vom Schnittpunkt, so werden die Arbeitgeber hart bleiben und die Gewerkschaften nachgeben; es werden also von den Lohnforderungen Abstriche gemacht und wiederum bewegen sich die Partner in Richtung auf das Gleichgewicht.

J. Pen hat diesen Versuch zur Bestimmung des Verhandlungsgleichgewichtes kritisiert. Seiner Meinung nach ist es nicht einzusehen, warum die Verhandlungspartner gerade dann zu einer Einigung kommen sollen, wenn sich die beiden maximalen Konfliktrisiken ausgeglichen haben. In Wirklichkeit müsse man davon ausgehen, daß ein Partner immer dann Widerstand leistet, wenn das *maximale* Konfliktrisiko größer ist als das Risiko, das nach Meinung dieses Partners zu erwarten ist.

Auf diesen Überlegungen aufbauend kommt Pen zu einem Verhandlungsmodell, das sich in drei Punkten entscheidend von dem Modell Zeuthens unterscheidet. Erstens bezieht Pen seine Überlegungen nicht auf den Wert der Verhandlungsgegenstände selbst, also z. B. auf den Lohn, sondern auf den Nutzenzuwachs, den sich die Partner aus den Verhandlungsergebnissen versprechen. Nun ist der Nutzenzuwachs sicherlich eine Funktion der vereinbarten Verhandlungsgegenstände (Lohnsteigerungen). Trotzdem ergeben sich Unterschiede, da es möglich ist, daß ein Partner bei einer anderen Lohnhöhe seinen Nutzen als sein Einkommen maximiert. Diese Unterschiede liegen vor allem dann vor, wenn wir unterstellen, daß der Grenznutzen des Einkommens mit steigendem Einkommen zurückgeht. Weitere Unterschiede können sich daraus ergeben, daß sich der Nutzen auf die Verhandlungsführer, das Einkommen jedoch auf die einzelnen vertretenen Mitglieder bezieht.

Setzen wir in den beiden Gleichungen der Theorie von Zeuthen an die Stelle des Lohnsatzes *(l)* den Nutzen *(N)*, den sich ein Partner aus diesem Lohnsatz verspricht, so erhalten wir folgende beiden Gleichungen:

$$p^1_{max} = \frac{dN_1}{dN_2 + N_1\,(k, l)} \sim \frac{dN_1}{N_1}$$

$$p^2_{max} = \frac{dN_2}{dN_2 + N_2\,(k, l)} \sim \frac{dN_2}{N_2}$$

wobei $N\ (k, l)$ die Nutzenänderung bedeutet, die der betr. Partner dadurch erfährt, daß im Konfliktfall auf der einen Seite Streikkosten *(k)* entstehen, auf der anderen Seite Nutzenzuwächse oder Minderungen zu erwarten sind, die damit erklärt werden können, daß die bisher vereinbarte Lohnsumme nicht gewährt wird.

Nach Ansicht von Pen ist ein Partner nur dann zu Konzessionen bereit, wenn das erwartete Risiko größer ist als das maximale Konfliktrisiko; Pen fragt deshalb in einem weiteren Schritt nach den Bestimmungsgründen des erwarteten Konfliktrisikos. Aus der Beantwortung dieser Frage ergibt sich der zweite Unterschied zur Theorie von Zeuthen. Pen unterstellt, daß das erwartete Konfliktrisiko in dem Maße ansteigt, in dem der jeweils andere Partner bereits Zugeständnisse gemacht und damit Nutzeneinbußen in Kauf genommen hat. Denn der Widerstand des Partners 1 führt nur dann zum Konflikt, wenn auch Partner 2 nicht zu Konzessionen bereit ist. Man kann jedoch unterstellen, daß die Konzessionsbereitschaft des Partners 2 davon abhängt, inwieweit er bereits Zugeständnisse gemacht hat. Es gilt somit für Partner 1 folgende Gleichung:

$$p_1 = F_1(N_2); \ \frac{dF_2}{dN_1} < 0 \ .$$

In ähnlicher Weise können wir für Partner 2 folgende Funktion entwickeln:

$$p_2 = F_2(N_1); \ \frac{dN_1}{dF_2} < 0 \ .$$

Pen nennt diese Beziehungen, sich auf Schumpeter berufend, Korrespektionsfunktionen. Schumpeter spricht hierbei von Korrespektion, wenn die Tarifpartner jeweils die Reaktionskurve ihres Gegners kennen.

Schließlich berücksichtigt Pen drittens, daß die einzelnen Partner ein recht unterschiedliches Verhältnis zum Risiko haben, es gibt risikofreudige Partner und solche, die das Risiko scheuen. Je mehr ein Partner das Risiko scheut, um so mehr Abstriche wird er vom maximalen Konfliktrisiko machen. Diese — je nach persönlichen Eigenschaften der Verhandlungsführer unterschiedliche — Bewertung des Risikos wollen wir mit R bezeichnen. R liege zwischen 0 und 1 und zwar sei $R = 0$, wenn der betreffende Partner jedesRisiko scheut und $R = 1$, wenn der betreffende Partner bereit ist, jedes Risiko einzugehen. Das Produkt aus R und p_{max} ergibt dann das subjektive maximale Risiko $(R\, p_{max})$ der einzelnen Partner.

Die beiden Partner sind somit nur dann zu Konzessionen bereit, wenn folgende Gleichungen gelten:

$$\text{für Partner 1:} \quad F_1(N_2) = R_1\, p^1_{max}(N_1)$$

$$\text{für Partner 2:} \quad F_2(N_1) = R_2\, p^2_{max}(N_2)$$

Wenn wir berücksichtigen, daß sowohl das Nutzenniveau des Partners 1 wie des Partners 2 von der Höhe des ausgehandelten Lohnsatzes abhängt, können wir diese beiden Beziehungen in ein Diagramm eintragen, auf dem auf der Ordinate die Höhe des Risikos (p) und auf der

Abszisse die Höhe des Lohnsatzes *(l)* abgetragen wird. Für Partner 1 erhalten wir dann Figur 8. Analog hierzu läßt sich auch für Partner 2 Figur 9 aufzeichnen:

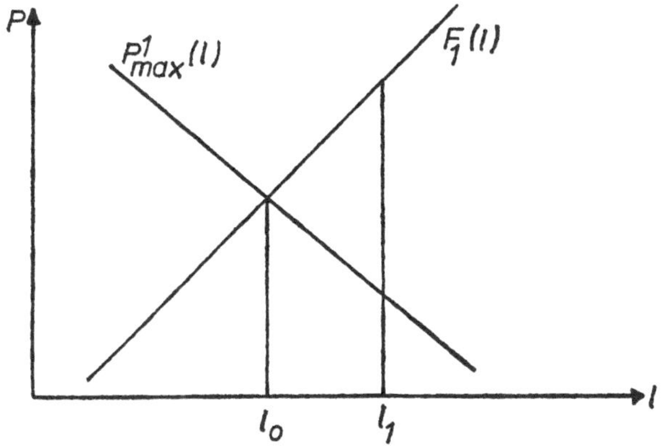

Figur 8

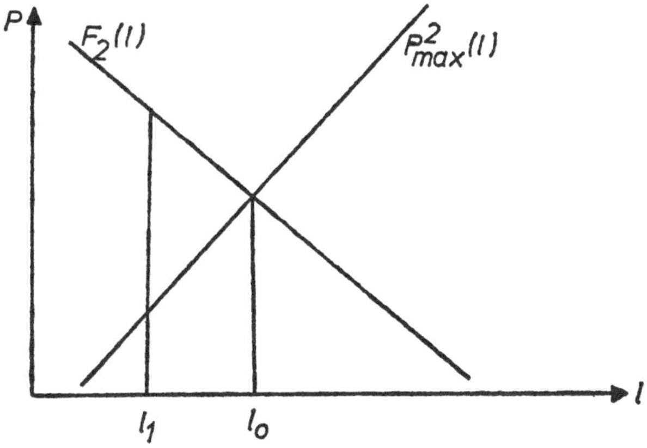

Figur 9

Solange der vereinbarte Lohnsatz (l_1) rechts vom Schnittpunkt in Schaubild 8 bzw. links vom Schnittpunkt in Schaubild 9 liegt, werden beide Partner zu Konzessionen bereit sein.

Da nun nicht erwartet werden kann, daß sich die Kurven in beiden Schaubildern bei der gleichen Lohnhöhe schneiden, kann zunächst nicht damit gerechnet werden, daß sich beide Partner auf einen Lohn einigen. Aufgabe der Tarifpartner ist es nun, diese vier Funktionen wechselseitig so zu beeinflussen, daß die Verhaltensfunktionen in den beiden

Schaubildern schließlich gerade beim gleichen Lohnniveau einen Schnittpunkt aufweisen. Beeinflussen lassen sich prinzipiell sowohl die Bewertungsfunktion des Risikos *(R)*, die Korrespektionsfunktion *(F)* und schließlich die Funktion, die die Abhängigkeit des maximalen Konfliktrisikos vom jeweiligen Nutzenniveau beschreibt (p_{max}).

G. L. S. Shackle hat diese Gedankengänge von Zeuthen und Pen weiterentwickelt. Wenn er sich auch einer etwas anderen Terminologie bedient, so geht er doch von den gleichen Annahmen aus und kommt mit einer Ausnahme auch zu den gleichen Ergebnissen wie Pen. Wir möchten uns deshalb darauf beschränken, im folgenden auf den Unterschied zwischen der Theorie von Pen und der von Shackle hinzuweisen.

Wir hatten bereits gesehen, daß im Rahmen der Penschen Theorie ein Kompromiß erst dann möglich ist, wenn der Schnittpunkt in den beiden Schaubildern 8 und 9 bei der gleichen Lohnhöhe liegt oder wenn der Schnittpunkt der Verhaltensfunktionen der Arbeitnehmer (Schaubild 8) bei einem geringeren Lohnsatz als dem der Verhaltensfunktionen der Arbeitgeber liegt (Schaubild 9). Wir wollen der Einfachheit halber den Lohnsatz, der diesen Schnittpunkten entspricht, als die kritische Verhandlungsgrenze der jeweiligen Partner bezeichnen. Dann besagt das Ergebnis der Penschen Theorie: die Tarifpartner werden nur dann zu einer Einigung gelangen, wenn die kritische Verhandlungsgrenze der Gewerkschaften nicht über der der Arbeitgeber liegt.

Shackle ist der Meinung, daß diese Bedingung zwar notwendig, nicht aber ausreichend für das Zustandekommen einer Einigung ist. Man müsse nämlich zwischen zwei unterschiedlichen Verhandlungsstrategien unterscheiden: einer *Strategie des loss-of-face* und einer *Strategie des break-down*. Wendet ein Partner die Strategie des loss-of-face an, so ist er allein am Verhandlungsergebnis interessiert, er wird immer dann zu Konzessionen bereit sein, wenn er sich dadurch eine Nutzensteigerung verspricht. Er wird vor allem auch dann diese Konzession machen, wenn diese mit einem Gesichtsverlust verbunden ist. Unterstellen wir diese erste Strategie, so gelten genau die von Pen entwickelten Voraussetzungen für das Zustandekommen eines Kompromisses.

Die Tarifpartner können jedoch auch eine Strategie des break-down anwenden. In diesem Falle sind sie stärker an ihrem Prestige interessiert, sie sind nur dann zu Konzessionen bereit, wenn dies nicht auf Kosten ihres Prestiges geht. Sie brechen die Verhandlungen — wenn zur Erhaltung ihres Prestiges notwendig — auch dann ab, wenn eine Konzession den kurzfristigen Nutzen vergrößern würde.

Nun kann man allerdings davon ausgehen, daß die Tarifpartner vor allem deshalb auf ihr Prestige bedacht sind, weil ihr Verhandlungserfolg in den zukünftigen Verhandlungen von ihrer heutigen Haltung abhängt. Eine Strategie des break-down wird dann eingeschlagen, wenn man hofft, daß eine Politik der Stärke in den heutigen Verhandlungen die Gegenseite in der Zukunft gefügiger machen wird. Im Grunde betreiben die Partner auch bei dieser Strategie eine Nutzenmaximierung, der Unterschied zur Strategie des loss-of-face liegt allein darin, daß in dem einen Fall die Maximierung des Nutzens der nächsten Periode, im anderen Falle auch der zukünftigen Perioden zur Diskussion steht.

Kritik an den Theorien von Zeuthen, Pen und Shackle: Die Kritik an den Theorien von Pen und Shackle geht davon aus, daß beide nur den Gleichgewichtslohn zu bestimmen suchen, bei dem ein Kompromiß möglich erscheint. Pen zeigt zwar auf, durch welche Strategien ein Kompromiß gefunden werden kann, er klammert jedoch die Frage aus, auf welchem Wege Konzessionen stattfinden und eine Einigung ermöglicht wird.

Sowohl die Theorie von Zeuthen wie auch die Theorien von Pen und Shackle haben den weiteren Nachteil, daß sie stets von der stillschweigenden Annahme ausgehen, bei einem Scheitern der Verhandlungen gingen die Vorteile aus den bisher ausgehandelten Kompromissen verloren. Zumindest für den Bereich der Tarifpartner und für die europäischen Verhältnisse ist diese Annahme fragwürdig. Jeder Streik endet mit einem neuen Tarifvertragsabschluß, der wohl ausnahmslos über den Lohnsätzen liegt, die die Arbeitgeber vor dem Scheitern der Verhandlungen den Gewerkschaften bereits zugestanden hatten. Ein Konflikt bringt somit in der Regel nicht die Aufgabe des bisher Erreichten. Vielmehr muß man davon ausgehen, daß ein Arbeitskampf für die Gewerkschaften und Arbeitnehmer genauso wie für die Unternehmungen zusätzliche Kosten (z. B. Streikgelder) verursacht und daß es diese Kosten sind, die die Partner davon abhalten, stets einen Konflikt anzusteuern.

VI. Die spieltheoretischen Beiträge

Die Spieltheorie wurde von J. v. Neumann und O. Morgenstern entwickelt und von J. F. Nash auf die Probleme des collective bargaining übertragen. J. C. Harsanyi hat darüber hinaus versucht, das Modell von Zeuthen spieltheoretisch umzuformulieren.

Die Spieltheorie setzt sich die Aufgabe, eine allgemeine Theorie der Verhandlungen zu entwickeln. Sie geht von folgender Überlegung aus: die bisherigen Markttheorien könnten nur einige Spezialfälle der Wirklichkeit untersuchen. Sie seien mangelhaft, weil sie nur zwei oder drei Aktionsparameter zuließen und darüber hinaus nur auf die Fälle angewandt werden könnten, bei denen die vorliegenden Alternativen eine eindeutig beste Lösung brächten. Die Spieltheorie hingegen berücksichtige auch die Fälle, bei denen die Verhandlungspartner über mehr als drei Aktionsparameter verfügen und bei denen a priori keine eindeutig beste Lösung gegeben sei.

Wenden wir uns zunächst dem Beitrag von Nash zu.

Nash geht bei seinen Überlegungen von drei Prämissen aus:

a) von der Annahme der *Pareto-Optimalität:* Nach diesem Kriterium gilt eine Lösung als optimal, wenn keine Änderungen möglich sind, die den Nutzen eines oder mehrerer Wirtschaftssubjekte vergrößern, ohne daß der Nutzen auch nur eines Wirtschaftssubjektes vermindert wird. Es wird also mit dieser ersten Annahme unterstellt, daß durch keine Veränderung des Verhandlungsergebnisses mindestens für einen der Partner eine Verbesserung erreicht werden kann, die nicht auf Kosten des anderen Partners geht.

b) von der Annahme der *Symmetrie:* Es wird unterstellt, daß die Partner keine anderen Unterschiede aufweisen, als die, die in die unterschiedlichen Nutzenfunktionen eingehen. De facto bedeutet dies vor allem, daß die Partner gleiches Verhandlungsgeschick haben oder daß sich ein unterschiedliches Verhandlungsgeschick der Partner nicht auf das Ergebnis auswirkt.

c) von der Annahme der *Unabhängigkeit irrelevanter Alternativen:* Das Hinzufügen neuer aber irrelevanter Alternativen ändert nichts am Ergebnis. Betrachten wir zwei verschiedene Verhandlungssituationen, die dadurch ausgezeichnet sind, daß in beiden Fällen die Ergebnisse a_1, a_2, a_3 erzielt werden können, daß aber in der zweiten Situation darüber hinaus noch das Ergebnis a_4 erreicht werden kann. Es sei nun unterstellt, daß Situation 2 de facto nicht zu dem (an und für sich denkmöglichen) Ergebnis a_4 führt, sondern zu einem Ergebnis, daß auch in Situation 1 möglich ist. In diesem Falle besagt die Annahme der Unabhängigkeit irrelevanter Alternativen, daß in beiden Situationen das gleiche Ergebnis (also z. B. a_3) erzielt wird.

Welche Folgerungen lassen sich aus diesen drei Annahmen ziehen? Zur Beantwortung dieser Frage betrachten wir Schaubild 10, in dem wir auf der Abszisse den Nutzen des Partners 2 (U_2) und auf der Ordinate den Nutzen des Partners 1 (U_1) abtragen. Die Kurve $U_1 = f(U_2)$ stelle die *Nutzenmöglichkeitskurve* dar. Diese Kurve begrenzt zusammen mit den Koordinaten eine Fläche, deren Punkte (einschließlich der Punkte auf der Nutzenmöglichkeitskurve) sämtliche denkmögliche Verhandlungsergebnisse darstellen. Punkt 1 repräsentiere z. B. ein denkmögliches Verhandlungsergebnis, das Partner 1 einen Nutzen U_1' und Partner 2 einen Nutzen U_2' garantiere.

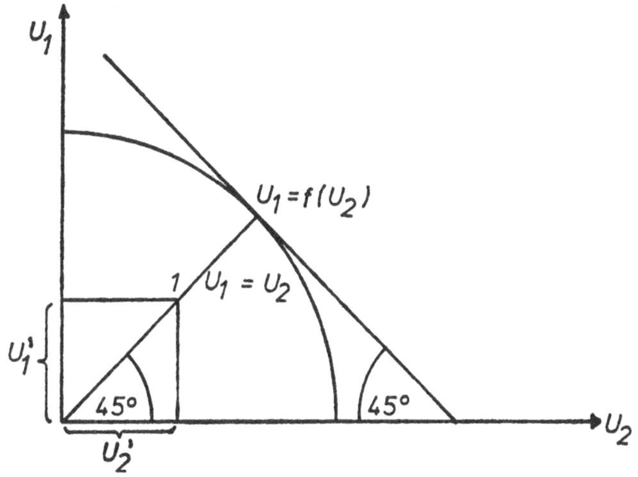

Figur 10

Die Annahme der Pareto-Optimalität hat nun zur Folge, daß unter den denkmöglichen Verhandlungsergebnissen nur diejenige eine Lösung darstellen, die auf der Nutzenmöglichkeitskurve liegen. Die Nutzenmöglichkeitskurve entspricht der Kontraktkurve innerhalb der Theorie des bilateralen Monopols. Jeder Punkt, der nicht auf dieser Kurve, wohl aber innerhalb der von dieser Kurve und den Koordinaten umgrenzten Fläche liegt, ist nicht pareto-optimal, da es möglich ist, durch eine Bewegung auf die Kurve zu den Nutzen beider Partner zu vergrößern. Eine Bewegung entlang der Kurve hingegen hätte zur Folge, daß der Nutzen des einen Partners zugunsten des Nutzens des anderen Partners vermindert wird. Wir wollen nun der Einfachheit halber unterstellen, die Nutzenmöglichkeitskurve verlaufe linear und habe einen Neigungswinkel von (— 1). Da sich in diesem Falle die Nutzenmöglichkeiten symmetrisch auf beide Partner verteilen, ist die Annahme der Symmetrie nur im Schnittpunkt der Symmetrie-Achse: $U_1 = U_2$ mit der linearen Nutzenmöglichkeitskurve erfüllt. Dieser Schnittpunkt teilt die Nutzenmöglichkeitskurve in 2 gleiche Hälften. Berücksichtigen wir nun die Annahme über die Unabhängigkeit irrelevanter Alternativen, so muß das Ergebnis das gleiche bleiben, wenn wir zu einer vom Ursprung weggekrümmten Nutzenmöglichkeitskurve übergehen, die lediglich den Optimalpunkt (= Halbierungspunkt) mit der linearen Nutzenmöglichkeitskurve gemeinsam hat. Die bisherige lineare Kurve wird nun zur Tangente an die gekrümmte Nutzenmöglichkeitskurve. Der Winkel dieser Tangente entspricht — in absoluten Beträgen gemessen — dem Verhältnis der Nutzenniveaus beider Partner zueinander $\left(\frac{U_1}{U_2}\right)$.

Nash zeigt nun, daß sich unter den gemachten Annahmen jeweils die Lösung ergibt, bei der das Produkt der Nutzen beider Partner $P = U_1 \cdot U_2$ sein Maximum erreicht. Da dieses Produkt sein Maximum an der Stelle erreicht, an der seine 1. Abteilung gleich null wird, gelten folgende Gleichungen:

$$P = U_1 U_2; \quad U_2 = f(U_1) \tag{1}$$

$$dP/dU_1 = U_1 \cdot dU_2/dU_1 + U_2 = 0 \tag{2}$$

$$dU_2/dU_1 = U_2 U_1 \quad \text{bzw.} \tag{3}$$

$$dU_2/U_2 = dU_1/U_1 \tag{4}$$

Gleichung (4) bringt jedoch — wie Harsanyi nachgewiesen hat — das gleiche Ergebnis, zu dem auch bereits Zeuthen gelangt war. Wir erinnern uns, daß nach der Theorie von Zeuthen ein Verhandlungsergebnis dann zustandekommt, wenn die maximalen Konfliktrisiken beider Partner übereinstimmen. Die beiden maximalen Konfliktrisiken entsprachen jedoch dem Wert: $\frac{dl}{k \pm l}$. Wenn wir nun — Harsanyi folgend — an die Stelle des jeweiligen Verhandlungsgegenstandes (Lohnsatzes) den Nutzen setzen, den die Partner aus den jeweiligen Verhandlungsergebnissen erzielen, läßt sich die Zeuthensche Bedingung auch wie folgt formulieren: ein Ergebnis kommt immer dann zustande, wenn der prozentuale Nutzenzuwachs (dN/N) bei beiden Partnern gleich groß ist. Genau zu dem gleichen Ergebnis ist jedoch auch Nash gekommen.

Nash hat die Lösung seiner Theorie als das Ergebnis einer positiven Theorie verstanden, die darüber informieren will, welches Ergebnis die Tarifpartner tatsächlich erzielen, wenn bestimmte Annahmen erfüllt sind. In der Literatur wurde die Nash-Lösung allerdings oftmals umgedeutet in das Ergebnis einer „fairen" Lösung, die vor allem auch bei Schlichtungsverhandlungen Anwendung finden könnte.

Die Kritik an dieser Nash-Lösung hat an zwei Punkten anzusetzen. Auf der einen Seite kann bezweifelt werden, ob die von Nash postulierten Annahmen der Wirklichkeit entsprechen. So kann z. B. bezweifelt werden, ob Gewerkschaften und Arbeitgeberverbände tatsächlich eine symmetrische Position einnehmen. Weiterhin ist es fraglich, ob es unabhängige, irrelevante Alternativen gibt, oder ob nicht damit gerechnet werden muß, daß das Hinzutreten neuer Alternativen auch den Optimalpunkt beeinflußt.

Zerche weist auf das Beispiel des Mindestlohnes hin. Man wird unterstellen können, daß die Tarifverhandlungen zu einem Ergebnis führen, das über dem Mindestlohn liegt. In diesem Sinne ist der vom

Staat garantierte Mindestlohn eine irrelevante Alternative. Trotzdem kann unterstellt werden, daß die Einführung eines staatlich garantierten Mindestlohnes Einfluß auch auf die Höhe des Tariflohnes nimmt. In diesem Falle ist die Annahme der Unabhängigkeit irrelevanter Alternativen nicht erfüllt.

Auf der anderen Seite wurde der spieltheoretische Beitrag von Nash vor allem deshalb kritisiert, weil er in keiner Weise aufzeigt, wie die Partner zu diesem optimalen Ergebnis gelangen. Nun kann man jedoch in der Darstellung gerade dieses modus procedendi das eigentliche Problem jeder collective bargaining-Theorie sehen.

Neben Nash und Harsanyi hat vor allem auch T. C. Schelling einen spieltheoretischen Beitrag zur Theorie der Kollektivverhandlungen geliefert. Im Gegensatz zu Nash ging es jedoch Schelling weniger darum, eine generelle optimale Lösung, sondern die Bedeutung der unterschiedlichen Spielregeln für das Verhandlungsergebnis aufzuzeigen. Im Mittelpunkt seiner Überlegungen stehen vor allem zwei Gedankengänge: auf der einen Seite unterstreicht Schelling die Bedeutung der *Selbstbindung* für den Erfolg innerhalb der Verhandlungen. Wenn es einem Partner gelingt, sich für den anderen Partner glaubhaft an eine ganz bestimmte Strategie zu binden, kann er in der Regel das Ergebnis zu seinen Gunsten beeinflussen.

Auf der anderen Seite geht Schelling von der Vorstellung aus, daß gewisse Grundzüge der Verhandlungen nur richtig erkannt werden können, wenn man zunächst von der Möglichkeit der gegenseitigen Kommunikation und Unterrichtung absieht und sich die Frage stellt, wie sich die Partner verhielten, wenn sie keine Möglichkeit zur Kommunikation hätten. Man müsse nämlich davon ausgehen, daß auch in Verhandlungen, die durch gegenseitige Information geprägt seien, bestimmte Verhaltensweisen des kommunikationslosen Spieles übernommen werden.

Die Gedankengänge Schellings lassen sich anhand einiger Diagramme recht gut verdeutlichen. Wiederum soll wie bei der Darstellung der Theorie von Nash der Nutzen des Partners 1 auf der Ordinate (U_1), der Nutzen des Partners 2 auf der Abszisse (U_2) abgetragen werden. Der Einfachheit halber sei in den folgenden Beispielen stets unterstellt, daß beide Partner nur über zwei Alternativen verfügen, Partner 1 über die Alternativen a und b, Partner 2 über die Alternativen A und B.

Betrachten wir zunächst (Schaubild 11) eine Situation, bei der jeweils *der* Partner das Ergebnis zu seinen Gunsten verändern kann, der sich als erster auf eine der Strategien festlegen kann. Die vier Punkte im Schaubild 11 stellen die vier Möglichkeiten dar, die gegeben sind, wenn beide Partner nur über zwei Alternativen verfügen. Die Lage der

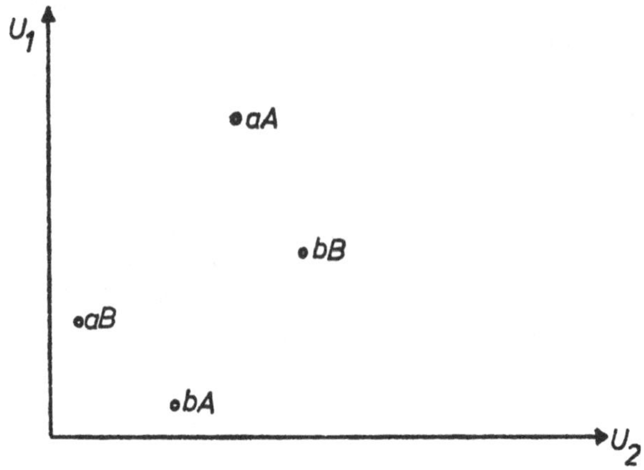

Figur 11

Punkte im Schaubild gibt zugleich an, welchen Nutzen die beiden Partner aus diesen vier möglichen Ergebnissen ziehen können.

Kann sich Partner 1 vor Beginn der Verhandlungen auf die Alternative *a* (für Partner 2 glaubhaft) festlegen, so stehen für Partner 2 nur die beiden Verhandlungsergebnisse *(aA)* und *(aB)* zur Diskussion, er wird sich für Strategie *(A)* entscheiden, da ihm diese den größeren Vorteil verspricht. Auf diese Weise konnte sich jedoch Partner 1 unter den gegebenen vier Möglichkeiten die für ihn beste Alternative sichern. Die Selbstbindung zu Beginn der Verhandlungen hat ihm einen Vorteil gebracht.

In ähnlicher Weise kann auch Partner 2 einen Vorteil erlangen, wenn er sich zu Beginn der Verhandlungen auf Strategie *(B)* festlegt. Denn nun ist es für Partner 1 vorteilhaft, Strategie *(b)* zu wählen und damit das für Partner 2 günstigste Verhandlungsergebnis auszulösen.

Gleichbedeutend mit der Selbstbindung vor Eintritt in die Verhandlungen ist ein Spiel, bei dem der eine Partner anstelle der Selbstbindung den ersten Zug hat. Auch in diesem Fall gilt, daß jeweils *der* Partner Vorteile erlangt, der den ersten Zug macht.

Wenn sich allerdings beide Partner vor Beginn der Verhandlungen auf die ihnen günstigste Strategie festlegen, Partner 1 also auf Strategie *(a)*, Partner 2 auf Strategie *(B)*, dann erzielen die Partner das für beide Parteien ungünstigste Ergebnis *(aB)*. Beide Partner hätten einen größeren Nutzen erzielt, wenn sie sich nicht festgelegt hätten. Also kommt es darauf an, daß man entweder bei einem Spiel ohne Selbstbindungen den ersten Zug macht oder aber sich als erster bindet. Unterstellen wir rationales Verhalten, so wird sich nur dann eine beiderseitige Selbst-

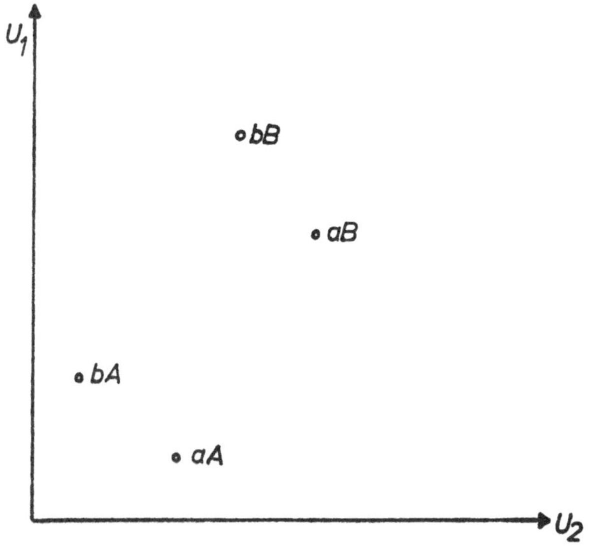

Figur 12

bindung ergeben, wenn beide Partner zur gleichen Zeit den Versuch unternehmen, sich zu binden. Ist der eine Partner zuvorgekommen, so ist es für den anderen Partner vorteilhafter, sich nicht mehr zu binden.

Wenden wir uns nun einer zweiten Situation zu (Schaubild 12), die dadurch gekennzeichnet ist, daß Partner 2 durch eine glaubhafte Drohung einen Vorteil erlangen kann. Wir wollen unterstellen, daß sich die Partner bereits auf das Ergebnis *(aB)* geeinigt haben und daß Partner 1 seine Situation dadurch zu verbessern versucht, daß er zur Strategie (b) überwechselt. Er könnte in diesem Fall damit rechnen, daß sich Partner 2 nach wie vor für die Strategie *B* entscheidet, so daß für Partner 1 auf diese Weise das günstigste Ergebnis *(bB)* erzielt wird.

Durch diesen Wechsel in der Strategie von Partner 1 erleidet jedoch Partner 2 einen Nachteil. Partner 2 ist daran interessiert, den status quo zu erhalten, da dieses Ergebnis für ihn am günstigsten ist. Er kann nun Partner 1 androhen, zur Alternative *(A)* überzugehen, falls Partner 1 sich dazu entschlösse, zur Strategie *(b)* überzuwechseln. Da sich bei Ausführung der Drohung die Situation für Partner 1 auch gegenüber dem status quo verschlechtern würde, kann Partner 2 darauf vertrauen, daß Partner 1 aufgrund der Drohung nachgibt und bei der bisherigen Strategie *(a)* verbleibt. Partner 2 hat also die Drohung mit Erfolg gehandhabt.

Da die angedrohte Strategie *(A)* allerdings auch für Partner 2 unvorteilhaft ist, besteht die Gefahr, daß Partner 1 die Drohung nicht ernst nimmt. Wechselt deshalb Partner 1 zur Stategie *(b)* über und fühlt sich Partner 2 verpflichtet, die Drohung wahrzumachen, so stellen sich beide Partner schlechter, es wird das Ergebnis *(bA)* realisiert. Partner 2 muß sich also um Erfolg zu haben darum bemühen, die Drohung Partner 1 glaubhaft zu machen.

Wie bei der ersten Situation liegt auch hier ein Fall der Selbstbindung vor. Partner 2 legt sich fest zur Strategie *(A)* überzuwechseln, wenn Partner 1 Strategie *(b)* wählt. Der Unterschied zur ersten Situation liegt darin, daß die Festlegung konditioniert erfolgt, d. h. Partner 2 wird nur dann Strategie *(A)* wählen, aber auch immer dann, wenn Partner 1 Strategie *(b)* bevorzugt. Ohne Drohung würde Partner 1 stets das für ihn günstigste Ergebnis *(bB)* erzielen, gleichgültig, wer den ersten Zug macht und gleichgültig, ob sich einer der Partner bindet.

Gehen wir zu einer dritten Situation über, die dadurch ausgezeichnet ist, daß die Partner nur bei glaubhaften Versprechungen (zugunsten des anderen Konzessionen machen zu wollen) zu einer optimalen Lösung im Sinne der Pareto-Optimums finden können (Schaubild 13).

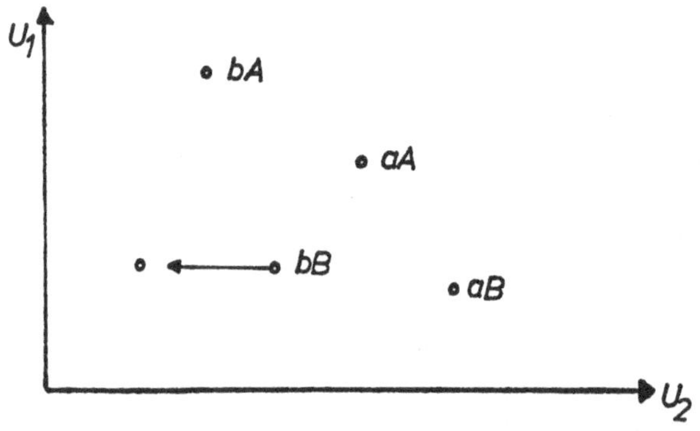

Figur 13

Beide Partner werden die Lösung *(aA)* der Lösung *(bB)* vorziehen, trotzdem wird der Bargaining-Prozeß (ohne glaubhafte Versprechungen) zu der suboptimalen Lösung *(bB)* führen. Macht nämlich Partner 1 den ersten Zug, so wird er sich für Strategie *(b)* entscheiden, in diesem Falle ist es für Partner 2 vorteilhaft, Strategie *(B)* zu ergreifen. Hat umgekehrt Partner 2 den ersten Zug, so ist es wiederum für ihn vorteilhaft, Strategie *(B)* zu bevorzugen, Partner 1 wird ihm mit Strategie *(b)* folgen.

Auch über Drohungen läßt sich die Situation für die einzelnen Spieler nicht verbessern. Die pareto-optimale Lösung *(aA)* wird nur dann gewählt werden können, wenn sich beide Partner für den anderen glaubhaft auf die Strategie *(a)* bzw. *(A)* festlegen können. Es besteht jedoch die Gefahr, daß sich die Partner gegenseitig mißtrauen. Würde sich z. B. Partner 1 auf Strategie *(a)* festlegen, so muß er befürchten, daß Partner 2 Strategie *(B)* wählt, die für Partner 2 die günstigste, für Partner 1 jedoch die ungünstigste Lösung darstellt. Eine analoge Überlegung gilt, wenn sich Partner 2 auf die Strategie *(A)* festlegt.

Wenn wir allerdings das Verhandlungsergebnis *(bB)* nach links soweit verschieben, daß der Nutzen für Partner 2 nun bei dieser Lösung geringer ist als bei der Lösung *(bA)*, besteht eine Möglichkeit, die pareto-optimale Lösung *(aA)* anzusteuern. Ohne Drohungen und Versprechungen würde in diesem Falle Partner 1 stets die für ihn günstigste Lösung *(bA)* erzwingen können, und zwar unabhängig davon, wer den ersten Zug macht. Partner 2 kann jedoch die für ihn günstigere Lösung *(aA)* erzwingen, wenn er sich in zweifacher Weise festlegt: er muß einmal Partner 1 androhen, Strategie *(B)* zu wählen, falls Partner 1 Strategie *(b)* bevorzugt. Gleichzeitig muß er jedoch Partner 1 versprechen, Strategie *(A)* zu wählen, falls Partner 1 bereit ist, Strategie *(a)* anzuwenden. Nur diese Kombination von Drohung und Versprechung führt zum Erfolg. Spricht Partner 2 nur die Drohung aus, so wird Partner 1 bei seinem Entschluß bleiben, Strategie *(b)* zu bevorzugen, da Lösung *(bB)* für Partner 1 immer noch vorteilhatfer ist als Lösung *(aB)* (die Lösung, die Partner 2 den größten Vorteil bringt, wenn Partner 1 aufgrund der Drohung Strategie *(a)* wählt). Man beachte, daß Partner 2 gerade dann erfolgreich ist, wenn er sich auf die Strategien festlegt, die er ohne Selbstbindung nicht ergreifen würde.

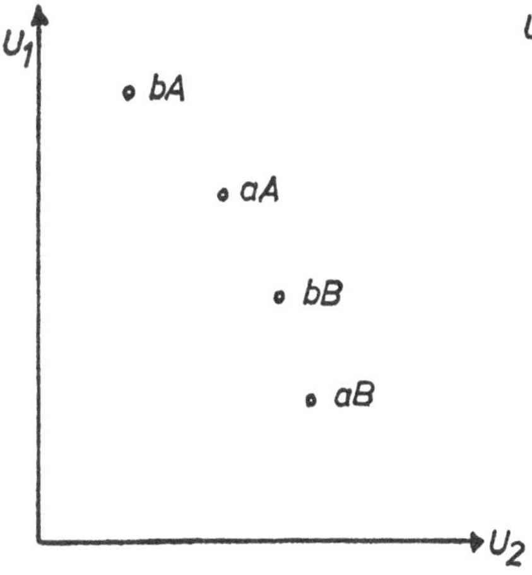

Figur 14 a

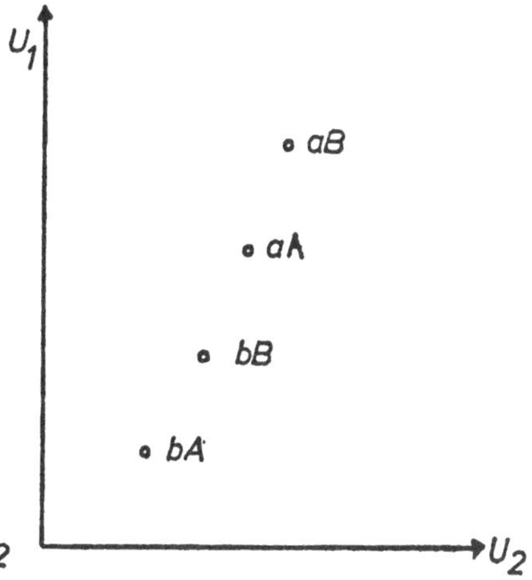

Figur 14 b

Die Schaubilder 14 a und 14 b zeigen zwei Situationen, die für sich allein genommen keine besonderen Probleme aufwerfen. Ist Situation 14 a gegeben, so wird sich das Ergebnis *(bB)* einstellen, ganz gleichgültig, wer den ersten Zug macht. Die Situation 14 b ist hingegen dadurch ausgezeichnet, daß stets die pareto-optimale Lösung *(aB)* erreicht werden kann.

Von theoretischem Interesse sind die beiden Situationen nur dann, wenn einer der Partner das Verhalten in der einen Verhandlung an das Verhalten in der anderen Verhandlung binden kann. Partner 2 z. B. könnte androhen, in der Verhandlung 14 b Strategie *(A)* zu wählen, falls Partner 1 in der Verhandlung 14 a nicht Strategie *(a)* einschlägt. Sofern Partner 1 bei Realisierung der Drohung im Spiel 14 b mehr verliert als im Spiel 14 a, wird er sich dieser Drohung beugen. Das bedeutet jedoch gleichzeitig, daß Partner 2 im Spiel 14 a einen Vorteil erlangt, ohne daß er in Spiel 14 b einen Nachteil in Kauf nehmen muß. (Da die Drohung erfolgreich ist, braucht sie auch nicht eingelöst zu werden.)

In ähnlicher Weise könnte Partner 1 einen Vorteil erlangen, wenn Partner 2 androht, in Spiel 14 b Alternative *(b)* einzuschlagen, falls Partner 1 in Spiel 14 a nicht Alternative *(A)* zu spielen bereit ist.

Diese vierte Situation gewinnt in praxi größere Bedeutung als es auf den ersten Blick scheinen mag. Diese Überlegungen gelten nämlich nicht nur für zwei zusammenhängende Verhandlungen. Vielmehr kann die Bedeutung des Spieles 14 b im Grunde von allen Maßnahmen ausgehen, die der eine Partner durchführen kann und die dem anderen Partner einen Schaden zufügen. Vor allem zählt in diese Kategorie auch die Androhung eines Streikes oder einer Aussperrung. Das Angebot oder die Nachfrage nach Arbeitskräften bezieht sich zunächst auf ein Problem, das von der Aushandlung eines Tariflohnes unabhängig ist. Erst die Tatsache, daß die Gewerkschaften oder die Arbeitgeberverbände ihr Verhalten in diesem zweiten Spiel (Beschäftigung von Arbeitskräften) verbinden mit ihrem Verhalten bei den Tarifverhandlungen, macht den Streik und die Aussperrung für das Ergebnis der Tarifverhandlungen bedeutungsvoll.

VII. Die Berücksichtigung des Zeitfaktors in den Theorien von R. L. Bishop, L. Foldes und J. G. Cross

Die bisher behandelten collective bargaining-Theorien zeichnen sich alle dadurch aus, daß sie eine vorwiegend statische Betrachtungsweise anwenden, und dem Zeitfaktor im Hinblick auf das Verhandlungsergebnis nur eine geringe Bedeutung zumessen. Es ist zwar richtig, daß der Zeitfaktor insofern in die Theorie von Hicks eingegangen ist, als das Verhalten der Tarifpartner und damit auch das Verhandlungsergebnis in Abhängigkeit von der Länge des erwarteten Streiks gesehen wird. Die Dauer des Streikes spielt jedoch innerhalb dieser Theorie mehr die Rolle eines Faktors, der die Verhandlungsmacht der Gewerkschaften wiederspiegelt, als daß damit die Frage geklärt werden soll, in welcher Zeitspanne sich bestimmte Verhaltensweisen auswirken.

Die in diesem Abschnitt zu behandelnden Theorien zeichnen sich hingegen alle dadurch aus, daß sie dem Zeitfaktor eine entscheidende Bedeutung beimessen und von der Annahme ausgehen, die Konzessionsbereitschaft der Tarifpartner werde davon bestimmt, nach Ablauf welcher Zeit ein Verhandlungsabschluß erzielt werden könne. Legt man allerdings die Definition von R. Frisch zugrunde (dynamische Theorien liegen nur dann vor, wenn die Variablen des Modells unterschiedlichen Zeitperioden angehören), dann kann man nur der Theorie von Cross einen dynamischen Charakter zuerkennen.

Die Theorie von R. L. Bishop setzt sich das Ziel, Gedankengänge von Hicks und Zeuthen miteinander zu verbinden. Der Zeitfaktor spielt innerhalb dieser Theorie insofern eine Rolle, als unterstellt wird, daß die Verhandlungspartner den Gegenwartswert des Verhandlungsergebnisses zu optimieren suchen und daß dieser Gegenwartswert in dem Maß abnimmt, als der Abschluß der Tarifverhandlungen hinausgezögert wird.

Partner 1 stehe vor der Entscheidung, ob er den Vorschlägen des Partners 2 zustimmen oder ob er Widerstand leisten soll. Stimmt er den Vorschlägen Partners 2 zu, so kann noch in dieser Periode ein neuer Vertrag abgeschlossen werden. Es sei der Einfachheit halber unterstellt, daß der neue Vertrag unbegrenzte Zeit gültig sei und daß der Diskontierungsfaktor den Wert r_1 habe. Der Gegenwartswert des Verhandlungsergebnisses für Partner 1 bestimmt sich danach in diesem Falle auf: $\frac{u_{12}}{r_1}$ (u_{12} sei der Nutzen, den Partner 1 im Zeitpunkte des Vertragsabschlusses dem Verhandlungsergebnis beimißt, das von Partner 2 vorgeschlagen wurde).

Leistet Partner 1 hingegen Widerstand, kommt es deshalb zum Streik und kann Partner 1 seine Vorstellungen erst nach Ablauf von *(s)* Streikperioden realisieren, so ist der Gegenwartswert des nach Beendigung des Streiks zu erwartenden Vertragsabschlusses gleich dem Wert:

$$\frac{u_{11}}{r_1} e^{-r_1 s_1}$$

(u_{11} sei der Nutzen, den Partner 1 im Zeitpunkte des Vertragsabschlusses dem Verhandlungsergebnis beimißt, das seinen eigenen Forderungen entspricht).

Wenn wir von der Annahme ausgehen, daß Partner 1 den Nutzen des Gegenwartswertes des Verhandlungsergebnisses zu maximieren sucht, so wird er solange Widerstand leisten als $\frac{u_{12}}{r_1} < \frac{u_{11}}{r_1} e^{-r_1 s_1}$. Aus dieser Ungleichung können wir die maximale Streiklänge bestimmen, die Partner 1 einzugehen bereit ist:

$$s_1 = \frac{\log u_{11} - \log u_{12}}{r_1}$$

In gleicher Weise können wir auch nach der maximalen Streiklänge des Partners 2 fragen:

$$s_2 = \frac{\log u_{22} - \log u_{21}}{r_2}$$

Analog zur Theorie von Zeuthen wird nun der Schluß gezogen, daß die Partner dann zu einem Vertragsabschluß gelangen, wenn die maximale Streiklänge für beide Partner den gleichen Wert hat: $s_1 = s_2$. Solange hingegen $s_1 > s_2$, wird Partner 1, und solange $s_1 < s_2$, wird Partner 2 Widerstand leisten.

Nun hängt der Nutzen, den sich die Partner von alternativen Verhandlungsergebnissen versprechen, selbst wiederum vom Wert des Verhandlungsergebnisses ab. Wir können unterstellen, daß das erreichte Nutzenniveau für die Arbeitgeber (= Partner 2) mit zunehmenden Zugeständnissen, d. h. mit ansteigendem Lohn zurückgeht, das der Gewerkschaft (Partner 1) hingegen ansteigt. Das bedeutet jedoch gleichzeitig, daß auch s_1 (die maximale Streiklänge der Gewerkschaften) mit steigendem Lohnniveau zurückgeht, s_2 jedoch (die maximale Streiklänge der Arbeitgeber) ansteigt. Schaubild 15 zeigt nun, wie sich die Verhandlungspartner dem Verhandlungsergebnis ($s_1 = s_2$) annähern.

Solange der vereinbarte Lohnsatz (l_1) geringer ist als der Gleichgewichtslohn l_0, haben die Arbeitgeber eine geringere maximale Streiklänge als die Gewerkschaften, sie werden deshalb den Forderungen der Gewerkschaften entgegenkommen. Soweit jedoch der Lohnsatz, der von den Gewerkschaften gefordert wird (l_2), höher ist als der Gleichgewichtslohn l_0, ist die maximale Streiklänge der Arbeitgeber höher als die der Gewerkschaften und die Gewerkschaften werden Konzessionen machen. Von beiden Situationen aus (l_1 und l_2) erfolgt eine Bewegung auf das Gleichgewicht hin.

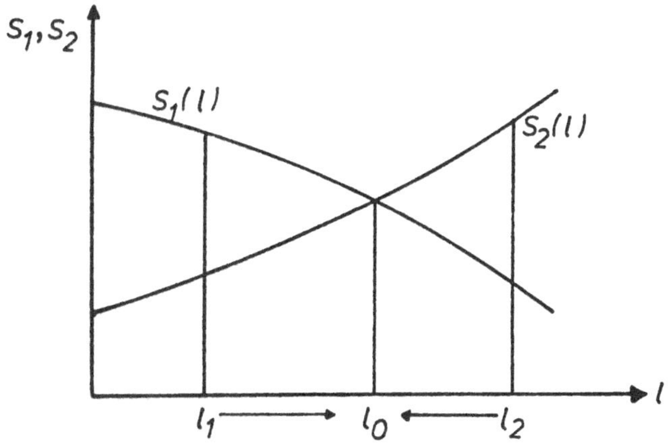

Figur 15

Einen etwas anderen Ansatz wählt L. Foldes, um die Bedeutung des Zeitfaktors für das Verhandlungsergebnis aufzuzeigen. Foldes geht in seinen Überlegungen zunächst von der vereinfachenden Annahme aus, daß sich die Verhandlungspartner nur auf zwei Möglichkeiten einigen können: entweder gehen sie auf die Forderungen der Gewerkschaften (l_1) oder auf das Angebot der Arbeitgeber (l_2) ein. Die Forderung der Gewerkschaften sei höher als das Angebot der Arbeitgeber: $l_1 > l_2$. Die Möglichkeit, daß sich die Tarifpartner auf einen Kompromiß zwischen beiden Lohnsätzen einigen, wird zunächst ausgeschlossen. Wiederum wird unterstellt, daß der Gegenwartswert des Verhandlungsergebnisses in dem Maße zurückgeht, als der Vertragsabschluß hinausgezögert wird.

In Schaubild 16 sei auf der Ordinate die Höhe des Lohnsatzes (l), auf der Abszisse die Zeit (t) abgetragen, die bis zum Vertragsabschluß vergeht. Wenn die Gewerkschaften dem Angebot der Arbeitgeber (l_2) zustimmen würden, so käme es sofort zum Vertragsabschluß ($t = 0$); diesem Verhandlungsergebnis ($l_2, t = 0$) würden die Gewerkschaften einen bestimmten Nutzenwert zurechnen: U_1 ($l_2; t = 0$). Wir können uns nun die Frage stellen, um wieviel der Lohnsatz ansteigen müßte, um gerade für die Gewerkschaften den Nutzenverlust wettzumachen, der dadurch eintritt, daß die Verhandlungen erst nach 1, 2, 3, ... Perioden abgeschlossen werden. Wir erhalten auf diese Weise eine Indifferenzkurve, die jedem alternativen Zeitpunkt t eine bestimmte Lohnhöhe zuordnet.

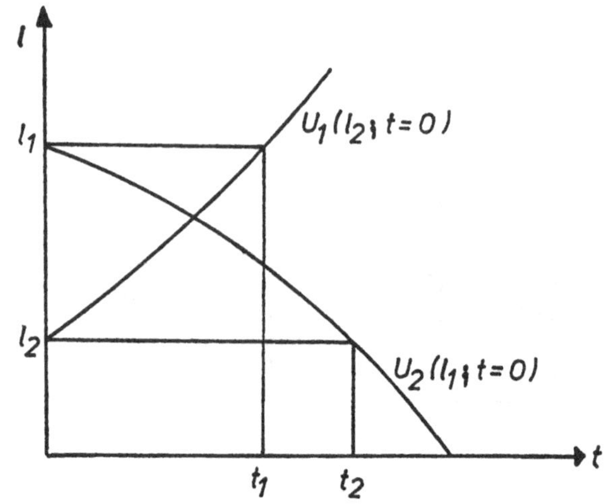

Figur 16

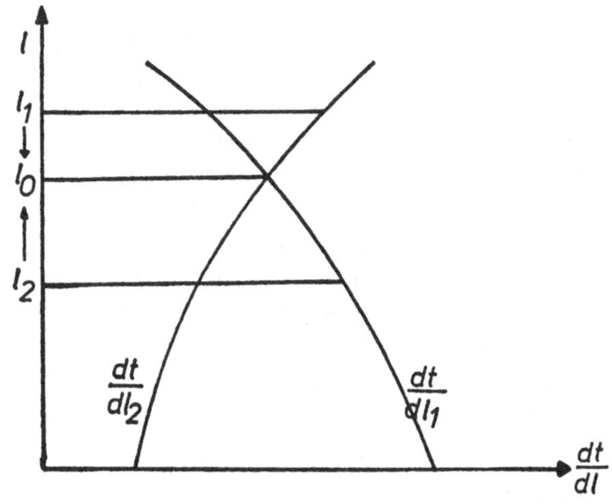

Figur 17

In ähnlicher Weise können wir auch für die Arbeitgeber eine Indifferenzkurve bestimmen, die vom Nutzenniveau ausgeht, das die Arbeitgeber erlangen, wenn sie sofort (im Zeitpunkt $t = 0$) den Forderungen der Gewerkschaften zustimmen: U_2 (l_1; $t = 0$).

Unsere Graphik erlaubt uns nun festzustellen, wie lange beide Partner äußerstenfalls auf ihren Vorstellungen verharren, wenn sie sich rational verhalten. Betrachten wir zunächst die Situation für die Gewerkschaften. Der Schnittpunkt der Indifferenzkurve U_1 (l_2; $t = 0$) mit dem Lot auf die Ordinate im Punkte l_1 gibt an, welche Zeit die Gewerkschaften äußerstenfalls auf ihren Forderungen beharren können, wenn sie mindestens den gleichen Gegenwartsnutzen erlangen wollen, den sie erhielten, wenn sie sofort dem Angebot der Arbeitgeber zustimmten. Die Zeitlänge, die die Gewerkschaften maximal verhandeln können, wird hier als Maßstab für die Verhandlungsmacht der Gewerkschaften angesehen (t_1). Für die Arbeitgeber ergibt sich die Verhandlungsmacht entsprechend als (t_2).

Ist nun die maximale Zeitlänge der Arbeitgeber größer als die der Gewerkschaften, so werden sich die Partner auf die Angebote der Arbeitgeber (l_2) einigen, können jedoch die Gewerkschaften länger verhandeln, so liegt der Vertragsabschluß bei den Forderungen der Gewerkschaften (l_1).

Nun müssen wir unterstellen, daß im allgemeinen beiderseitige Kompromisse möglich sind, so daß als mögliches Verhandlungsergebnis nicht nur die Anfangsforderungen der Gewerkschaften und das anfängliche Angebot der Arbeitgeber, sondern auch alle Lohnsätze, die zwischen diesen beiden Extremen liegen, zur Diskussion stehen.

In diesem Falle wollen wir unterstellen, daß die Tarifpartner schrittweise vorgehen, daß man also zunächst vom Angebot der Arbeitgeber ausgeht und daß in einem ersten Schritt zur Diskussion steht, ob die Arbeitgeber um eine Einheit den Forderungen der Gewerkschaften entgegenkommen sollen.

Um diese Frage beantworten zu können, wollen wir den Begriff des „Grenzaufschubs" *(dt/dl)* bilden. Der Begriff Grenzaufschub gibt an, wieviel Zeiteinheiten *(dt)* maximal vergehen dürfen, wenn sich das Verhandlungsergebnis *(dl)* um eine Einheit verbessert und wenn das Niveau des Gegenwartsnutzens erhalten bleiben soll. Auf unser Problem angewandt bedeutet dies: wenn die Arbeitgeber eine Lohnerhöhung um eine Einheit zugestehen, so erleiden sie einen gewissen Nutzenverlust. Um diesen gerade wettzumachen, müßte das Verhandlungsergebnis einige Zeitperioden früher abgeschlossen werden. Der Grenzaufschub der Arbeitgeber gibt an, um wieviel Zeiteinheiten der Vertrag früher abgeschlossen werden müßte, damit die Arbeitgeber trotz Erhöhung der Löhne um eine Einheit keinen Nutzenverlust erleiden. Es wird hier stillschweigend unterstellt, daß auch die Arbeitgeber einen um so höheren Gegenwartswert erhalten, je früher sich die Partner einigen. In gleicher Weise könnte man auch für die Gewerkschaften den Begriff Grenzaufschub bestimmen. Solange nun der Grenzaufschub der Arbeitgeber (Gewerkschaften) größer ist als der der Gewerkschaften (Arbeitgeber), haben die Arbeitgeber (Gewerkschaften) die stärkere Verhandlungsposition und die Gewerkschaften (Arbeitgeber) werden nachgeben. Ein Kompromiß kommt dann zustande, wenn der Grenzaufschub der Arbeitgeber gerade dem Grenzaufschub der Gewerkschaften entspricht.

Wenn wir von der Annahme ausgehen, daß der Grenznutzen des Einkommens mit wachsendem Einkommen zurückgeht, so können wir damit rechnen, daß die Höhe des Grenzaufschubes selbst wiederum abhängt von der Höhe des Lohnsatzes und zwar derart, daß der Grenzaufschub der Arbeitgeber (Gewerkschaften) mit wachsendem Lohnsatz zunimmt (abnimmt). Schaubild 17 zeigt, daß es einen Lohnsatz l_0 gibt, bei dem sich beide Kurven schneiden, bei dem also ein beiderseitiger Kompromiß möglich ist. Gleichzeitig können wir aus dieser Graphik ersehen, daß auch eine Tendenz zu diesem Gleichgewichtslohn besteht. Liegt nämlich der Ausgangslohn unterhalb des Gleichgewichtslohnes (l_2), so ist der Grenzaufschub der Arbeitgeber geringer als der der Gewerkschaften, deshalb werden die Arbeitgeber einem höheren Lohnsatz zustimmen usw. Die Tarifpartner bewegen sich auf das Gleichgewicht zu.

J. G. Cross geht in seiner dynamischen Theorie der Kollektivverhandlungen davon aus, daß der Zeitfaktor für das Verhandlungsergebnis und für den Verhandlungsverlauf eine zweifache Rolle spielt. Auf der einen Seite muß man damit rechnen, daß jede Verhandlungsrunde Kosten (K) verursacht. So müssen z. B. für die Verhandlungen Fachkräfte freigestellt werden. Findet ein Streik statt, so fallen auf beiden Seiten während der Dauer des Streikes zusätzliche Kosten an. Auf der anderen Seite muß man berücksichtigen, daß der Gegenwartswert des Verhandlungsergebnisses in dem Maße zurückgeht als der Vertragsabschluß in der Zukunft liegt.

Der Nutzen, den die Verhandlungspartner in der Gegenwart aus dem Vertragsabschluß im Zeitpunkt t ziehen, hängt somit von drei Faktoren ab: a) von der Höhe des Lohnsatzes (bzw. des Verhandlungsgegenstandes), b) vom Ausmaß der Kosten pro Verhandlungszeit und schließlich c) von der Dauer der Verhandlungen: $U = f(l, K, t)$.

Die Forderungen der Gewerkschaften bzw. die Angebote der Arbeitgeber werden nun so bestimmt, daß die Partner jeweils ihren Gegenwartsnutzen maximieren. Das Nutzenmaximum errechnet sich hierbei aus der ersten Ableitung der Nutzenfunktion. Die Bedingung für das Nutzenmaximum lautet bekanntlich: $dU/dl = 0, d^2U/dl^2 < 0$.

Versuchen wir die Forderung der Gewerkschaften etwas genauer zu bestimmen. (Analoge Überlegungen gelten für das Angebot der Arbeitgeber.) Wir unterstellen, daß die Gewerkschaften von einer bestimmten Lohnhöhe ausgehen und sich die Frage stellen, ob sie einen Vorteil erlangen, wenn sie einen höheren Lohnsatz fordern.

Das Nutzenmaximum ist gerade dann erreicht, wenn eine Erhöhung oder eine Verringerung der Forderung keinen zusätzlichen Nutzen verspricht. Wird der Lohnsatz um eine Einheit erhöht, so erzielen die Arbeitnehmer auf der einen Seite einen Nutzenzuwachs, da ihr Einkommen ansteigt: $\frac{dU_1}{dl} \cdot dl$. Auf der anderen Seite haben sie jedoch auch Nutzenverluste, da sie damit rechnen müssen, daß die Durchsetzung der zusätzlichen Forderung (dl) den Abschluß der Verhandlungen hinauszögert: $\frac{dU_1}{dt} \cdot dt$. Bezeichnen wir den Diskontierungsfaktor mit r_1, so werden Nutzenverluste in Höhe von: $r_1 U_1 dt$ eintreten. Das Nutzenmaximum ist somit gerade dann erreicht, wenn sich Nutzengewinne und Nutzenverluste ausgleichen, d. h., wenn die Gleichung gilt:

$$\frac{dU_1}{dl} \cdot dl = r_1 U_1 dt \quad \text{bzw.} \quad \frac{dU_1}{dl} = r_1 U_1 \frac{dt}{dl} .$$

Nun können wir jedoch den Wert für dt/dl (= die Zeitdauer, die benötigt wird, um die Lohnerhöhung von einer Einheit zu erreichen) etwas genauer bestimmen. Nach Cross rechnen die Gewerkschaften damit, daß die Arbeitgeber in jeder Verhandlungsrunde eine Konzession von einer ganz bestimmten Höhe machen werden. Wir wollen diese von den Gewerkschaften erwartete Konzessionsrate der Arbeitgeber mit C_{21} bezeichnen. Nun ist offensichtlich die Zeit, die benötigt wird, um die Arbeitgeber zu veranlassen, eine Lohnerhöhung um eine Einheit zuzugestehen, gerade gleich dem reziproken Wert der Konzessionsrate der Arbeitgeber: $dt/dl = 1/C_{21}$. Somit können wir die Nutzenmaximierungsbedingung auch wie folgt formulieren: $\frac{dU_1}{dl} = U_1 \frac{r_1}{C_{21}}$. Das bedeutet jedoch, daß die Forderung der Gewerkschaften (l_1), von zwei Faktoren bestimmt wird: a) von der Höhe der Kosten pro Verhandlungsrunde (K_1) und b) von der erwarteten Konzessionsrate der Arbeitgeber (C_{21}). Je höher die Kosten pro Verhandlungsrunde sind, um so geringer sind die Forderungen der Gewerkschaften, und je höher die erwartete Konzessionsrate der Arbeitgeber ist, um so höher ist die Forderung der Gewerkschaften. Es gilt die Gleichung:

(1a) $$l_1 = f_1 (K_1; C_{21}); \quad \frac{dl}{dK_1} < 0; \quad \frac{dl}{dC_{21}} > 0 .$$

Analog hierzu lautet die Gleichung für die Arbeitgeber:

(1b) $$l_2 = f_2 (K_2; C_{12}); \quad \frac{dl}{dK_2} > 0; \quad \frac{dl}{dC_{12}} < 0 .$$

Nun haben die Tarifpartner die Möglichkeit, im Verlaufe der Verhandlungen festzustellen, wie realistisch sie die Konzessionsrate der Gegenseite eingeschätzt haben. Wir wollen unterstellen, daß die Gewerkschaften (und ähnliches gilt für die Arbeitgeber) in jeder neuen Verhandlungsrunde ihre Erwartungen entsprechend den bisherigen Erfahrungen korrigieren. Nur dann, wenn ihre Erwartungen voll erfüllt wurden, wenn also die erwartete Konzessionsrate (C_{21}) mit der tatsächlichen $\left(\frac{dl_2}{dt}\right)$ übereinstimmt, werde die Konzessionsrate der Vorperiode übernommen.

Haben jedoch die Tarifpartner die Konzessionsrate der Gegenseite überschätzt (unterschätzt), so rechnen sie in der nächsten Periode mit einer geringeren (größeren) Konzessionsrate des Gegners. Es gelten also die Gleichungen:

$$\text{(2a)} \qquad \frac{dC_{21}}{dt} = f_1\left(C_{21} - \frac{dl_2}{dt}\right)$$

$$\text{(2b)} \qquad \frac{dC_{12}}{dt} = f_2\left(C_{12} - \frac{dl_1}{dt}\right)$$

Setzt man nun die Gleichungen (2) und die Gleichungen (1) ein, so erhält man eine Abhängigkeit des eigenen Angebotes vom Angebot der Gegenseite. Nach Gleichung 1 hängt die Höhe des eigenen Angebotes von der erwarteten Konzessionsrate des Gegners ab. Diese jedoch hängt ihrerseits u. a. von der tatsächlichen Konzessionsrate des Gegners ab. Es gelten somit folgende Gleichungen:

$$\text{(3a)} \qquad \frac{dl_1}{dt} = f_1\left(C_{21}; \frac{dl_2}{dt}\right)$$

$$\text{(3b)} \qquad \frac{dl_2}{dt} = f_2\left(C_{12}; \frac{dl_1}{dt}\right)$$

Hierbei gilt, daß eine Erhöhung der *tatsächlichen* Konzessionsrate des Gegners zu einer Verringerung der eigenen Konzessionsrate führt. Wenn jedoch die *erwartete* Konzessionsrate des Gegners ansteigt, nimmt die eigene Konzessionsrate zu:

$$\frac{df_1}{df_2} < 0; \ \frac{df_1}{dC_{21}} > 0; \ \frac{df_2}{df_1} < 0; \ \frac{df_2}{dC_{12}} > 0\,.$$

Wir können diese Zusammenhänge in ein Diagramm einzeichnen, auf dessen Ordinate die tatsächliche Konzessionsrate der Gewerkschaften $\frac{dl_1}{dt}$ und auf dessen Abszisse die tatsächliche Konzessionsrate der Arbeitgeber $\frac{dl_2}{dt}$ abgetragen wird. Wir zeichnen in dieses Diagramm die

Gleichungen (3 a) und (3 b) ein, die beide einen negativ geneigten Verlauf haben (Schaubild 18).

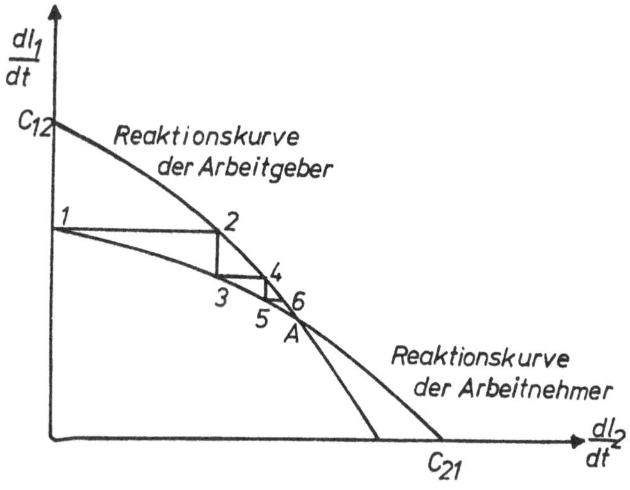

Figur 18

Betrachten wir zunächst die Reaktionskurve der Gewerkschaften (Gleichung (3 a)). Entsprechend unseren Annahmen werden die Gewerkschaften keine weiteren Konzessionen machen (Konzessionsrate = 0), wenn ihre Erwartungen erfüllt werden, d. h. wenn $C_{21} = dl_2/dt$. Das bedeutet, daß Gleichung (3 a), welche die Abhängigkeit der gewerkschaftlichen Konzessionsrate von der Konzessionsrate der Arbeitgeber aufzeigt, die Abszisse im Punkte C_{21} schneidet. In gleicher Weise schneidet die Kurve (3 b) (Abhängigkeit der Konzessionsrate der Arbeitgeber von der gewerkschaftlichen Konzessionsrate) die Ordinate im Punkte C_{12}.

Der Schnittpunkt beider Reaktionskurven zeigt, daß es für beide Partner eine bestimmte (wenn auch nicht unbedingt gleichgroße) Konzessionsrate gibt, von der ab das Ausmaß der Konzessionsrate nicht mehr verändert wird (= Gleichgewichtspunkt). Wenn nun der Schnittpunkt der gewerkschaftlichen Konzessionskurve mit der Abszisse (C_{21}) weiter weg vom Ursprung liegt als der Schnittpunkt der Konzessionskurve der Arbeitgeber, besteht eine Tendenz zum Gleichgewicht, entsprechend dem im Schaubild 18 skizzierten Verlauf. Unterstellen wir, z. B., daß zu Beginn der Verhandlungen die Gewerkschaften eine Konzessionsrate haben, die dem Punkt 1 im Schaubild entspricht. Die Arbeitgeber werden deshalb eine Konzession in der Höhe vornehmen, die Punkt 2 anzeigt. Diese Reaktion veranlaßt jedoch die Gewerkschaften — entsprechend ihrer Reaktionskurve — den Punkt 3 zu beziehen usw. Die Zeichnung zeigt, daß unter den gemachten Bedingungen der Verhandlungsprozeß automatisch den Gleichgewichtspunkt A ansteuert.

Der Verhandlungsprozeß kommt zu einem Abschluß, wenn die Angebote beider Partner übereinstimmen: $l_1 = l_2$. Da beide Partner in jeder Verhandlungsrunde ihren Nutzen zu maximieren suchen, gilt die Nutzenmaximierungsbedingung auch für den Endpunkt der Verhandlungen. Wir können deshalb die Nutzenmaximierungsbedingung der Gewerkschaften mit der der Arbeitgeber in Beziehung setzen und erhalten damit folgenden Ausdruck:

$$\frac{\frac{dU_1}{dl}}{\frac{dU_2}{dl}} = \frac{U_1}{U_2} \cdot \frac{\frac{r_1}{C_{21}}}{\frac{r_2}{C_{12}}}$$

bzw.: $$\frac{dU_1}{U_1} = \frac{dU_2}{U_2} \, \frac{r_1}{r_2} \, \frac{C_{12}}{C_{21}}$$

Solange die Diskontierungsfaktoren $(r_1; r_2)$ und die erwarteten Konzessionsraten der jeweiligen Gegenseite (C_{21}; C_{12}) für beide Partner gleich groß sind $\left(\frac{r_1}{r_2} = 1; \frac{C_{21}}{C_{12}} = 1\right)$, entspricht der prozentuale Nutzenzuwachs der Gewerkschaften genau dem prozentualen Nutzenzuwachs der Arbeitgeber. Mit anderen Worten: unter diesen speziellen Annahmen erhalten wir auch mit dieser Theorie die gleichen Ergebnisse wie die Theorie von Nash und Zeuthen. Sobald wir jedoch unterstellen, daß die Diskontierungsfaktoren und/oder die gegenseitigen Erwartungen über die Konzessionsraten unterschiedlich groß sind, wird die Tarifverhandlung auch nicht zu einem Ergebnis führen, das der Nash-Lösung entspricht.

Kritik an den Theorien von Bishop, Foldes und Cross: Zum Abschluß seien einige Kritikpunkte an den Ansätzen von Bishop, Foldes und Cross besprochen. Man sollte unterscheiden zwischen Tarifverhandlungen, die vor — und solchen die nach Ausbruch eines Arbeitskampfes geführt werden. Tarifverhandlungen, die *vor* Ausbruch eines Arbeitskampfes geführt werden, dürften von den in diesen Theorien diskutierten Zeitfaktoren nur in unbedeutendem Maße beeinflußt werden. Die Kosten, die aufgrund der Verhandlungen entstehen, dürften im allgemeinen gering sein. Der Verbandsapparat besteht ohnehin; die Kosten, die tatsächlich anfallen, haben den Charakter von fixen Kosten, deren Höhe unabhängig davon ist, ob und wie lange verhandelt wird; aber gerade deshalb gehen sie in die Nutzenkanüle der Verhandlungspartner nicht ein. Weiterhin haben die Partner ein Interesse daran, die Verhandlungsdauer nicht zu kurz werden zu lassen. Da die Tarifverhandlungen fast ausnahmslos mit einer Erhöhung der Lohnsätze enden, erlangen die Arbeitgeber einen Vorteil, wenn der neue Tarifvertrag zu einem relativ späten Zeitpunkt beginnt. Die Gewerkschaften ziehen zwar aus den gleichen Gründen einen Nutzen daraus, möglichst bald zu einem neuen Tarifvertrag zu kommen. Das Ende der Verhandlungen und der Beginn des neuen Tarifvertrages brauchen jedoch nicht unbedingt zeitlich zusammenzufallen. Die Tarifpartner können übereinkommen, den Tarifvertrag rückwirkend gelten zu lassen. In diesem Falle entfällt das Interesse der Tarifpartner an einem möglichst schnellen Abschluß. Es kommt noch hinzu, daß beide Verhandlungsführer bestrebt sind, vor ihren Mitgliedern zu dokumentieren, daß sie einen zähen und damit zumeist auch langwierigen Kampf gekämpft haben. Ein Abschluß der bereits nach einer relativ kurzen Zeit zustande käme, brächte die Gefahr mit sich, daß sich die Mitglieder der betroffenen Verbände verraten fühlten. Schließlich ist die durchschnittliche Verhandlungsdauer der Tarifverhandlungen so klein, daß ein Diskontierungsfaktor keinen wesentlichen Einfluß auf den Gegenwartswert des Verhandlungsergebnisses ausübt. Unterstellen wir z. B. eine Verhandlungsdauer von 1 Monat und einen Diskontierungsfaktor von 5 %, so bedeutet dies, daß eine Verdoppelung der Verhandlungsdauer den Gegenwartswert des Verhandlungsergebnisses noch nicht einmal um einen halben Prozent verringert.

Andere Überlegungen gelten für den Fall, daß während eines Arbeitskampfes verhandelt wird. Hier entstehen — sowohl für den Arbeitgeber wie auch für die Arbeitnehmer — für jeden Tag, der zu keinem Abschluß führt, hohe Streikkosten, so daß die Tarifpartner ein materielles Interesse daran haben, möglichst bald zu einem Abschluß zu gelangen.

Coddington hat schließlich auf einen weiteren Punkt der Kritik an der Theorie von Cross hingewiesen. Nach der Theorie von Cross kann es nur deshalb zu einem Kompromiß in den Verhandlungen kommen, weil die Partner von der Gegenseite ein anderes Verhalten erwarten als sie selbst an den Tag legen. Partner 1 z. B. bestimmt für sich ein konkretes Angebot, bei dem er seinen Nutzen maximiert. Er ist nur dann zu einer Konzession bereit, wenn er sich über das Verhalten der Gegenseite getäuscht hat. Von Partner 2 erwartet er jedoch, daß dieser in jeder Verhandlungsrunde eine Konzession in ganz bestimmter Höhe zugesteht. Beiderseitige Konzessionen sind nur deshalb zu erwarten, weil beide zu optimistisch in die Verhandlungen gehen. Je realistischer die Partner das Verhalten der Gegenseite einschätzen, um so weniger sind sie zu einer Konzession bereit. Es fragt sich, ob diese Annahmen realistisch sind.

VIII. Das Konfliktmodell von C. M. Stevens

Die bisher behandelten collective bargaining-Theorien zeichnen sich alle dadurch aus, daß sie von einer Nutzenfunktion ausgehen. Die Tarifpartner verfolgen bestimmte konkurrierende Ziele und sie werden *die* Entscheidung treffen, die ihnen ein Nutzenmaximum garantiert. Einen etwas anderen Ansatz wählt C. M. Stevens. Er geht von der Vorstellung aus, daß die Tarifpartner nicht zwischen zwei Zielen, die es zu erreichen, sondern zwischen zwei Zuständen, die es zu vermeiden gilt, zu wählen haben. Nehmen wir das Beispiel der Arbeitgeber. Wie sich die Arbeitgeber auch verhalten werden, sie werden Verluste hinnehmen müssen. Sie werden auf der einen Seite bestrebt sein, möglichst wenig den Lohnforderungen der Gewerkschaften entgegenzukommen, da jede Lohnerhöhung Gewinneinbußen mit sich bringt; sie werden aber auf der anderen Seite auch bestrebt sein, es möglichst nicht zum Arbeitskampf kommen zu lassen, da auch ein Arbeitskampf mit Kosten verbunden ist. Je mehr sie sich jedoch vom einen Zustand (hohe Lohnkosten) entfernen, nähern sie sich zwangsweise dem anderen Zustand (Arbeitskampf) immer mehr an. Sie müssen also einen Kompromiß schließen; sie stehen in einem Konflikt, sie müssen sich entscheiden, welchen Zustand sie in stärkerem Maße vermeiden wollen.

Nun kann man davon ausgehen, daß die Stärke des Wunsches, einen bestimmten Zustand zu vermeiden, selbst wiederum davon abhängt, inwieweit man von diesem Zustand entfernt ist. Wie konfliktpsychologische Untersuchungen gezeigt haben, verringert sich die Stärke dieses Wunsches in dem Maße, in dem man sich von diesem Zustand bzw. von der Wahrscheinlichkeit, daß dieser Zustand eintritt, entfernt.

Diese Zusammenhänge lassen sich anhand einer Graphik verdeutlichen. Untersuchen wir die Konfliktsituation der Arbeitgeber, ähnliche Überlegungen könnten auch für die Gewerkschaften gemacht werden. Auf der Abszisse des Schaubildes 19 tragen wir den Parameter ab, durch den sich die Arbeitgeber den zu vermeidenden Zuständen annähern oder entfernen. Dieser Parameter sei z. B. die Höhe des Lohnsatzes. Auf den Ordinaten hingegen tragen wir die Stärke des Wunsches ab, einen bestimmten Zustand zu vermeiden. In unserem Beispiel sei auf der rechten Ordinate die Stärke des Wunsches (= Vermeidungsgradient *A*) abgetragen, den Lohnforderungen der Gewerkschaften nicht zu entsprechen, während auf der Ordinate auf der linken Seite die Stärke des Wunsches (Vermeidungsgradient *B*) abgetragen werde, einen Arbeitskampf zu vermeiden.

Je höher der Lohnsatz ist, um so mehr nähern sich die Arbeitgeber den Lohnforderungen der Gewerkschaften an und um so größer ist der Wunsch der Arbeitgeber, sich von diesem Ziel zu entfernen. Kurve A, die die Abhängigkeit des Vermeidungsgradienten A von der Lohnhöhe

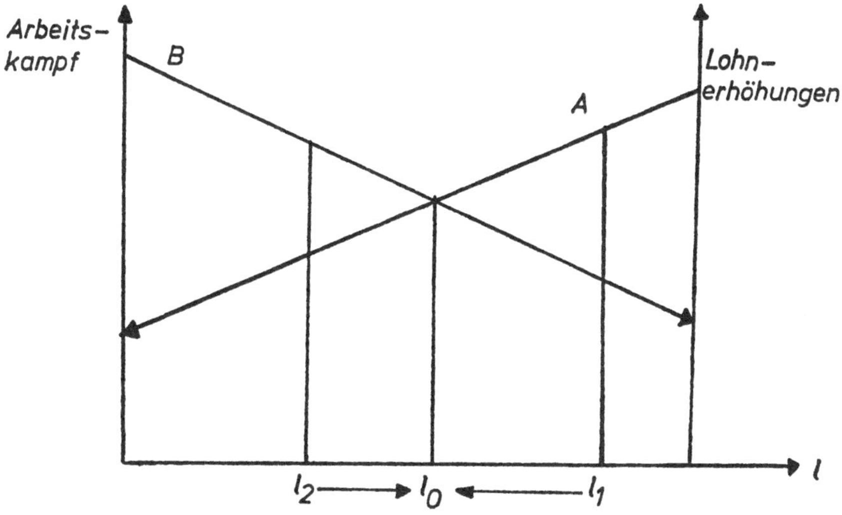

Figur 19

wiedergibt, zeigt deshalb einen positiv geneigten Verlauf. Umgekehrt gilt, daß mit steigendem Lohnsatz die Gefahr des Arbeitskampfes immer geringer wird und daß deshalb der Wunsch, einen Arbeitskampf zu vermeiden, mit wachsendem Lohnsatz zurückgeht. Diese Abhängigkeit wird durch die negativ geneigte Kurve *B* wiedergegeben.

Der Schnittpunkt beider Kurven *A* und *B* gibt an, bei welcher Lohnhöhe die Arbeitgeber ein Gleichgewicht erreichen. Wäre der Lohnsatz höher als der Gleichgewichtslohn (l_1), so wäre der Wunsch, sich von den Lohnforderungen der Gewerkschaften zu distanzieren, größer als der Wunsch einen Arbeitskampf zu vermeiden; und die Arbeitgeber würden einen geringeren Lohnsatz anbieten. Läge jedoch der Lohnsatz unterhalb des Gleichgewichtslohnes (l_2), so wäre der Wunsch, den Arbeitskampf zu vermeiden, größer als der Wunsch, den Gewerkschaften nicht entgegenzukommen und die Arbeitgeber würden deshalb einen höheren Lohn anbieten. In beiden Fällen bewegen sie sich auf den Gleichgewichtslohn zu.

Ein ähnliches Diagramm hätten wir auch für die Gewerkschaften aufzeigen können. Nun wird man im allgemeinen nicht voraussetzen können, daß die Tarifpartner gerade bei der gleichen Lohnhöhe ihr Gleichgewicht finden. Vielmehr muß man damit rechnen, daß im allgemeinen der Gleichgewichtslohn der Gewerkschaften größer ist als der der Arbeitgeber. Wie kommt es unter diesen Umständen zu einem Kompromiß?

Ein Kompromiß kann nur dadurch erreicht werden, daß durch eine Verschiebung der in Frage kommenden Kurven die Gleichgewichtspunkte der Partner näher aneinandergebracht werden. Hierbei wird jede Partei bestrebt sein, die Kurven der Gegenseite so zu verschieben, daß der Gleichgewichtslohnsatz der Gegenseite näher an den eigenen Gleichgewichtslohn zu liegen kommt.

Die Gewerkschaften z. B. können dieses Ziel auf zweierlei Weise erreichen. Entweder versuchen sie die Kurve *A* nach rechts unten oder die Kurve *B* nach rechts oben zu verschieben. In beiden Fällen liegt der Gleichgewichtslohn der Arbeitgeber näher an dem Gleichgewichtslohn der Gewerkschaften.

Kurve *A* könnte z. B. dadurch nach recht unten verschoben werden, daß von betrieblichen zu zentralen Tarifverhandlungen übergegangen wird; Lohnerhöhungen könnten in diesem Falle in stärkerem Maße als bisher überwälzt werden; sie würden somit in geringerem Maße die Rentabilität der Unternehmungen belasten. Der Wunsch der Arbeitgeber, den gewerkschaftlichen Forderungen Widerstand zu leisten, würde in diesem Falle zurückgehen, was nichts anderes bedeutet, als daß Kurve *A* nach rechts-unten verschoben wird.

Kurve *B* könnte nach rechts oben verschoben werden, wenn es den Gewerkschaften gelingt, die Arbeitgeber davon zu überzeugen, daß die Konfliktbereitschaft der Arbeitnehmer größer ist als ursprünglich von den Arbeitgebern unterstellt wurde (= Überzeugungstaktik). In diesem Falle stiege der Wunsch der Arbeitgeber, einen Arbeitskampf zu vermeiden an, was nichts anderes bedeutet, als daß die Kurve *B* nach rechts oben verschoben wird.

Obwohl die Gewerkschaften ihr Ziel, den Lohnsatz zu erhöhen, durch beide Strategien (Bewegung der Kurve *A* oder der Kurve *B*) erreichen können, wirken sich beide Strategien asymmetrisch aus. Während nämlich Strategie *A* zu einer Verminderung des Vermeidungsgradienten im Gleichgewicht führt, kommt es bei Strategie *B* zu einer Vergrößerung des Vermeidungsgradienten. Das bedeutet aber nichts anderes, als daß sich die Spannungen häufen und daß die Gefahr irrationalen Verhaltens und eines Scheiterns der Verhandlungen größer wird, wenn die Gewerkschaften Strategie *B* bevorzugen.

Das Modell von Stevens unterliegt einer ähnlichen Kritik wie die Theorie von Pen. In beiden Fällen werden Konzessionen damit erklärt, daß Datenänderungen in den Verhaltensfunktionen eintreten. Die Frage, ob Änderungen im Verhalten der anderen Seite nicht auch Änderungen im eigenen Verhalten auslösen und damit die eigentliche Frage nach dem modus procendendi wird in beiden Theorien ausgeklammert. Darüber hinaus ist es fraglich, ob man Vermeidungsgradienten im Rahmen von Verhandlungen zwischen Tarifpartnern operational messen kann.

Literaturverzeichnis

Bishop, R. L.: A Zeuthen-Hicks Theory of Bargaining, in: Econometrica, Vol. 32, 1964, S. 410 ff.

Boulding, K. E.: Conflict and Defense, New York 1962.

Chamberlain, N.: Collective Bargaining, New York 1951.

Chamberlin, E. H.: The Theory of Monopolistic Competition, 6. ed. Cambridge/ Mass. 1950.

Coddington, A.: Theories of the Bargaining Process, London 1968.

Cross, J. G.: The Economics of Bargaining, New York/London 1969.

Dunlop, J. T.: Wage Determination under Trade Unions, New York 1950.

Fellner, W.: Competition among the Few, New York 1960.

Foldes, L.: A Determinate Model of Bilateral Monopoly, in: Economica, N.S., Vol. XXXI (1964), S. 117 ff.

Harsanyi, J. C.: Approaches to the Bargaining Problem before and after the Theory of Games: A Critical Discussion of Zeuthen's, Hicks and Nash's Theories, in: Econometrica, 1956, S. 114 ff.

— Measurement of Social Power, Opportunity Costs, and the Theory of Two-Person Bargaining Games, in: Behavioral Science, Bd. 7, 1962.

— Rejoinder on the Bargaining Problem, in: Southern Economic Journal, Bd. 24, 1957/58, S. 476 ff.

— Bargaining and Conflict Situations in the Light of a New Approach to Game Theory, in: AER, Papers and Proceedings, Vol. 55, 1965, S. 447 ff.

Hicks, J. R.: The Theory of Wages, London 1963[2].

— Economic Foundation of Wage Policy, in: The Economic Journal, London 1955, S. 389 ff.

Külp, B.: Lohnbildung im Wechselspiel zwischen politischen und wirtschaftlichen Kräften, Volkswirtschaftliche Schriften, Heft 84, hrsg. v. J. Broermann, Berlin 1965.

Morgenstern, O.: Die Theorie der Spiele und des wirtschaftlichen Verhaltens, in: Jb. f. Sozialwiss., Bd. I, 1950, S. 113 ff.

Nash, J. F. (Jr.): The Bargaining Problem, in: Econometrica 1950, Vol. 18, S. 155 ff.

Pen, J.: The Wage Rate under Collective Bargaining, Cambridge/Mass. 1959.

— A General Theory of Bargaining, in: The American Economic Review, Vol. 42, 1952, S. 24 ff.

— Wage Determination Revisited, in: Kyklos 1958, Vol. XI, S. 1 ff.

Robinson, J.: The Economics of Imperfect Competition, New York 1936.

Ross, A. M.: Trade Union Wage Policy, Berkeley and Los Angeles 1956[4].

— The Dynamics of Wage Determination under Collective Bargaining, in: The American Economic Review, Vol. 37, 1947.

Rothschild, K. W.: Approaches to the Theory of Bargaining, in: J. T. Dunlop (ed.), The Theory of Wage Determination, London 1957, S. 281 ff.

Schelling, T. C.: The Strategy of Conflict, Cambridge 1960.

— An Essay on Bargaining, in: The American Economic Review, Vol. 46, 1956, S. 281 ff.

Schneider, E.: Einführung in die Wirtschaftstheorie, II. Teil, 12. Auflage, 1969.

Schumpeter, J. A.: Zur Einführung der folgenden Arbeit K. Wicksells, in: Archiv f. Sozw., 58. Bd., 1927, S. 244 ff.

Shackle, G. L. S.: The Nature of Bargaining Process, in: J. T. Dunlop (ed.), The Theory of Wage Determination, S. 292 ff.

Stevens, C. M.: Strategy and Collective Bargaining Negotiations, New York 1963.

Wack, R.: Kollektivverhandlungen in den USA — Zur Theorie der Vertragsverhandlungen im institutionellen Arbeitsmarkt, Staatswissenschaftl. N.F. Bd. 37, Zürich 1959.

Walton, R. E.: A Behavioral Theory of Labor Negotiations. An Analysis of a Social Interaction System, New York, Toronto, London 1965.

Zerche, J.: Zur Theorie der Verhandlungen zwischen Gewerkschaften und Unternehmerverbänden — Eine kritische Analyse neuerer Ansätze in der Lohntheorie, Diss., Düsseldorf 1968.

Zeuthen, F.: Problems of Monopoly and Economic Warfare, London 1930.

D. Verbände im Wahlsystem — Verbandswahlen

Von *Philipp Herder-Dorneich*

I. Einleitung: Das Konzept der Integration von Wahlökonomik und Verbandsökonomik

Verbände im Wahlensystem — keine politische Wahl ist heute denkbar, in der die Verbände nicht eine gewichtige Rolle spielen. Wir brauchen dabei nicht so weit wie viele Autoren zu gehen, auch die politischen Parteien als Verbände aufzufassen, wenngleich sie dies sicherlich sind. Auch diejenigen Verbände, die es nicht zu ihren primären Aufgaben gemacht haben, Bewerber um politische Ämter aufzustellen, sind oft kaum weniger als die Parteien in den politischen Prozeß verflochten. Wir können heute weder den Wahlvorgang noch die Verbände verstehen, wenn wir nicht beides aufeinander beziehen.

Nicht nur die Verbände stehen im Wahlensystem, auch in den Verbänden wird gewählt. Es gibt also auch *innerverbandliche* Wahlensysteme. Mag dieses Wählen in den Verbandswahlen auch oft recht ineffizient und bisweilen sehr formal erscheinen, der innerverbandliche Willensbildungsprozeß ist ohne Verbandswahlen nicht zu verstehen. Und bei vielen Verbänden spielen in der internen Willensbildung wiederum *interne Verbände* eine Rolle.

Wenn wir Wahlen, Verbände und Verbandswahlen zusammen sehen, liegt es nahe, die Zusammenhänge zwischen wählen und Verbandsbildung einmal zu untersuchen, das eine vor dem Hintergrund des anderen zu sehen und umgekehrt. In den folgenden Überlegungen soll deshalb versucht werden, *Wahlökonomik* und *Verbandsökonomik* miteinander zu verbinden. Dieser Versuch schließt sich an die Bemühung des vorigen Abschnitts an, *Marktökonomik* und *Verbandsökonomik* zu integrieren. Allerdings waren dort die theoretischen Instrumente schon weiter entwickelt, als dies für eine Integration Wahlökonomik/Verbandsökonomik noch der Fall ist. Es wird deshalb zunächst einmal unsere Aufgabe sein, die Grundzüge der Wahlökonomik zusammenzufassen, soweit sie für unser Ziel von Bedeutung sind. Wir wollen beginnen mit einem kurzen Überblick über die Systemtheorie des Wählens.

II. Marksteine einer Theorie der Wahlen

Die soziale Institution des Wählens hat eine Jahrtausende alte Tradition. Dies gilt auch für den deutschen Sprachraum. Was einem aber seit langem bekannt erscheint, darüber pflegt man sich meist keine Gedanken mehr zu machen, und so ist es nicht zu verwundern, daß gegenwärtig das Wissen über die Zusammenhänge beim Wählen weit hinter der Entwicklung dieser sozialen Einrichtung zurückgeblieben ist.

Die wissenschaftliche Theorie der Wahl hat ihren letzten, wohl entscheidenden Anstoß durch *Josef Schumpeter* 1942 erhalten. Schumpeter hat in seinem Buch „Kapitalismus, Sozialismus und Demtokratie"[1] damals die *„klassische Theorie der Demokratie"* gewissermaßen rückblickend formuliert und sie mit seiner neuen Betrachtungsweise konfrontiert, die wir heute als die *„moderne Theorie der Demokratie"* bezeichnen können. Seither können wir also auch in der politischen Theorie von einer klassischen Periode sprechen, mit ihrem in sich geschlossenen, heute abgeschlossenen — eben klassischen Weltbild.

Das entscheidend Neue an der modernen Betrachtungsweise ist die geradezu kopernikanische Wende in der Theorie des Wählens. Die klassische Theorie unterstellt das Vorhandensein eines allgemeinen Volkswillens oder Gruppenwillens[2]. Wählen heißt hier, diesem vorgegebenen Gruppenwillen Ausdruck geben[3]. Die moderne Betrachtungsweise sieht den Zusammenhang gerade umgekehrt. Wählen wird hier als sozialer Prozeß erfaßt. Der allgemeine Gruppenwille steht nicht am Anfang, sondern am Ende dieses Prozesses. Wählen heißt *Willensbildung*[4].

Die Klassik setzte nicht nur den Wählerwillen voraus, sie nahm auch eine *Interessenidentität* zwischen Wählern und Gewählten an[5]. Die moderne Betrachtungsweise hat diesen Gedanken der Interessenharmonie *ex ante* aufgegeben. Bei ihr steht vielmehr *Interessendiskre-*

---

[1] *Schumpeter*, Joseph A.: Kapitalismus, Sozialismus und Demokratie, 2. erw. Aufl., Bern 1950, S. 448.

[2] Eine gute Darstellung der damaligen Theorien und eine Kritik ihrer Implikationen gibt Ernest Barker. Vgl. *Barker*, Ernest: Principles of Social and Political Theory, Oxford University Press, 3. Paperback Aufl., 1965, S. 184 ff.

[3] Vgl. *Albert*, Hans: Traktat über kritische Vernunft, Tübingen 1968, S. 164 ff.

[4] Zu diesem Ergebnis kommen auch Hermens und Unkelbach. „Es ist hinzuzufügen, daß die Mehrheitswahl auch eine meinungsbildende Wahl ist, daß im Grunde ein jedes Wahlsystem auch meinungsbildend ist." *Hermens*, Ferdinand A. und *Unkelbach*, Helmut: Die Wissenschaft und das Wahlrecht, Sonderdruck aus der Politischen Vierteljahresschrift, 8. Jg. 1967, Heft 1, S. 9.

[5] Vgl. hierzu auch die Ausführungen Külps zum Repräsentationstheorem. *Külp*, Bernhard: Lohnbildung im Wechselspiel zwischen politischen und wirtschaftlichen Kräften, Berlin 1961.

panz am Anfang. Sie betrachtet es gerade als Aufgabe des Wahlprozesses, Interessenkoordination zwischen Wählern und Gewählten zu schaffen (Interessenharmonie erst ex post).

Dieser neue Ansatz wurde möglich durch die Anwendung des seit *Adam Smith* in der ökonomischen Diskussion dominierenden *Eigennutzaxioms* auch bei der Analyse des Verhaltens von Politikern. Die Erreichung des *sozialen Zieles* ist in dieser Betrachtungsweise als Nebenprodukt beim Verfolgen *persönlicher Ziele* zu verstehen, Schumpeter schreibt: „... In ähnlicher Weise ist der soziale Sinn oder die soziale Funktion der parlamentarischen Tätigkeit ohne Zweifel die, Gesetze und teilweise auch Verwaltungsmaßnahmen hervorzubringen. Aber um zu verstehen, wie die demokratische Politik diesem sozialen Ziele dient, müssen wir vom Konkurrenzkampf um Macht und Amt ausgehen und uns klar werden, daß die soziale Funktion, so wie die Dinge nun einmal liegen, nur nebenher erfüllt wird — im gleichen Sinne wie die Produktion eine Nebenerscheinung beim Erzielen von Profiten ist[6]."

Der Schumpetersche neue Ansatz brauchte eine gute Weile, um sich in der politischen Theorie durchzusetzen. 1957 griff ihn *Downs*[7] in den USA auf. Ebenfalls 1957 habe ich ihn hier zur Grundlage eines einfachen politischen Modells[8] genommen. Seither wurde die neue Betrachtungsweise in den USA wie in Deutschland rasch heimisch. Heute kann man sagen, daß sie sich — zumindest in den USA — allgemein durchgesetzt hat[9].

In der modernen Theorie der Demokratie tritt demnach der *Wahlprozeß* als die zentrale Institution in den Vordergrund. Ja, man kann sagen, daß es erst durch die Analyse des Wahlprozesses oder des „*Wahlmechanismus*" (wie man vielfach auch zu sagen pflegt) gelingt, das Funktionieren der Demokratie überhaupt zu erfassen. Dabei zeigt sich nun, daß nicht nur im *staatlichen Verband* gewählt wird. Wahlen finden wir ebenso in vielen anderen Verbänden — auch in *nichtstaatlichen* Verbänden. Gewählt wird z. B. in der Vertreterversammlung

---

[6] *Schumpeter*, Joseph, a.a.O., S. 448.

[7] *Downs*, Anthony: Ökonomische Theorie der Demokratie, hrsg. von R. Wildenmann, Tübingen 1968.

[8] *Herder-Dorneich*, Philipp: Politisches Modell zur Wirtschaftstheorie. Theorie der Bestimmungsfaktoren finanzwirtschaftlicher Staatstätigkeit, Freiburg 1959; eine Teilauflage erschien 1957 unter dem Pseudonym *Harding*, Fred O.

[9] Für eine Weiterentwicklung der *Downs*schen Gedankenzüge vgl. *Frey*, Bruno und *Lau*, Lawrence J.: Towards a Mathematical Model of Government Behaviour, in: Zeitschrift für Nationalökonomie, Bd. 28, Wien 1968, S. 355—380. Für eine kritische Beurteilung vgl. *Colm*, Gerhard: Zum Begriff des Allgemeinwohls, in: Soziale Verantwortung, Festschrift für Goetz Briefs, hrsg. von J. Broermann und Ph. Herder-Dorneich, Berlin 1968, S. 23—34. *Bernholz*, Peter: Economic Policies in a Democracy, in: Kyklos 19 (1966).

einer Aktiengesellschaft oder in einer Gewerkschaft. Gewählt wird in den Selbstverwaltungskörperschaften der Sozialen Sicherung, in den Kirchen, in vielen freien Interessenverbänden.

Indem die politische Theorie ihr Interesse dem Wahlmechanismus zuwandte, entstand nicht nur das Bedürfnis nach einer Theorie des Wählens im staatlichen Verband, sondern nach einer *allgemeinen Theorie der Wahl*. Die Wahl im staatlichen Verband erweist sich jetzt lediglich als ein *Sonderfall*. Zweifellos ist sie ein Sonderfall von großer Bedeutung, jedoch keineswegs der wissenschaftlich interessanteste Sonderfall überhaupt. In der allgemeinen Theorie der Wahl beginnt sich also notwendig die *politische Theorie* als Wissenschaft vom staatlichen Verband mit der *allgemeinen Verbändelehre* zu verbinden.

Die Theorie der Wahlen hat in den letzten Jahren wichtige Beiträge zu verzeichnen gehabt, in denen, von verschiedener Seite herkommend, *Modelle zur Wahlentscheidung* entwickelt wurden. Aus der jüngsten Zeit liegen Versuche zu einer funktionalistischen Wahltheorie vor[10].

Das Übergewicht liegt aber nach wie vor bei den *formal-logischen* Theorien. Modelle dieses Typs wurden zum Teil mit erheblichem mathematischen Aufwand zu einer überraschenden Exaktheit ausgebaut[11]. Durch sie soll die Wahlentscheidung in einer Gruppe erklärt und vorausbestimmt werden. Diese Modelle können also in etwa als Teil einer *Gleichgewichtstheorie des Wahlganges* bezeichnet werden.

Zur Beurteilung der Erklärungskraft dieser Theorien muß man sich indes vor Augen halten, daß es sich im Grunde um recht spezielle Aussagen handelt. Sie stellen einen Wahlgang unter sehr extremen Bedingungen dar und sind damit eher geeignet, ein abstraktes Bild dessen zu entwerfen, wie eine Wahl ablaufen *könnte* als eine Erklärung für *tatsächliche* Geschehnisse herzugeben[12].

Hans Albert[13] hat gezeigt, daß eine „politische Algebra" eine „politische Soziologie" höchstens ergänzen, nicht aber ersetzen kann. Der

---

[10] Vgl. etwa *Rose*, R. und *Mossawir*, H.: Voting and Elections: A Functional Analysis, in: Political Studies, London, June 67, S. 173—201 bzw. *Pomper*, G.: The Concept of Elections in Political Theory. Review of Politics, Notre Dame (Ind.), Oct. 67, S. 478—491.

[11] Vgl. *Riker*, William H.: The Theory of Political Coalitions, New Haven and London, Yale University Press, 3. Aufl. 1967, und *Black*, Duncan: The Theory of Committees and Elections. 2nd ed. Cambridge, Cambridge University Press 1963; eine gute deutschsprachige Übersicht bietet *Gäfgen*, Gerard: Theorie der wirtschaftlichen Entscheidung, 2. Aufl., Tübingen 1968, S. 413—456.

[12] Eher als Erklärung für tatsächliche Geschehnisse ist zu sehen *Ordeshook*, Peter Carl: Theory of the Electoral Process, University of Rochester, Ph. D. 1969, Ann Arbor, Michigan 1971.

[13] *Albert*, Hans: Politische Ökonomie und rationale Politik, in: Theoretische und institutionelle Grundlagen der Wirtschaftspolitik, Festschrift für Theodor Wessels, Berlin 1967, S. 59—87.

Modell-Platonismus der Nationalökonomie, von der modernen Wissenschaftstheorie schwer angeschlagen, scheint in der politischen Theorie ein Refugium gefunden zu haben.

Eine Wahltheorie, die zur Erklärung der Wirklichkeit beitragen will, läßt sich schwerlich im sozialen Vakuum konstituieren. Zudem wird das Problem der Einrichtung einer *Wahlordnung* aus der Betrachtung ausgeklammert, indem man lediglich die Auswirkungen alternativ vorgestellter Regeln untersucht[14]. Welche Wahlordnung realisiert wird, ist aber eine Frage, die sich ohne Rekurs auf soziale Verhältnisse (sprich: Machtkonstellationen) ebensowenig beantworten läßt wie die Frage nach der Funktionsfähigkeit eines modellhaften Wahlmechanismus in einer historischen Situation[15].

Die *Gleichgewichtsmodelle der Wahlentscheidung* gehen insofern von einem extremen Fall aus, als sie eine direkte Wahl analysieren[16]. Sie unterstellen damit, daß eine Wahlentscheidung durch einen *einzigen* Wahlgang getroffen wird[17]. Diese Vorgehensweise ist deshalb verständlich, weil die mathematische Theorie der Wahlen ihre Theoreme im allgemeinen aus der Vorstellung einer relativ kleinen Gruppe entwickelt, die eine Entscheidung zwischen Personen (Wahl) oder sachlichen Vorlagen (Komitee-Entscheidung) trifft[18]. Eine Verallgemeinerung dieser unter *heroischen Annahmen* gewonnenen Erkenntnisse stößt allerdings auf nicht unbeträchtliche Schwierigkeiten.

Wir wollen versuchen, im folgenden *neue* Zugänge zu finden, indem wir die Fragestellung in etwa *umkehren*. Wir setzen nicht einen (einfachen) Wahlmechanismus als gegeben voraus und fragen, welches Gleichgewicht der Entscheidung sich in ihm einstellt, sondern wir lassen das Gleichgewicht der Wahlgänge als gegeben beiseite und untersuchen den Aufbau des Wahlmechanismus selbst als *Variable*. Wir

---

[14] Wird der üblicherweise als gegeben betrachtete Wahlmodus als Verfassungsproblem gesehen, so ist hinzuweisen auf: *Buchanan*, James und *Tullock*, Gordon: The Calculus of Consent Logical Foundations of Constitutional Democracy, University of Michigan 1962, Ann Arbor 1965.

[15] So auch *Shubik*, Martin: A Two Party System, General Equilibrum And The Voter's Paradox, in: Zeitschrift für Nationalökonomie, 28. Jg. (1968), S. 341—354.

[16] Vgl. *Ordeshook*, Peter Carl: Theory of the Electoral Process, University of Rochester Ph. D., 1969; Ann Arbor, Michigan 1970.

[17] Vgl. *Gillespie*, John Vincent: Formal Models of Voting in Mass Publics: Toward a Theory of Political Elections University of Minnesota Ph. D. 1969, Ann Arbor, Michigan 1971.

[18] Die Anwendung der Spieltheorie, die bis jetzt Lösungen für bis zu maximal 3 Teilnehmer pro Spiel liefern kann, begünstigte diese Entwicklung in der politischen Ökonomie. Weiterführrend (6 Personen) scheint das Manuskript Seltens zu sein, das bisher nicht vorliegt, aber von Frey zitiert wird. *Selten*, Reinhard: Anwendung der Spieltheorie auf die politische Wissenschaft. Vervielfältigtes Manuskript, zitiert aus: *Frey*, Bruno S.: Models of Perfect Competition and Pure Democracy, in: Kyklos 1970, S. 736—755.

fragen also nach den verschiedenen Formen von Wahlmechanismen und nach den Bestimmungsgründen und Funktionen ihres jeweiligen Aufbaus.

Dabei zeigt sich als eine erste Beobachtung, daß Wahlentscheidungen im allgemeinen durch eine *Vielzahl von Wahlgängen* getroffen werden. Der isolierte Wahlgang ist ein Sonderfall, der nur sehr selten gegeben ist[19]. Gegenstand der Theorie der Wahl ist somit sinnvollerweise nicht nur der *isolierte Wahlgang*, sondern das *Wahlensystem*[20] als eine *strukturierte Gesamtheit von Wahlgängen*. Ich werde im folgenden zwischen *reinen* und *komplexen* Wahlensystemen unterscheiden. Als *reine* Systeme möchte ich solche bezeichnen, die sich *lediglich* aus Wahlgängen zusammensetzen; als *komplexe* Systeme solche, die Wahlgänge mit *anderen* sozialen Entscheidungsmechanismen integrierend kombinieren. Zunächst will ich kurz einige Dimensionen des reinen Systems aufzeigen; auf die Probleme komplexer Systeme werde ich anschließend eingehen.

III. Reine Wahlensysteme

1. Wahlfolgen

Zuerst ist die *zeitliche Dimension* zu erwähnen. Ein *isolierter Wahlgang* kann an sich die Aufgabe der Willensbildung und der Interessenkoordination nicht leisten. Erst eine *Abfolge* von Wahlgängen ist dazu in der Lage. Die einzelne Wahl bedarf des *rekurrenten Anschlusses* an vorausgegangene Wahlen.

Dieses Problem des *rekurrenten Anschlusses* der Wahlen läßt sich besonders gut an neu eingerichteten Wahlensystemen beobachten. Hier besteht — eben wegen des Neubeginns — noch keine Kontinuität.

[19] Dem trägt Coleman auf dem politischen Parteiensektor Rechnung, indem er sinngemäß schreibt, daß Parteiführer nicht nur einen externen Kampf zu gewinnen haben, sondern auch die Billigung ihrer eigenen Partei. Vgl. *Coleman*, James S.: Internal Processes Governing Party Positions in Elections, in: Public Choice, Vol. XI, Fall 1971, S. 35—60.

[20] Um die in sich geschlossene Ganzheit eines Komplexes aus mehreren Wahlgängen und anderen Entscheidungsmechanismen zu bezeichnen, verwendet der Verfasser den Terminus: Wahlensystem. Damit ist ein System gemeint, das weitestgehend aus Wahlen besteht. Zu unterscheiden sind Systeme sozialer Entscheidungsmechanismen, die ausschlaggebend aus Märkten oder Gruppenverhandlungen bestehen. Vgl. hierzu *Herder-Dorneich*, Philipp: Der Markt und seine Alternativen in der freien Gesellschaft, Wien—Hannover 1968. Wahlensystem ist nicht zu verwechseln mit Wahlsystem. Mit dem Begriff „Wahlsystem" werden Wahlordnung, Ordnung eines Wahlganges nach verschiedenen Wahlrechten bezeichnet. Dem Verfasser scheint die Verwendung des Begriffs „Wahlsystem" nicht den Blick auf das System der Wahlen in seiner Ganzheit zu eröffnen. „Wahlsystem" ist nur auf einen einzigen Wahlgang bezogen, engt damit den Blick ein. Der Verfasser verwendet diesen Begriff deshalb nach Möglichkeit nicht.

Wähler und Gewählte müssen also zunächst ins Ungewisse hinein wählen. Die Wähler müssen dabei Vertreter wählen, die sich bisher noch nicht bewährt haben und von denen man nicht weiß, wieviel sie von ihren Wahlversprechen halten werden. Die Gewählten ihrerseits müssen Programmpunkte auswählen, von denen sie nicht wissen, inwieweit sie bei der Wahl ankommen, inwieweit sie von den Wählern wirklich honoriert werden. Erst nach Ablauf mehrerer Wahlperioden werden sich Wähler und Gewählte nach dem System des *Versuchs und des Irrtums* soweit aneinander herangetastet haben, daß Willensbildung und Interessenkoordination überhaupt möglich werden[21].

Interessante Beispiele für solche neu entstehenden Wahlensysteme bilden gegenwärtig die Wahlen in der katholischen Kirche, und zwar einerseits die Abstimmungen auf dem Konzil, andererseits die jetzt neu eingerichteten Wahlen der Laienräte[22]. Lehrreich sind auch die Versuche, Universitäten durch Wahlensysteme zu organisieren. Hier sehen wir deutlich, wie zunächst gewählt wird, ohne daß Wahlprogramme im eigentlichen Sinne angeboten werden können.

Ein anderes wichtiges Beispiel bieten die Wahlen in den Selbstverwaltungskörperschaften der Sozialen Sicherung[23]. Wir haben hier ein Wahlensystem vor uns, das formal zwar seit mindestens 1914 besteht, das aber faktisch so oft unterbrochen war, daß immer nur einzelne wenige Wahlgänge zustande kamen. Erst seit dem Zweiten Weltkrieg

---

21 Einen bemerkenswerten Beitrag zu dieser Problematik liefert Downs, der das Entscheidungshandeln des sich rational verhaltenden Wählers in einer analog beschriebenen Situation analysiert und als Entscheidungshilfen ein Instrumentarium von „Parteidifferentialen" entwickelt. Vgl. *Downs*, Anthony: Ökonomische Theorie der Demokratie, hrsg. von R. Wildenmann, Tübingen 1968, S. 37 ff.

22 Der Aufbau des Wahlensystems zu den Laienräten vollzieht sich fast von Diözese zu Diözese verschieden: Der Umfang der Wahlen differiert; die Funktionen des Gemeinderates und damit das Aufgabenvolumen des Wahlensystems sind nicht festgelegt; die Grenzen zu anderen Kompetenzbereichen sind nur ungenau abgesteckt. Daß unter diesen Bedingungen Wahlprogramme nicht angeboten werden, nicht angeboten werden können, ist offensichtlich. Klarer dagegen sind die Zielsetzungen, die mit der Einführung dieses Wahlensystems verfolgt werden. Aus der rasch umfangreicher werdenden Literatur sei hervorgehoben: *Rahmer*, Karl und *Vorgrimler*, Herbert (Hrsg.): Kleines Konzilkompendium, Freiburg 1966; *Schroer*, Hans: Der Pfarrgemeinderat als gesamtkirchliche Aufgabe. Grundlegung — Aufgabe — Organisation, Trier 1967.

23 Die Wahlen im Bereich der Gesetzlichen Krankenversicherung hat der Verfasser in mehreren Schriften analysiert. Vgl. dazu *Herder-Dorneich*, Philipp: Sozialökonomischer Grundriß der Gesetzlichen Krankenversicherung, Köln 1966, S. 201 ff., S. 229 ff., S. 299 ff., 355 ff.; *ders.*, Ökonomische Theorie der pluralistischen Gesellschaft, als Manuskript vervielfältigt, Köln 1967, S. 58 ff.; *ders.*, Der Markt und seine Alternativen in der freien Gesellschaft. Ökonomische Theorie des Pluralismus, Hannover—Wien—Freiburg 1968, S. 83 ff. Vgl. auch die in diesen Arbeiten angegebene Literatur.

ist einigermaßen Kontinuität eingetreten, erst seither beginnen sich Wahllisten und Wahlbeteiligung zu formieren[24].

Entsprechend dem rekurrenten Anschluß läßt sich ein *präkurrenter Anschluß* formulieren. Ein Wahlgang funktioniert nur, wenn die Beteiligten damit rechnen, daß für sie bedeutsame weitere Wahlgänge folgen werden. Ein Politiker, der davon ausgeht, daß er nicht wieder zur Wahl antreten wird, ist insofern unabhängig vom Willensbildungsprozeß der Wahl. Da er sowieso nicht mehr zur Wahl kommt, sieht er sich insoweit durch sie nicht veranlaßt, seine Versprechungen zu halten, die Wählerwünsche in Erfahrung zu bringen und entsprechende Programme durchzuführen und aufzustellen[25].

Wenn wir vielfach Politiker beobachten, die trotz Wegfalles des *präkurrenten Anschlusses* so handeln, „als ob" wiedergewählt würde, so läßt sich das im allgemeinen daraus erklären, daß die nachgeordneten Politiker (die Parteipolitiker, die den Spitzenkandidaten aufgestellt haben) wiedergewählt werden wollen und für sie also der präkurrente Anschluß gilt[26].

Als eine andere wichtige Dimension, in der sich Wahlgänge zu einem Wahlensystem verbinden können, möchte ich die *Wahlkette* nennen.

2. Wahlketten

Wir beobachten, daß nur in seltenen Fällen die Spitze des Verbandes, also der Vorstand oder die Regierung, *direkt* gewählt wird. Im allgemeinen schließen sich *mehrere* Wahlgänge zu einer *Wahlkette* zusammen. In den Wahlgängen *unterster Ordnung* wird dann eine Vertreterversammlung oder ein Parlament gewählt, in den Wahlgängen *höherer Ordnung* werden Vorstandsgremien gewählt. Möglicherweise wählen diese dann erst aus ihrer Mitte heraus die eigentliche Verbandsspitze.

Im staatlichen Verband stellen wir gewöhnlich eine Wahlkette von zwei oder höchstens drei Gliedern fest. In den sozialpolitischen Verbänden aber gibt es Wahlketten von bis zu acht (und mehr) Gliedern.

---

24 Allerdings sind die Wahlordnungen immer noch nicht ausgereift; bisher wurde zu jeder Wahl eine neue Wahlordnung geschaffen, die gegenüber der jeweils vorhergehenden wichtige Änderungen aufwies. Ob die damit intendierten Wirkungen erreicht wurden, ist nicht unumstritten. Zumindest konnte ein Rückgang der Wahlbeteiligung bisher nicht vermieden werden. Vgl. Dienst für Gesellschaftspolitik, Nr. 27, 1968, S. 3.

25 Vgl. hierzu auch korrespondierende Gedankengänge von *Downs*, Anthony, a.a.O., S. 37 ff.

26 Colm wendet sich gegen die Auffassung von Downs, die Regierungspartei sei nicht über die nächsten Wahlen hinaus um die Zukunft besorgt. Demnach wäre z. B. eine Politik der Erhaltung der Resourcen eines Landes — politisch gesehen — sinnlos. Colm stellt die These auf, daß Politik sich auch mit dem „Allgemeinwohl ... unserer Nachwelt" befaßt. *Colm*, Gerhard: Zum Begriff des Allgemeinwohls ..., a.a.O., S. 25.

Damit stellt sich die Frage: Was bestimmt die Länge der Wahlketten, und wie hängen die einzelnen Wahlstufen voneinander ab?

Die *Länge der Wahlketten* ist offensichtlich abhängig von der Größe und der Strukturierung der Wählerschaft[27]. In kleinen und einfach strukturierten Wahlkörperschaften ist eine *direkte* Wahl möglich. Je größer die Wählerschaft wird und je vielfältiger sie in sich strukturiert ist, um so größer wird das Bedürfnis, auf die Besonderheiten der einzelnen Wählergruppen einzugehen. Das kann um so eher geschehen, je mehr Wahlstufen vorhanden sind. So führt dann der Wunsch, möglichst vielen Gruppen eine selbständige Stimme zu ermöglichen, zu mitunter grotesk langen Wahlketten.

Ob die einzelnen Glieder in diesen Wahlketten stark oder weniger stark voneinander *abhängig* sind, bestimmt sich danach, inwieweit auf jeder Wahlstufe neue und selbständige Koalitionen möglich sind. Bei langen Wahlketten mit viel Koalitionsmöglichkeiten ist die erste Stufe von der letzten kaum mehr abhängig. Die Spitzenfunktionäre können hier agieren, ohne viel Rücksicht auf ihre Urwähler nehmen zu müssen. So liegt es also im Interesse der Gewählten, die sich von ihren Wählern unabhängig machen möchten, möglichst lange Wahlketten einzuführen.

Tatsächlich ist eine gewisse Unabhängigkeit der Gewählten von ihren Wählern immer dann eine Notwendigkeit, wenn es schwierige Sachprobleme zu lösen gilt, die den Massen der Wähler kaum nahegebracht werden können. Die Wahlstufen mit ihren Koalitionsbildungen sind damit auch der Einlaß für den *Sachverständigen ohne demagogisches Talent*. Solche Sachverständige werden zur Lösung der Sachfragen im Verband gebraucht; in der politischen Auseinandersetzung auf den unteren Wahlstufen erweisen sie sich jedoch oft als untalentiert und würden deshalb überhaupt nicht in die entscheidenden Gremien gelangen — ausgenommen bei Listenwahlmechanismen —, wenn sie nicht auf den oberen Wahlstufen hinzukommen könnten.

Die Diskussion um die Wahlketten und die gegenseitige Abhängigkeit der Wahlstufen voneinander wird gegenwärtig vor allem unter dem Stichwort „Wahlrechte“ geführt. Die Befürworter des *Mehrheitswahlrechtes* treten dabei für eine nur zweistufige Wahlkette ein, in der das Hauptgewicht der Entscheidung auf die unterste Wahlstufe gelegt wird. Die zweite Wahlstufe soll nur den Reflex der ersten bilden. Die

---

27 Aufgabenstellung und Bedeutung des Systems sind nach Grochla weitere Determinanten der Stufenbildung. Vgl. *Grochla*, Erwin: Verbandsorganisation, in: Handwörterbuch der Organisation, hrsg. von Erwin Grochla, Stuttgart 1969. Vgl. des weiteren *Naschold*, Frieder: Demokratie und Komplexität. Politische Vierteljahresschrift, 9. Jg., Heft 4, Opladen 1968, S. 494—518.

Befürworter des *Verhältniswahlrechtes* dagegen treten für eine größere Selbständigkeit der zweiten Wahlstufe und ihrer Koalitionsbildung ein[28].

Aus dieser Diskussion wird offensichtlich, daß die Organisation eines einzigen Wahlganges — nämlich nach dem Mehrheitswahlrecht oder nach Verhältniswahlrecht — das ganze Wahlensystem mit allen seinen Stufen stark beeinflußt[29]. Welche Wahlstufen nachfolgen und was auf ihnen geschieht, ist bereits in der Wahlordnung der *untersten* Wahlstufe angelegt.

Wir können das Bild einer Wahlkette in einem *einfachen Modell* wiedergeben. Wir trennen dabei jeweils die *Aggregate* der Wähler und der Gewählten voneinander und beachten, daß die Gewählten ihrerseits wiederum Wähler sein können. Die Wähler der untersten Wahlstufe bezeichnen wir als *B* (Wahlbürger), die Wähler bzw. Gewählten der oberen Wahlstufen als *P* (Politiker), im einzelnen kenntlich gemacht durch die Indices der Wahlstufen. Die *Wahlgänge* bezeichnen wir als *W*, ebenfalls mit den Indices der Wahlstufen versehen. Vgl. Figur 1.

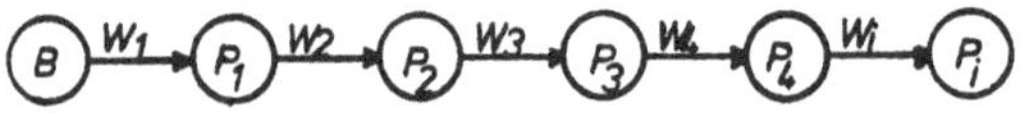

Figur 1

Vergleichen wir das Modell einer langen Wahlkette mit dem Modell, wie es uns die klassische Theorie der Wahl vorgelegt hat, so wird deutlich, daß nicht von vornherein unterstellt werden kann, daß eine Interessenidentität zwischen Wählern *B* und Politikern P_i nach Ablauf aller Wahlgänge $W_1 \dots W_i$ besteht. Es ist vielmehr anzunehmen, daß die Entscheidungen von P_i sich um so weiter von den Interessen von *B* entfernen, je länger die Wahlkette ist. Es wird auch deutlich, daß es nicht einmal von vornherein wünschenswert ist, daß sich die Interessen von *B* und P_i decken. Ein Beispiel hierfür sind die Sachverständigen, die auf den höheren Wahlstufen unter Umständen gebraucht werden, andererseits aber mit *B* in keiner Verbindung stehen.

[28] Die Ausführungen Küchenhoffs, der sein Votum für die Verhältniswahl mit ausführlicher Kritik der Mehrheitswahl verbindet, veranschaulichen das deutlich. Vgl. *Küchenhoff*, Erich: Volkslegitimation, Stabilität und Kontrolle des Regierens unter Mehrheitswahlrecht und Verhältniswahlrecht, in: Mehrheitswahlrecht? Beiträge zur Diskussion um die Änderung des Wahlrechts, hrsg. von Horst Zilleßen, Stuttgart 1967.

[29] Vgl. *Hermens*, F. A.: Verfassungslehre, 2. Aufl., Köln und Opladen 1968, sowie seine früheren Schriften „Europe Between Democracy and Anarchy", Notre Dame 1951 bzw. „Demokratie oder Anarchie? Eine Untersuchung über die Verhältniswahl", Frankfurt 1951.

3. Parallele Wahlzüge

Um die Koalitionsbildung[30] auf späteren Wahlstufen zu bestimmen und von vornherein festzulegen, werden in vielen Wahlensystemen Wahlketten *parallel nebeneinandergeschaltet*. Hier laufen zwei oder *mehrere Wahlzüge getrennt* nebeneinander, um sich erst auf der entscheidenden Wahlstufe zu einem gemeinsam weiterlaufenden Wahlzug zu vereinigen. Die einzelnen Wählergruppen wählen bei solchen Wahlzügen getrennt ihre Vertreter. Diese kommen in einer gemeinsamen Vertreterversammlung unter einem festen Zahlenverhältnis zusammen und wählen dann gemeinsam den Vorstand. Das Entscheidende dabei ist, daß die getrennt gewählten Vertreter in einem festen Zahlenverhältnis zusammentreten. Dadurch ist ihre Koalitionsbildung praktisch von vornherein fixiert[31].

Getrennte, parallele Wahlzüge werden vor allem bei den Selbstverwaltungskörperschaften der Sozialen Sicherung praktiziert. Hier wählen Arbeitgeber und Arbeitnehmer getrennt. Ihre Vertreter kommen in einem Zahlenverhältnis von 50 : 50 zusammen und bestimmen gemeinsam den Vorstand[32]. Untersuchen wir die durch das 50 : 50 Verhältnis vorgezeichnete Koalition, so ist hier nur eine *große Koalition* möglich, die beide Gruppen zusammenschließt. Beide Gruppen müssen sich notwendigerweise einigen, oder sie blockieren sich gegenseitig. Oder umgekehrt betrachtet: Beide Gruppen sind veranlaßt, alle Probleme auszuklammern, die sie in direkten Gegensatz zueinander bringen würden. Das sind in diesem konkreten Falle die Probleme des sozialen Klassenkampfes. Die parallelen Wahlzüge schalten damit also — paritätisch besetzte Vertreterversammlungen unterstellt — den Klassenkampf von vornherein aus und lassen nur die Sachprobleme der Sozialen Sicherung zu. Hieraus erhalten diese Wahlen ihre spezi-

---

[30] Zum Koalitionsproblem im allgemeinen vgl. *Riker*, William H.:The Theory of Political Coalitions, New Haven und London, Yale University Press, 3. Aufl., 1967.

Zu Koalitionsproblemen im besonderen vgl. *Groennings*, Sven, *Kelley*, E. W., *Leirson*, Michael (ed.): The Study of Coalition Behavior, Theoretical Perspectives and Cases from four Continents, New York 1970.

[31] Besonders deutlich wird das, wenn wir unterstellen 1. paritätische Besetzung durch zwei Gruppen und 2., daß die in den parallelen Wahlzügen gewählten Vertreter jeweils geschlossen auftretende Gruppen bilden. Geht man nicht von diesen Annahmen aus, sind verschiedene Koalitionen — innerhalb bestimmter Grenzen — möglich, wie zuletzt in der Wahl des Bundespräsidenten deutlich wurde und andererseits aus der Vorstellung von Drittelparitäten ersichtlich ist.

[32] Die paritätische Besetzung der Selbstverwaltungsorgane ist zwar die Regel. Ausnahmen gelten jedoch in folgenden Fällen: In der Knappschaftsversicherung (1/3 : 2/3); bei den landwirtschaftlichen Berufsgenossenschaften (1/3 Selbständige); bei den Betriebskrankenkassen und bei der Bundesbahn-Versicherungsanstalt (jeweils nur 1 Vertreter der Arbeitgeber — jedoch gleiche Stimmenzahl); bei den Ersatzkassen (keine Arbeitgebervertreter).

fische Stabilität. *Arrow* hat theoretisch nachgewiesen, daß gleichstarke Dreiergruppen dagegen zu einem instabilen Koalitionssystem führen[33].

Die parallelen Wahlzüge benötigen zu ihrer Rechtfertigung die klassische Vertretertheorie. Nach dieser kommen hier Vertreter zusammen, die lediglich dem Allgemeinwohl verpflichtet sind. Sieht man dagegen die Vertretertheorie als unrealistisch an, so gibt es schwerlich Erklärungsgründe, nach denen fixe Stimmverhältnisse (etwa hälftige oder Drittelparitäten) gerechtfertigt werden könnten. Die Rechtfertigungslehren für Wahlmechanismen mit parallelen Wahlzügen sind deshalb immer ideologisch geladen[34].

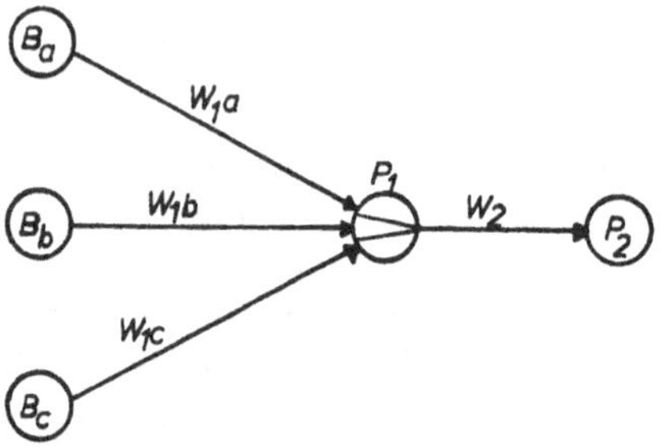

Figur 2

Wir können wiederum in einem einfachen Modell die parallelen Wahlzüge wie in Figur 2 wiedergeben.

Interessante Beispiele ergeben sich für getrennte Wahlzüge aus der Mitbestimmungsdiskussion und der Diskussion um die Universitätsverfassung.

4. Gegenläufige Wahlzüge

Wir haben bisher untersucht, wie Wahlgänge hintereinander und/ oder nebeneinander geschaltet sind. Kennzeichnend dafür war, daß in den späteren Wahlstufen die Gewählten ihrerseits Wähler bildeten. Wir wollen nun beachten, daß Wahlen auch *aufeinander zuführen* können. Beide Gruppen, *B* und *P*, sind gleichzeitig Wählende *und* Gewählte; sie wählen sich gegenseitig. Die Wahlen führen damit — wie in Figur 3 dargestellt — *kreislaufartig* ineinander. Die Richtung, in der die Wahlstimmen abgegeben werden, ist durch einen Pfeil gekennzeichnet.

---

33 *Arrow*, Kenneth J.: Social Choice and Individual Values, 2nd ed., New York 1963 und *Downs*, Anthony: Ökonomische Theorie der Demokratie, Tübingen 1968, S. 59 ff.

34 Die Argumentation in bezug auf die „Demokratisierung" der Hochschulen und die Aufhebung ihrer „autoritären Strukturen" sind dafür symptomatisch.

Figur 3

Als Beispiel für gegenläufige Wahlzüge sei die Wahl des Papstes durch die Kardinäle, die ihrerseits wieder vom Vorgänger des Papstes kreiert worden sind, genannt. Ein anderes bekanntes Beispiel bietet das preußische Herrenhaus (Oberhaus), in das der König Herren (Vertreter) berufen konnte. Als 1860 das Herrenhaus die liberale Vorlage zur Aufhebung der Grundsteuerfreiheit der Rittergüter ablehnte, berief der König, der die Vorlage unterstützte, alsbald in einem sogenannten „Pairsschub“ solange neue Vertreter in die Versammlung, bis er die notwendige Mehrheit erhielt.

Gegenwärtig sind gegenläufige Wahlzüge in vielen Vereinen und Verbänden festzustellen, soweit der Verband bei der Mitgliederaufnahme oder bei der Nominierung[35] von Kandidaten ein Vorschlags- oder Berufungsrecht hat. Die gegenläufigen Wahlzüge eignen sich besonders zur Festigung und zur Aufrechterhaltung eines speziellen Gruppenzusammenhaltes. Sie wirken damit konservativ.

IV. Wahlensystem einer Gewerkschaft

Mit Hilfe der Begriffe der *Wahlketten*, der *parallelen* und der *gegenläufigen Wahlzüge* lassen sich Modelle spezieller Wahlensysteme darstellen. Figur 4 zeigt das Wahlensystem einer Gewerkschaft im Modell, in dem u. a. die Vorstände (F_1) der Verwaltungsstellen vom Hauptvorstand (F_3) bestätigt werden müssen (Ww_1), damit sie ihre Funktion ausüben können; außerdem werden Gewerkschaftsangestellte (*GA*) und Bezirkssekretäre (F_7) vom Hauptvorstand (F_3) eingestellt (Ww_2 und Ww_3). Vorschlags-, Bestätigungs- und Einstellungsprozesse sind in unserem Modell als Wahlen erfaßt und durch den Index w besonders bezeichnet.

Es ist zu beachten, daß F_1, *GA* und F_7 zum Teil mit den Delegierten (F_2) des Gewerkschaftskongresses identisch sind, die ihrerseits den Hauptvorstand (F_3) wählen[36]. Diese Identität ist durch gestrichelte *I*-Linien symbolisiert.

[35] Der Charakter des Nominierungsprozesses als Vorwahl wird von Külp herausgestellt. Vgl. *Külp*, Bernhard, a.a.O., S. 67 f.

[36] Diese Annahme teilweiser Identität ist durchaus realistisch. Rund 30 % der Delegierten des 9. ordentlichen Gewerkschaftstages der Industriegewerkschaft Metall waren hauptamtliche Angestellte ihrer Organisation. Ebenso rund 27 % der Delegierten des 8. ordentlichen Gewerkschaftstages der IG Druck und Papier. Vgl. dazu das Tagesprotokoll des 9. ordentlichen Gewerkschaftstages der IGM, S. 5 und S. 74 und das Tagesprotokoll des 8. ordentlichen Gewerkschaftstages der IG Druck und Papier, S. 96.

Damit sind drei kreislaufartig ineinander führende Wahlprozesse gegeben (vgl. Figur 4):

1. $(F_1F_2)\ F_3$, verbunden durch Ww_1, I_1, W_3
2. $(GA\ F_2)\ F_3$, verbunden durch Ww_2, I_2, W_3
3. $(F_7F_2)\ F_3$, verbunden durch Ww_3, I_3, W_3

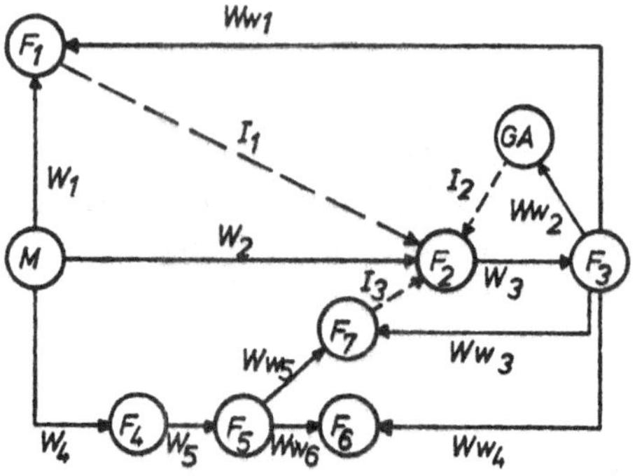

Figur 4

Das Modell der Figur 4 basiert auf der Mitgliederversammlung (M) einer Verwaltungsstelle, die in der Wahl W_1 den Verwaltungsvorstand F_1 wählt, der vom Hauptvorstand F_3 durch die Wahl Ww_1 bestätigt wird. M wählt in W_2 die Delegierten des Gewerkschaftskongresses F_2, der seinerseits in W_3 den Hauptvorstand F_3 wählt. M wählt weiterhin in W_4 die Delegierten der Bezirkskonferenz F_4; F_4 wählt in W_5 die Bezirkskommission F_5, die in Ww_6 den Bezirksleister F_6 vorschlägt, der von F_3 im Wahlvorgang Ww_4 eingestellt wird. F_5 schlägt in Ww_5 weiterhin Bezirkssekretäre F_7 vor, die im Wahlvorgang Ww_3 von F_3 eingestellt werden. F_3 stellt in Ww_2 die Gewerkschaftsangestellten GA ein. Die gestrichelten Linien I_1, I_2 und I_3 sind die bereits oben besprochenen Linien teilweiser Identität der durch sie verbundenen Aggregate.

Das Wahlensystem wird komplizierter, und der auf den Hauptvorstand zuführende Wahlenstrom wird umfangreicher, wenn wir die Annahmen des Modells der Figur 4 verändern und statt von *einer* Verwaltungsstelle (Mitgliederversammlung) in einem Bezirk z. B. von *vier* Verwaltungsstellen (Mitgliederversammlungen) in *zwei* Bezirken ausgehen.

Ein so erweitertes Modell zeigt die Figur 5. So vielfältig und verwirrend die Wahlvorgänge hier miteinander verbunden sind, so vereinfacht ist doch dieses Modell immer noch. In der Wirklichkeit ist mit einer weit größeren Anzahl von Aggregaten (Bezirken und Verwaltungsstellen usw.) und Wahlbeziehungen zu rechnen. Das Modell der Figur 5 gibt deswegen nicht das Wahlensystem einer bestimmten Gewerkschaft wieder, sondern zeigt nur einen nach Gesichtspunkten der Übersichtlichkeit herausgelösten Ausschnitt.

Die graphische Darstellung der Wahlensysteme ist geeignet, ihre außerordentlich komplizierte Struktur deutlich vor Augen zu führen. Der hohe Grad an Kompliziertheit ist vielfach nicht bewußt und wird oft von Interessenten geradezu verborgen, um die Vertretertheorie aufrechtzuerhalten. Wenn es nämlich einer wissenschaftlichen Diskussion über die unrealistischen Voraussetzungen der Vertretertheorie mit ihrer abstrakten Beweisführung vielleicht noch nicht gelingen mag, die Anhänger der Vertretertheorie ad absurdum zu führen, so macht dies ein Modell wie das der Figur 5 auch dem einfach Denkenden augenfällig. Daß die soziale Einheit, die der Diskussion zugrundegelegt werden muß, das komplizierte Wahlensystem und nicht der einzelne Wahlgang ist, kann nicht oft genug betont werden. Es wird in den graphisch dargestellten Modellen in einfacher Weise sichtbar.

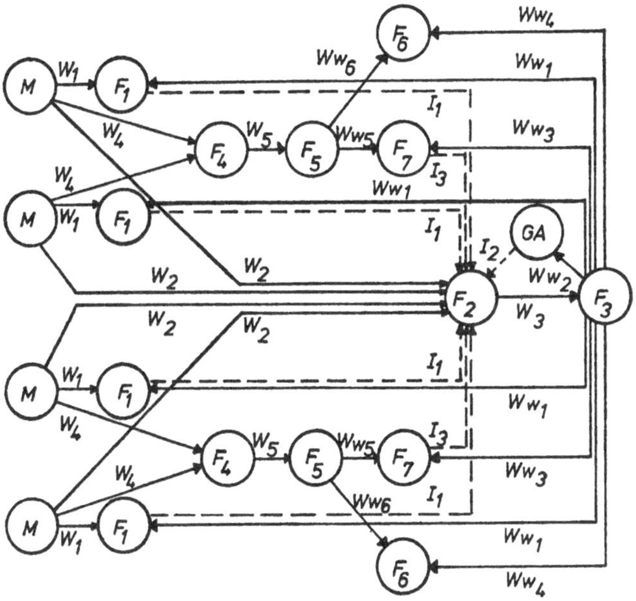

Figur 5

V. Komplexe Wahlensysteme: Wahlen und Gruppenverhandlungen (Lobby)

1. Grundzüge der Lobby

Die von mir bisher genannten Kombinationsformen von einzelnen Wahlgängen führten zu Wahlensystemen, die ich als *reine Systeme* bezeichnet habe. Daneben gilt es nun, die *komplexen Systeme* zu untersuchen, welche Wahlgänge mit anderen sozialen Entscheidungsmechanismen kombinieren. Ich möchte vor allem auf die komplexen Systeme eingehen, die aus *Wahlen und Gruppenverhandlungen* bestehen. Das bekannteste dieser Systeme ist das *Wahlensystem mit Lobby*.

In diesem Wahlensystem bieten sich dem Wähler grundsätzlich zwei Wege an, sich an der Willensbildung im Verband zu beteiligen. Er kann erstens auf einer untersten Wahlstufe Vertreter wählen, die dann auf einer zweiten Wahlstufe ihrerseits die Regierung wählen; der Wähler befindet sich hier auf der untersten Stufe einer Wahlenkette, die ich den Hauptwahlzug nennen möchte. Er kann zweitens Mitglied in freien Verbänden, Parteien oder anderen Organisationen werden, hier möglicherweise wieder Vertreter wählen, die ihrerseits einen Vorstand wählen (Nebenwahlzug), und die dann mit der Regierung in *Gruppenverhandlungen* eintreten. Die Regierungsentscheidungen werden dann erstens durch den Hauptwahlzug bestimmt und zweitens durch den Druck, den die Verbände über die Gruppenverhandlungen auf sie ausüben. Diese Gruppenverhandlungen nennt man üblicherweise *Lobby*[37] (vgl. Figur 6).

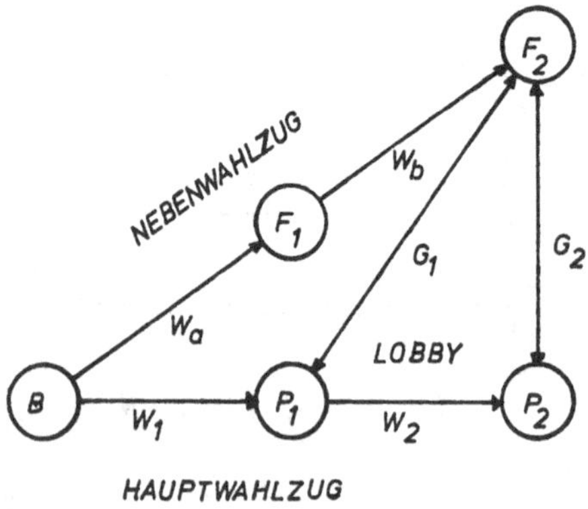

Figur 6

[37] Aus der umfangreichen Literatur zur Lobby, zu den Gruppenverhandlungen, zu Collective und National Bargaining sei hier nur auf das vieldiskutierte Werk von Olson hingewiesen, der in seiner „Nebenprodukttheorie der Lobby" bemerkenswerte neue Aspekte und Ansätze aufzeigt. *Olson*, Mancur: Die Logik des kollektiven Handelns. Kollektivgüter und die Theorie der Gruppen, Tübingen 1968.

Ein Wahlensystem mit Lobby beobachten wir gegenwärtig überall in den demokratischen staatlichen Verbänden. Wir stellen es aber auch in den großen Zwangsverbänden fest, etwa den Zwangsverbänden der Sozialen Sicherung[38]. Dieses Wahlensystem ist also nicht ein speziell staatliches Phänomen, sondern *eine allgemeine soziale Erscheinung.* Damit stellt sich für die allgemeine Theorie der Wahlen die Frage, wie kommt ein solches komplexes System zustande, und wie wirkt es?

Ich will diese Frage auf zwei Weisen zu beantworten suchen: Das eine Mal gehe ich davon aus, daß die beiden Wege der Willensbildung im System *komplementär* wirken, das andere Mal, daß sie *substitutiv* sind.

2. Die Komplementärfunktion der Lobby

Im *komplementären* Fall ergänzen sich Haupt- und Nebenwahlzüge. Die Nebenwahlzüge greifen subsidiär Probleme auf, die der Hauptwahlzug unberücksichtigt läßt. Wir können uns z. B. vorstellen, daß der Hauptwahlzug weniger politische Probleme in sich aufnehmen kann als von den Wählern erwartet wird. Die Wähler werden sich dann gemäß ihren nicht erfüllten Erwartungen freien Verbändern anschließen und versuchen, ihre Probleme mit Hilfe des politischen Angebots der freien Verbände einer Lösung zuzuführen.

Daß der Hauptwahlzug nicht alle politischen Probleme in sich aufnehmen kann, liegt auf der Hand. Es seien nur kurz einige Gründe dafür genannt:

Die Wahlen erfolgen nur in *relativ großen Abständen,* etwa alle zwei oder vier Jahre. Die Probleme, die im Verlauf dieser Wahlperioden auftreten, können damit unter Umständen rein zeitlich nicht zum Zuge kommen.

In den Wahlkämpfen kommt es darauf an, die *Massen* anzusprechen. Spezielle Sachprobleme, die nicht wahlwirksam umformuliert werden können und die nur einzelne kleinere Gruppen angehen, finden damit keinen Eingang in die Wahldiskussion.

Schließlich sei auch auf die *regionalen Probleme* verwiesen, die nicht zum Gegenstand eines großräumigen Wahlkampfes gemacht werden können.

In der *Wahl als solcher* liegt es also bereits begründet, daß nur wenige und ganz besonders gelagerte Probleme in ihr behandelt und ausgetragen werden können. Besondere Arten des *Wahlrechtes* verstärken noch diese Tendenz. So hat das Mehrheitswahlrecht, insoweit es eine Tendenz zum Zwei-Parteien-System hervorruft, deutlich eine

[38] Vgl. dazu *Herder-Dorneich,* Philipp: Sozialökonomischer Grundriß der Gesetzlichen Krankenversicherung, a.a.O., S. 305 ff.

angebotsreduzierende Wirkung. Wenn nur zwei Volksparteien miteinander konkurrieren, können nur wenige und großräumige Probleme behandelt werden. Das Mehrheitswahlrecht schränkt deshalb gegenüber dem Verhältniswahlrecht das politische Angebot drastisch ein.

Hier können die freien Verbände komplementär wirken. Sie können die im Hauptwahlzug (etwa infolge des Mehrheitswahlrechtes) nicht behandelten politischen Probleme dennoch politisch wirksam werden lassen.

Eine solche Analyse der Komplementärfunktion der Lobby wirft übrigens auch ein interessantes Licht auf die *Wahlrechtsdiskussion*. Vielfach wird nämlich das Mehrheitswahlrecht seiner *stabilisierenden Wirkung* wegen befürwortet. Man sagt, ein Zwei-Parteien-System sei stabiler als ein Viel-Parteien-System, weil es notwendig immer eine Regierung hervorbringe, was beim Viel-Parteien-System eben nicht notwendig der Fall sei[39]. Demgegenüber gilt es nun allerdings zu beachten, daß das Mehrheitswahlrecht auch die *Entstehung einer Lobby* begünstigt, ja diese geradezu erzwingt. Die Lobby kann nun ihrerseits die Stabilität des *gesamten* politischen Systems *bedrohen*, dann nämlich, wenn die beiden Willensbildungswege in ihr substitutiv wirken (vgl. den folgenden Abschnitt).

Die Funktion der Lobby zeigt, daß nur eine naive Theorie der Wahl das Prinzip „jeder Wähler — eine Stimme" im Sinne eines gleichen politischen Einflusses der einzelnen Wähler deuten kann[40]. Immer dort, wo der einzelne Wähler über mehrere Wahlzüge seinen Einfluß geltend machen kann, kann er sein politisches Gewicht entsprechend vergrößern[41]. Dem Arbeitnehmer, der Mitglied einer politischen Partei ist, sich gleichzeitig in den Gewerkschaften betätigt und in den Konsumgenossenschaften wirkt, ist z. B. ein größeres politisches Gewicht zuzurechnen als dem Rentner, der in keiner anderen Weise politisch tätig ist, als daß er möglicherweise an den Bundestagswahlen teilnimmt[42].

Wenn man diese beiden Fälle miteinander vergleicht, wird deutlich, daß es wenig sinnvoll ist, das *Leistungsprinzip*, das im ökonomischen Mechanismus des Marktes wirkt, in Gegensatz zum *Gleichheitsprinzip* des politischen Mechanismus zu setzen.

---

[39] Vgl. u. a. *Hermens*, Ferdinand A.: Demokratie oder Anarchie?; a.a.O.; ders.: Wirtschaftliche und staatliche Stabilität, Frankfurt—Bonn 1964; ders., Verfassungslehre, a.a.O.

[40] Vgl. *Fleischmann*, Gerd: Ungleichheit unter den Wählern. Zur ökonomischen Perspektive in der Soziologie, in: Hamburger Jahrbuch für Wirtschafts- und Gesellschaftspolitik, 12. Jg. (1967), S. 124—141.

[41] Vgl. *Bernholz*, Peter: Einige Bemerkungen zur Theorie des Einflusses der Verbände auf die politische Willensbildung in der Demokratie, in: Kyklos 1969, S. 276—287.

[42] Größeres politisches Gewicht fällt naturgemäß auch dem zu, dessen „level of information" überdurchsnittlich ist. Das aber ist nicht zuletzt eine Funktion politischer oder verbandlicher Aktivität.

Auch in den meisten Wahlensystemen herrscht das Leistungsprinzip — nun freilich ist es politisch zu interpretieren: Derjenige, der sich politisch stärker engagiert (in Parteien und Verbänden mitwirkt; und das heißt also: mehr leistet), erhält ein größeres politisches Gewicht[43]. Dieses politische Gewicht ist allerdings immer nur abzuschätzen. Es kann nicht in allgemeinen vergleichbaren Zahlenwerten gemessen werden. Nichtsdestoweniger sind die Politiker durch den Mechanismus der Wahlensysteme immer wieder veranlaßt, die politischen Gewichte ihrer Wahlbürger abzuschätzen und in ihre politischen Kalküle einzustellen. Die unterschiedlichen politischen Gewichte der Wahlbürger sind damit zwar nicht exakt meßbar, aber doch unweigerlich politische Realität.

3. Die Substitutionsfunktion der Lobby

Damit möchte ich auf das *substitutive Verhältnis* der Wahlen im Wahlensystem mit Lobby zu sprechen kommen. Hier *verdrängen* die Nebenwahlzüge den Hauptwahlzug. Die politischen Entscheidungen werden immer weniger im Hauptwahlzug geführt und immer mehr auf die Verhandlungen mit den Verbänden verlagert. Schließlich kann der Hauptwahlzug partiell oder ganz lahmgelegt werden. Diesen Fall haben die Ankläger einer „Herrschaft der Verbände“[44] im Auge. Wenn wir „Große Koalition“ als Lahmlegung des politischen Hauptwahlzuges bezeichnen und „Konzertierte Aktion“ als Institutionalisierung der Verbandslobby auffassen, dann zeigt unsere Analyse, daß beides eng miteinander zusammenhängt, sich gegenseitig bedingt[45].

Die partielle oder totale Lahmlegung des Hauptwahlzuges läßt sich nicht erst neuerdings beobachten. In den Vereinigten Staaten nahm die Lobby schon um die Jahrhundertwende die Möglichkeit wahr, ihre Anliegen unter Umgehung des Kongresses in direktem Zusammenspiel mit dem Präsidenten durchzusetzen. "If group interests tend in a certain direction, and are checked in their course through Congress,

---

[43] Vgl. *Dahl,* Robert A. und *Lindblom,* Charles E.: Politics, Economics and Welfare. Planning and Politico-Economic Systems Resolved into Basic Social Processes, Harper Torchbooks, New York 1963, S. 498 ff. In bezug auf die innerparteiliche Demokratie sagt Schifrin in einer Auseinandersetzung mit Michels: „Für den Einfluß innerhalb der Klassenbewegung, die auf der Grundlage der Organisation aufgebaut ist, ist nicht die bloße Zugehörigkeit, das Parteimitgliedsbuch, sondern vor allem Funktion und Leistung entscheidend.“ *Schifrin,* Alexander: Parteiapparat und innerparteiliche Demokratie. Eine sozialistische Michels-Kritik, in: Theorie und Soziologie der politischen Parteien, hrsg. und eingeleitet von Kurt Lenk und Frank Neumann, Neuwied und Berlin 1968.

[44] Vgl. *Eschenburg,* Theodor: Herrschaft der Verbände?, 2. Aufl., Stuttgart 1963.

[45] Vgl. *Biedenkopf,* Kurt H.: Rechtsfragen der Konzertierten Aktion, in: Der Betriebsberater, Heft 25, 1968, S. 1005—1011.

they will find their way through the presidency. If the group interests take permanently a form which makes Congress an inadequate agency for them, then the presidency will consolidate its power[46]."

VI. Dynamische Theorie der Wahlensysteme

Die verschiedenen Wahlensysteme haben wir als *reine* oder als *gemischte* Systeme kennengelernt. Wir haben dabei ihre Struktur *statisch* betrachtet. Wir können nun versuchen, Ansatzpunkte zu einer *dynamischen* Theorie des Wahlensystems zu entwickeln. Wir gehen hierbei davon aus, daß Wahlensysteme unter bestimmten Bedingungen eine *Strukturdynamik* entwickeln, die das System verändert, die die Wahlensysteme wachsen oder vergehen läßt. Einige Momente einer solchen Strukturdynamik seien im folgenden kurz dargestellt:

Vielfach ist der *Übergang von der direkten zur indirekten Wahl*, also vom einstufigen zum zweistufigen Wahlensystem beschrieben worden. Als Bestimmungsgrund läßt sich die zunehmende Größe des Wahlkörpers angeben, sowie die zunehmende Zahl der zur Entscheidung kommenden Fragen und die zunehmende Entscheidungsproblematik. Alle diese Bestimmungsgründe lassen sich im allgemeinen in den beiden Faktoren der zunehmenden Größe und der zunehmenden Komplexität des Wahlkörpers zusammenfassen. Damit läßt sich feststellen, daß diese Faktoren auslösend wirken auf das *Wachstum von Wahlketten.*

Es war insbesondere *Hermens,* der in seinem wissenschaftlichen Werk immer wieder auf die stabilitätsgefährdenden Wirkungen der Koalitionsbildungen aufmerksam gemacht hat[47]. Lange Wahlketten bergen demnach die Gefahr in sich, daß sie die Funktion der Willensbildung der Urwähler nicht erfüllen, daß die Entscheidungen der Funktionäre sich verselbständigen oder daß diese sogar überhaupt nicht mehr zustandekommen. Es entsteht dann ein Bedürfnis nach einer *Verringerung der Wahlstufen.* Das *Mehrheitswahlrecht,* auf der untersten Stufe eingeführt, kann darauf hinwirken, wie wir oben gesehen haben, daß die politischen Entscheidungen von den höheren Wahlstufen auf die unterste Wahlstufe zurückverlagert werden. Die nachfolgenden Wahlstufen werden zu reinen Reflexen der untersten Wahlstufen zurückgebildet.

Davon gehen indes weitere Wirkungen aus; denn der Übergang vom Verhältniswahlrecht zum Mehrheitswahlrecht hat eine *angebotsreduzierende Wirkung.* Übersteigt jedoch die *Nachfrage* nach Entscheidungen das *Angebot* an Entscheidungen erheblich, so wird die Bildung von

---

[46] *Bentley,* Arthur F.: The Process of Government, Cambridge, Mass. 1967.
[47] Vgl. Anmerkung 41.

Druckgruppen (Lobby) angeregt. Mit Hilfe einer dynamischen Theorie können wir also erklären, warum die relative Reduzierung des politischen Angebots die Lobby hervorruft. Das Mehrheitswahlrecht kann zu einer solchen Angebotsreduzierung entscheidend beitragen, insoweit es ein Zwei-Parteien-System (Wenig-Parteien-System) hervorrruft.

Die Lobby hat jedoch nicht nur komplementäre, sondern auch substitutive Wirkungen gegenüber dem Hauptwahlzug. Damit löst sie wiederum eine Strukturdynamik aus. Sie birgt die Tendenz in sich, einerseits das *Parlament zu entmachten*, andererseits sich in das System zu integrieren und dabei die Nebenwahlzüge zu *parallelen Wahlzügen auszubauen*[48].

Der Weg dieser letzteren Entwicklungsdynamik kann auf folgenden Stationen gesehen werden:

— Formlose Gespräche zwischen Verbandsfunktionären und Politikern (eigentliche Lobby);

— „Konzertierte Aktion", in welcher Spitzenverbände privilegiert konsultiert werden;

— weitere Privilegierung von Verbänden durch Ausstattung mit öffentlich-rechtlichen Aufgaben;

— Übernahmen von politischen Entscheidungen durch die Verbände zunächst in sogenannten „freiwilligen Selbstbeschränkungen", die durch Sanktionen der Regierung (z. B. Kreditrestriktionen, Subventionsentzug) abgestützt werden;

— Einrichtung eines Wirtschafts- und Sozialrates, der von den verschiedenen Verbänden in festem Stimmverhältnis (in parallelen Wahlzügen) beschickt wird und zunächst konsultativ für das Parlament wirkt;

— Ausbau des Wirtschafts- und Sozialrates zu einer dritten und/oder vierten Kammer[49].

---

48 Vgl. die Ausführungen in den Abschnitten IV, 2 und IV, 3 zu der Komplementärfunktion und der Substitutionsfunktion der Lobby.

49 Zu beachten ist die zur Zeit sich neu belebende Diskussion um die Form der überbetrieblichen Mitbestimmung, die vom Arbeitnehmerflügel der CDU in Gang gebracht und vom DGB daraufhin aufgenommen wurde. Die Initiativen beider Seiten unterscheiden sich wesentlich. Der DGB fordert für den zu schaffenden Wirtschafts- und Sozialrat das Recht zur Gesetzesinitiative, die Sozialausschüsse verzichten darauf. Während der DGB die Besetzung nur mit Unternehmern und mit Gewerkschaftsvertretern anstrebt, sieht das Konzept der Sozialausschüsse demgegenüber die Vertretung der Spitzenorganisationen aller Kammern in diesem Gremium vor. Vgl. zu diesem Fragenkomplex: Dienst für Gesellschaftspolitik 1969, Nr. 9, S. 5 ff., Nr. 10, S. 5 ff.; ebenso *Biedenkopf*, Kurt, a.a.O., S. 1005 f. und *Grüter*, Heinrich: Wirtschaftspolitik hinter verschlossenen Türen, in: Die Aussprache, Nr. 12, 1968, S. 283—288.

VII. Funktionsbedingungen der Wahlensysteme

Ich habe mit Hilfe einer allgemeinen Theorie der Wahlen darzustellen versucht, daß *Wahl* nicht einfach mit *Wahlgang* gleichzusetzen ist. Tatsächlich ist der einzelne Wahlgang das Phänomen, das von vornherein ins Auge fällt. Wahlgänge aber sind im allgemeinen immer zu *Wahlensystemen* verbunden und diese Wahlensysteme bestehen nicht nur aus Wahlgängen allein, sondern — wie im Falle der Lobby — auch aus *Gruppenverhandlungen*.

Wenn wir unsere Beobachtung ein wenig geschärft haben, und es uns gelingt, aus der Vielfalt der sozialen Erscheinungen die Wahlensysteme herauszuheben, so wird offensichtlich werden, um welch komplizierte soziale Gebilde es sich hier handelt. Tatsächlich sind Wahlensysteme außerordentlich *anfällig*. Sie funktionieren nur unter ganz bestimmten Bedingungen. Jedenfalls ist es falsch anzunehmen, sie ließen sich überall leicht einführen und ihr Funktionieren sei lediglich eine Frage des *guten Willens* und des *selbstlosen Gemeinsinns*. Eine allgemeine Theorie der Wahlen kann nun versuchen, die *Funktionsbedingungen* der Wahlensysteme herauszuarbeiten. Ein Beitrag sei im folgenden dazu gegeben.

Als eine besonders wichtige Funktionsbedingung möchte ich hier das *Mindestvolumen des Wahlensystems* kurz darstellen. Wird dieses Mindestvolumen nicht erreicht, so läuft sich das Wahlensystem zu Tode. Es verliert seine Funktion, während es vielleicht formal noch weiterbesteht, oder es stirbt ganz ab. Dieses Mindestvolumen hat nun verschiedene Dimensionen:

Da ist zunächst die *finanzielle Dimension*. Ein Wahlensystem mit mehreren Wahlstufen, mit dem Unterhalt freier Verbände und mit der Durchführung von Gruppenverhandlungen kostet Geld. Leider gibt es noch keine empirischen Untersuchungen über die Unterhaltskosten eines Wahlensystems. Wir finden lediglich Berichte über die geschätzten Kosten einzelner besonders wichtiger Wahlgänge. Das aber sind im allgemeinen Extremwerte. Immerhin kann eine allgemeine Theorie der Wahlen Erfahrungen ziehen aus der Geschichte der sogenannten Versicherungsvereine auf Gegenseitigkeit, die die Abhaltung ihrer Wahlen unter Hinweis auf die damit verbundenen Kosten eingestellt haben. Von den Gerichten wurde ihnen recht gegeben. Hier hatten die Wahlen mangels Masse ihre Funktion und danach ihre Existenz verloren[50].

Bedeutsamer als das finanzielle Mindestvolumen ist sicherlich das personelle. Das Wahlensystem muß so viele Individuen erfassen, daß Aussicht besteht, daß sich genügend viele Kandidaten für die auf den

[50] Vgl. *Herder-Dorneich*, Philipp: Sozialökonomischer Grundriß der Gesetzlichen Krankenversicherung, a.a.O., S. 217.

verschiedenen Wahlstufen und in den verschiedenen Gremien notwendigen Funktionsträger finden.

An diesem personellen Mindestvolumen sind z. B. die ärztlichen Organisationen aufgelaufen, die sich aus verschiedenen Gründen in relativ kleinen Distrikten organisierten. Um hier ein arbeitsfähiges Wahlensystem aufzurichten, wurde es notwendig, daß praktisch jeder siebente Arzt ein Amt übernahm. Außerdem ergaben sich viele Ämterkumulationen. Beides zeigt, daß hier die Untergrenze der personellen Leistungsfähigkeit des Wahlensystems erreicht worden ist[51].

Schließlich ist noch das Mindestvolumen an zu erledigenden *Aufgaben* zu nennen. Jedes Wahlensystem braucht Aufgaben, die es in Bewegung halten. Die Dringlichkeit der Aufgaben ihrerseits ist Bestimmungsgrund dafür, daß sich genügend Personen als Kandidaten zur Verfügung stellen und daß ausreichende Finanzmittel zur Verfügung gestellt werden. Die Dringlichkeit der Aufgaben veranlaßt schließlich auch die Wähler, daß sie sich an den Wahlgängen beteiligen, denn für sie ist ja selbst bei einer Briefwahl ein Aufwand an Zeit, Mühe und Information mit den Wählern verbunden. Ein interessantes Beispiel, das Problem des Mindestvolumens der Aufgaben zu studieren, bieten uns die gegenwärtig im Aufbau befindlichen Laienräte der katholischen Kirche[52]. Kandidaten, Finanzmittel und Interesse sind hier offensichtlich genug vorhanden. Es scheinen indes noch zu wenig dringliche Aufgaben mit diesen Wahlen verbunden zu sein.

Vielleicht ist noch nicht deutlich genug geworden, warum es sich hier um *Untergrenzen* handelt, die nicht unterschritten werden dürfen, soll nicht das ganze Wahlensystem zusammenbrechen. Warum sollte man nicht Wahlen auch im kleinen Maßstab abhalten können, also mit weniger Kandidaten, mit geringerem finanziellen Aufwand und mit weniger aufregenden Problemen? Inwieweit kann ein Wahlensystem zusammenbrechen?

---

[51] Vgl. dazu *Herder-Dorneich*, Philipp: Sozialökonomischer Grundriß der Gesetzlichen Krankenversicherung, a.a.O., S. 310 f. Die hier angeschnittenen Probleme bereiten selbst mitgliederstarken Gewerkschaften Schwierigkeiten. Goldstein zeigte in einer empirischen Untersuchung der Transport and General Workers Union, einer der größten englischen Gewerkschaften, daß auf dem „branch level" oft genug nicht ausreichend Kandidaten für die zu besetzenden Ämter zu finden waren. Vgl. *Goldstein*, Joseph: The Government of British Trade Unions. A Study of Apathy and the Democratic Process in the Transport and General Workers Union, London 1951.

[52] Die den Pfarrgemeinderäten übertragenen Funktionen sind in der Regel beratender Natur. Nur in wenigen Bereichen haben sie — wie aus den Satzungen zu ersehen — Entscheidungsfunktionen; in noch selteneren Fällen derartig (relativ gesehen) umfassende wie in der Diözese Rottenburg, in der man die Funktionen des Kirchenvorstandes auf die Pfarrgemeinderäte übertrug und damit den Pfarrgemeinderat zu einem wirklichen Entscheidungsgremium machte. Es wird Aufgabe weiterer vergleichender Analysen sein, zu untersuchen, ob und wie variierende Aufgabenvolumen sich auf die Wahlbeteiligung und die Aktivität innerhalb der Kirche auswirken.

Ich will versuchen, den Zusammenhang am Problem der Stimmbeteiligung deutlich zu machen. Die drei Dimensionen, in denen ich das Volumen eines Wahlensystems gemessen habe, nämlich personelle und finanzielle Ausstattung und Dringlichkeit der Aufgaben, schlagen sich unmittelbar oder mittelbar in der *Stimmbeteiligung* nieder. Sind zu wenig gute Kandidaten da, reichen die Finanzmittel nicht aus, um Büros zu unterhalten, Informationsschriften anzufertigen und den Funktionsträgern Spesen und Verdienstausfall zu bezahlen, so werden die Wahlen wenig attraktiv ausfallen. Die Wähler werden es vielleicht überhaupt nicht erfahren, daß gewählt werden soll, oder es erscheint ihnen nicht der Mühe wert, sich mit den angebotenen Programmen zu befassen. Dies insbesondere dann, wenn die in der Wahl diskutierten Probleme wenig interessant, lebensbestimmend und vor allem einkommenswirksam sind[53].

Aus all dem also resultiert eine geringe Stimmbeteiligung. Nun kann aber die Stimmbeteiligung nicht beliebig absinken, ohne das *gesamte System zu gefährden.* Nehmen wir einmal an, die Stimmbeteiligung in einem Wahlensystem sei auf 10 % in der untersten Wahlstufe des Hauptwahlzuges abgesunken. Es ist dann eine kleine Gruppe, die insgesamt nur 11 % ausmacht, aber geschlossen zur Wahl geht, in der Lage, die Mehrheit zu gewinnen und die gesamte Führung an sich zu ziehen. Mit anderen Worten: *Die Apathie der Mehrheit* gibt der Minderheit die *Chance der Gewaltübernahme*[54].

Die Gewaltübernahme durch eine Minderheit braucht nun das gesamte System nicht zu gefährden, wenn die Mehrheit, aufgeschreckt durch die Majorisierung, der sie sich unterworfen sieht, sich wieder an der Wahl beteiligt. Schon ein geringer Anstieg der Wahlbeteiligung würde in unserem Beispiel ja die Minderheit wieder zur Minderheit zurückstufen und ihr die Gewalt wieder abnehmen.

Wir können feststellen, wie die Stimmbeteiligung zunächst mangels Interesse bei den Wählern absinkt, wie sie einen Tiefpunkt erreicht, um dann, aufgeschreckt durch die Gewaltübernahme der Minderheit, wieder anzusteigen. Diese Entwicklung ist an vielen Wahlen der *Sozialen Sicherung,* aber auch an anderen Verbänden, vor allem bei Zwangsverbänden zu beobachten[55].

---

[53] Eine Untersuchung der Stimmbeteiligung als Funktion eines Kosten-Ertrags-Kalküls des Wählers findet sich bei Downs. Vgl. *Downs,* Anthony: Ökonomische Theorie der Demokratie, a.a.O., S. 268 ff.

[54] Symptomatisch war die Situation in den englischen Gewerkschaften nach dem Kriege. Die allgemeine Apathie der Mitglieder, die sich u. a. auch in geringer Stimmbeteiligung ausdrückte, gab der aktiven kommunistischen Minderheit die von ihnen oft genutzte Möglichkeit, viele Posten mit ihren Leuten zu besetzen. Vgl. dazu *Goldstein,* Joseph, a.a.O., S. 60 ff.

[55] Vgl. *Herder-Dorneich,* Philipp: Sozialökonomischer Grundriß der Gesetzlichen Krankenversicherung, a.a.O., S. 216 ff.

Indes ist der *untere Umkehrpunkt* der Stimmbeteiligung nicht notwendiges Ergebnis. Die Mehrheit kann auch, aufgeschreckt durch die Gewaltübernahme der Minderheit, die Lust am gesamten Verband verlieren. Sie tritt aus und läßt die Minderheit schließlich unter sich, oder, wenn sie nicht austreten kann, weil es sich etwa um einen Zwangsverband handelt, wirkt sie darauf hin, daß dem Verband lebenswichtige Aufgaben entzogen werden, ihm möglichst nur noch die Lösung technisch-sachlicher Probleme bleibt und die Majorisierung durch die Minderheit auf solche Weise nicht gefährlich werden kann. In beiden Fällen verliert der Verband seine ursprüngliche Funktion, wenn er durch den Schrumpfungsprozeß nicht sogar in seiner Existenz aufgehoben wird.

Allgemein können wir sagen, daß das Mindestvolumen eines Wahlensystems dort erreicht wird, wo die Stimmbeteiligung so weit absinkt, daß eine geschlossene Minderheit die Gewaltübernahme betreiben kann[56]. Das Mindestvolumen ist also nicht in absoluten Werten, sondern immer nur in relativen anzugeben.

Aus diesem Satz folgt ein wichtiges Ergebnis unserer Überlegungen: Ein Wahlensystem läßt sich nicht beliebig *verkleinern*. — Oder: Was sich im großen bewährt, funktioniert noch lange nicht im kleinen. Das demokratische System der Entscheidungsfindung mit Hilfe von Wahlen läßt sich nicht beliebig auf kleine Gruppen und kleine Organisationen übertragen. Wieder mit anderen Worten: Demokratisieren lassen sich nur bestimmte soziale Bereiche, keineswegs jedoch alle. *Demokratisierung ist kein allgemein verwendbares sozio-technisches Mittel.*

Dieser Satz vom Mindestvolumen eines funktionierenden Wahlensystems ist zunächst für eine allgemeine Theorie der Wahl bedeutsam. Er kann in umgekehrter Anwendung auch für eine *Theorie der Herrschaftsstabilisierung* verwendet werden. Er gibt dann an, wie ein Wahlensystem beschaffen sein muß, um einer kleinen Gruppe von Funktionären die Macht möglichst risikolos trotz eines bestehenden Wahlenmechanismus zu sichern[57]. Die Gewählten müssen dann möglichst kleine oder spezialisierte Zwangsverbände mit möglichst langen Wahlenketten bei mehreren getrennten Wahlzügen schaffen. Unter solchen Bedingungen sind sie praktisch nicht mehr abwählbar. Tatsächlich sehen wir sehr viele Verbände in diese Richtung ihre Entwicklung nehmen oder ihre Wahlensysteme von vornherein so konstituieren.

---

[56] Die Geschichte von Versicherungsvereinen auf Gegenseitigkeit bietet dafür gute Beispiele. Vgl. *Herder-Dorneich*, Philipp: Sozialökonomischer Grundriß der Gesetzlichen Krankenversicherung, a.a.O., S. 216 f.

[57] Vgl. *von Schmädel*, Dieter: Führung im Interessenverband, Berlin 1968, bes. S. 47 ff.

Die Analyse der Wahlensysteme zeigt, daß es zwar notwendig, aber nicht hinreichend ist, wenn die Theorie der Wahl sich nur mit dem einzelnen Wahlgang befaßt. Dieser einzelne Wahlgang ist letztlich nur als Element eines in seiner Ganzheit zu betrachtenden Systems zu verstehen, dessen Wirksamkeit durch Kontinuitätsfaktoren (rekurrent und praekurrent) bedingt ist. Das Wahlensystem kann sich als Wahlkette, als paralleler Wahlzug oder als gegenläufiger Wahlzug darbieten. Kombinationen dieser Grundformen führen zu komplizierteren, deshalb anfälligeren Wahlensystemen. Werden sie zusätzlich mit anderen sozialen Entscheidungsmechanismen, Märkten oder Gruppenverhandlungen kombiniert, ist es vollends unerläßlich, die Funktionsbedingungen eines derartig strukturierten Systems aufzuzeigen und zu untersuchen, ob sie in der gesellschaftlichen Realität gegeben sind.

Es erscheint wenig sinnvoll, Demokratie oder demokratische Wahl als das Verfahren zu definieren, bei dem die Wähler von vornherein die Kontrolle über die Gewählten ausüben. Unter der Vielzahl der möglichen und realisierten Wahlensysteme ist nur ein relativ kleiner Teil in diesem Sinne funktionsfähig. Die anderen sind es nicht. Wahlen als Wahlensysteme verstanden, bedürfen einer sorgfältigen Ordnungspolitik, wenn sie das erreichen sollen, was die klassische Theorie von ihnen ohne weiteres erwartet. Dies gilt ganz besonders im Hinblick auf die Verbände.

E. Das Leistungangebot der Verbände

Von *Jürgen Niggemann*

Der gesamte Wirtschaftsablauf, ja das gesamte gesellschaftliche Leben und Wirken ist heute ohne verbandliche Tätigkeit nicht mehr denkbar. Die Verbände sind ein entscheidender Faktor, der unsere pluralistische Gesellschaft prägt[1]. Entsprechend ist auch das Leistungsbündel der Verbände recht mannigfaltig und greift auf immer weitere Gebiete über[2]. So werden häufig Aufgaben, die bisher über den Markt gelöst wurden, von den Verbänden übernommen und mehr oder weniger in Konkurrenz zum Marktprozeß angeboten[3].

Es scheint uns deshalb sinnvoll zu sein, das Leistungsangebot der Verbände einmal theoretisch zu analysieren. Zum Zwecke des besseren Verständnisses sei eine einfache Modellanalyse an den Anfang gestellt.

I. Modellanalyse

Wir gehen zum Zwecke unserer Analyse von einem Zwei-Aggregate-Modell aus, das die Aggregate der Funktionäre F und der Mitglieder M aufweist (vgl. Fig. 1).

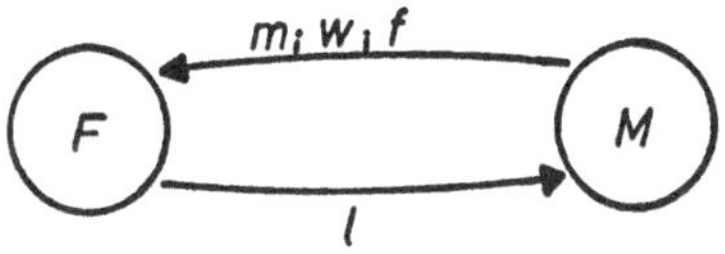

Figur 1

[1] Vgl. auch *Niggemann*, Jürgen: Verbändelehre bei Goetz Briefs. Ein Beitrag zu einer allgemeinen Theorie der Verbände, Volksw. Schriften, Bd. 166, Berlin 1971, S. 13.

[2] Über das vielfältige Leistungsangebot der Arbeitgeberverbände z. B. gibt eine von der Bundesvereinigung der Deutschen Arbeitgeberverbände durchgeführte Befragung einen guten Überblick. Vgl. *Franke*, Hermann: Leistungsbilanz der Arbeitgeberverbände. Untersuchung über Organisation und Tätigkeit, in: der arbeitgeber, 19. Jg. (1967), Heft 8, S. 193 ff.

[3] Vgl. dazu *Külp*, Bernhard: Grundfragen der Wirtschaft. Eine Einführung in die Sozialökonomie, Köln 1967, S. 133. Auf die Probleme, die sich daraus ergeben, daß die Verbände infolge steuerlicher Begünstigungen gegenüber den Unternehmen im Wettbewerb Vorteile erlangen können, wenn sich z. B. beide in gleicher Weise wirtschaftlich betätigen, wollen wir hier nicht eingehen.

Wir tragen in dieses Modell das Leistungsangebot der Verbände ein. Es wird durch einen Güterstrom l dargestellt, der von den Funktionären F zu den Mitgliedern M fließt. Durch die Leistungen l werden die Mitglieder begünstigt[4]. Sie reagieren positiv, was sich in dreifacher Weise manifestieren kann:

1. Angelockt durch das Leistungsangebot treten Mitglieder bei bzw. andere, die eben austreten wollten, verzögern ihren Austritt.
2. Die Mitglieder geben in den Verbandswahlen ihre Stimmen zugunsten der Funktionäre ab, die ihnen das günstigste Angebot gemacht haben.
3. Die Mitglieder sind bereit, Finanzmittel beizusteuern, Beiträge zu bezahlen, Spenden zu geben, Eintrittsgelder zu entrichten.

Drei Parameter können also hier als Steuerungsmittel zur Wirkung kommen:

— Mitgliedschaften m (= Beitritt bzw. Austritt),

— Wahlstimmen w,

— Finanzmittel f.

Betrachten wir diese drei Steuerungsmittel, so konkretisieren sich die beiden ersten als Steuerungsvorgänge. Das Steuerungsmittel *Finanzen* dagegen bildet für die Mitglieder nicht nur ein *Steuerungsmittel*, sondern auch einen *Verlust* (Nutzenentgang). Für die entrichteten Beiträge, Spenden usw. können die Mitglieder sich nun anderswo entsprechend weniger Güter beschaffen, sie müssen auf etwas verzichten.

Ein solcher Belastungseffekt würde beim Einsatz des Steuerungsmittels *Mitgliedschaften* nur auftreten, wenn etwa der Beitritt zu einem Verbande A den Austritt aus einem Verbande B notwendig machte. Das kann unter Umständen vorkommen (Eintritt in eine Religionsgemeinschaft ist im allgemeinen unvereinbar mit der Mitgliedschaft in einer anderen Religionsgemeinschaft). Für den Bereich der Interessenverbände ist dies jedoch die Ausnahme. Die Mitgliedschaft geht hier also nicht zu Lasten einer anderen Mitgliedschaft. Sie bringt keinen Nutzenverzicht in einem anderen Verband mit sich, verursacht in diesem Sinne also keine Belastung, keine „Kosten".

Eine ähnliche Überlegung gilt für die Abgabe von Wahlstimmen in den Verbandswahlen.

Die Finanzmittel dagegen haben das genannte Doppelgesicht. Sie sind *Steuerungsmittel* und *Belastung* gleichzeitig.

---

[4] Die Begriffe Verbands*güter* und Verbands*leistungen* werden trotz ihres unterschiedlichen Begriffsinhaltes hier synonym benutzt. Das dient lediglich der Ausdrucksbelebung.

Daraus ergibt sich eine Schwierigkeit, auf die *Herder-Dorneich* in seinem politischen Modell zur Wirtschaftstheorie aufmerksam gemacht hat[5]. Während nämlich frühere finanzwissenschaftliche Staatsmodelle — als erstes bedeutsames sei hier das Modell nach *Sax* genannt — fast ausschließlich in den Finanzströmen die *Steuerungsfunktion* gesehen haben, hob *Herder-Dorneich* die *Belastungsfunktion* hervor und sah von der Steuerungsfunktion vollkommen ab. Das Steuerungsmodell der früheren Finanzwissenschaft sah also aus wie in Figur 2 dargestellt. Wir bezeichnen es in Erinnerung und zu Ehren von *Emil Sax* als das *Sax-Modell* (vgl. Fig. 2).

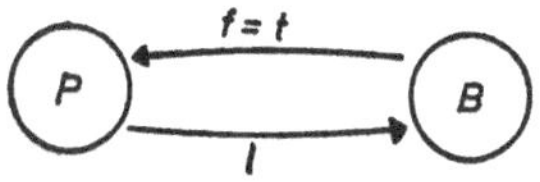

Figur 2

Die Politiker P stellen den Wahlbürgern B Leistungen l zur Verfügung (politische Handlungen, politische Programme). Die Wahlbürger entrichten dafür Finanzbeiträge f (= Steuern t), die den Politikern zufließen.

Das politische Modell nach *Herder-Dorneich* dagegen ist wie in Figur 3 darzustellen. Die Wahlbürger nehmen die politischen Handlungen von den Politikern entgegen. Diese Handlungen bestehen aus Begünstigungen ($+ l$) und Belastungen ($— l$). Die Belastungen resultieren u. a. auch aus Steuern. Es gilt also nicht die Gleichung $— l = t$, sondern die Gleichung $— l = l (t)$ (vgl. Fig. 3).

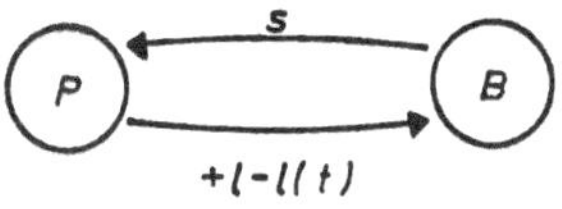

Figur 3

Die Gegenleistungen sind hier nicht die Steuern, sondern die Wahlstimmen[5] als Steuerungsmittel. Begünstigungen und Belastungen werden durch die Abgabe von Wahlstimmen gelenkt.

Der Übergang vom Saxschen Finanzierungsmodell zum Herderschen Steuerungsmodell wird notwendig, sobald die Defizite im staatlichen Budget in der Theorie ernst genommen werden. Das Sax-Modell steht noch ganz unter der Forderung des Budgetausgleichs. Das Herder-

[5] Vgl. *Herder-Dorneich*, Ph.: Politisches Modell zur Wirtschaftstheorie, Freiburg im Breisgau 1959.

Modell dagegen ist vom Budgetausgleich vollkommen unabhängig. Das Budget als Ganzes mit seinen Ausgaben und seinen Einnahmen wird durch die Wahlstimmenabgabe bewertet. Dabei ist zu betonen, daß die Belastungen nicht identisch sind mit den Steuern. Es gibt Steuern, die von den Wählern nicht als Belastungen empfunden werden, sei es, daß für sie die Belastung nicht „merklich" ist, sei es, daß sie die Belastung als positiv empfinden. Luxussteuern z. B. können von den Nicht-Betroffenen als gerecht und als erzieherisch begrüßt werden. Für sie ist die Belastung, die zudem andere trifft, ein positiver Wert. Für die von der Steuer Belasteten ist die Besteuerung unter Umständen nicht fühlbar (das Luxusgut erhält erst seinen eigentlichen Wert dadurch, daß es teuer ist, snob value), oder sie sind selbst der Meinung, daß die Steuer einen Wert darstellt. Die finanzielle Belastung wäre hier tatsächlich unter die Begünstigungen einzuordnen. Negative Wahlstimmenabgabe würde in unserem Beispiel offensichtlich nicht von einer solchen Belastung ausgehen.

Wenn wir die *Steuerungsmittel im Verband* gekennzeichnet sehen durch Mitgliedschaften, Wahlen und Finanzbeiträge, so müssen wir uns jeweils darüber klar sein, inwieweit die finanziellen Belastungen nun zu den *Steuerungsmitteln* oder zu den *Leistungen* zu rechnen sind. In einem Zwangsverband, der zwangsweise Umlagen erhebt, ist die Steuerungswirkung der Finanzbelastungen vergleichsweise gering. In einem freien Verband, der einzig aus den Beiträgen seiner Mitglieder existiert, ist die Steuerungswirkung vergleichsweise hoch.

Wir müssen noch ein zweites beachten. Für ein Verbandsmodell gibt es auch Verbandsleistungen, die nicht ausschließlich den Mitgliedern zugute kommen, sondern die auch den Nicht-Mitgliedern zufließen. Insbesondere die Kollektivgüter sind, wie Olson gezeigt hat, durch dieses Prinzip der „Nicht-Ausschließbarkeit" gekennzeichnet.

Dasselbe gilt für die Belastungen. Es gibt auch Belastungen im Verband, die die Nicht-Mitglieder treffen. Soll unser Modell also auf den Verband angewandt werden, so ist es notwendig, es um das Aggregat der Nicht-Mitglieder *NM* zu ergänzen (vgl. Fig. 4).

Allerdings kann das Aggregat *NM* — oft identisch mit Staat, anderen Verbänden usw. — auch aktiv als Tauschpartner gegenüber unserem Verband auftreten. Zwischen dem Aggregat *NM* und dem Aggregat der Funktionäre kommt es dabei vorwiegend in Gruppenverhandlungen zu Tauschgeschäften, so z. B. wenn etwa die Zusage einer tariflichen Urlaubsverlängerung gegen das Stillhalten in den Lohnforderungen zwischen Gewerkschaften und Arbeitgeberverbänden getauscht wird, oder wenn Politiker z. B. dem Verband Unterstützung bei einem Subventionierungsgesetz versprechen und als Gegenleistung dafür Wahlhilfen erhalten.

Wir wollen im folgenden besonders unter dem Aspekt Mitglieder, Funktionäre, Nicht-Mitglieder die Leistungsstruktur der Verbände untersuchen:

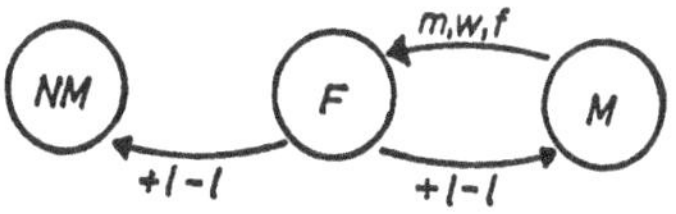

Figur 4

II. Verbandsinterne und -externe Güter

Berücksichtigt man, daß Aktionen besonders der Funktionäre zum einen *innerhalb* des Verbandes Wirkungen zeigen, daß zum anderen aber auch solche Aktivitäten entfaltet werden, die andere Personen *außerhalb* des Verbandes mit einbeziehen, so kann generell zwischen *verbandsinternen* und *verbandsexternen* Gütern bzw. Leistungen unterschieden werden[6].

Wenn die Gewerkschaften Mitgliederbeiträge einziehen und dafür gewerkschaftliche Erholungsheime oder eine für die Mitglieder gedachte Altersversorgung einrichten, so handelt es sich um ausschließlich interne Angelegenheiten. Wird dagegen ein Streik organisiert, um die Löhne zu verbessern oder um günstigere Arbeitsbedingungen zu erreichen, so zielen diese Aktionen gegen die Arbeitgeber, erstrecken sich auch auf außerhalb des Verbandes stehende Arbeitnehmer und dringen damit über den Raum des Verbandes hinaus[7].

[6] Ähnlich hat Goetz Briefs die Gewerkschaften mit „doppelter Strebensrichtung“ analysiert. Die erste zeigt sich in der Vertretung der Arbeitnehmerinteressen gegen Dritte, Staat und Unternehmer (= *äußerer Zweckkreis*), der *innere Zweckkreis* dagegen umfaßt das Verhältnis Gewerkschaft-Mitglieder (vgl. *Briefs*, Goetz: Gewerkschaftstheorie, in Internationales Handwörterbuch des Gewerkschaftswesens, Band 1, Berlin 1931, S. 694—700).

Vgl. hierzu auch *Niggemann*, J.: Verbändelehre ..., S. 46 ff.

Schneider, Herbert spricht in diesem Zusammenhang von *interner Verbandsarbeit* und von *Öffentlichkeitsarbeit*, wobei allerdings mit Öffentlichkeitsarbeit mehr die Beeinflussung Dritter gemeint ist durch Verbandspresse, Massenmedien, Institute u. a. (vgl. *Schneider*, Herbert: Die Interessenverbände, 2. und 3. durchgesehene Auflage, München/Wien 1966, S. 78 ff.).

Welche Funktion heute primär ist, die interne oder die externe, ist nicht eindeutig zu klären. Buchholz glaubt, die einseitige Bevorzugung des externen Funktionsbereiches müsse zugunsten einer aktiven Betreuung der Mitglieder endlich eingeschränkt werden (vgl. *Buchholz*, Edwin: Die Wirtschaftsverbände in der Wirtschaftsgesellschaft. Eine Analyse ihres Ordnungs- und Selbsthilfesystems als Beitrag zu einer Theorie der Wirtschaftsverbände, Tübingen 1969, S. 150). Buchholz setzt sich deshalb hauptsächlich mit dem internen (Selbsthilfe) Funktionsbereich der Verbände auseinander. Vgl. auch *Lilienstein*, Hans Rühle von: Konkurrenzfähiger durch zwischenbetriebliche Kooperation, Stuttgart 1963, S. 137.

[7] Man hat auch versucht, die Kategorien der Individual- und Kollektivgüter auf das Verbandswesen zu übertragen. Vgl. z. B. *Olson*, Mancur: Die

Ferner ist denkbar, daß *jegliches* Handeln eines Verbandes die Umwelt mit einbezieht. Erinnert sei nur an den Lobbyismus.

Aus diesen Beispielen wird ersichtlich, daß neben dem Verband, der sich *nur* mit verbandsinternen Fragen befaßt, und dem Verband, bei dem *immer* verbandsexterne Angelegenheiten mitspielen, eine Vielzahl von Mischformen möglich ist. Einen solchen Mischfall haben wir vor uns, wenn ein Verband z. B. Mittel von außen bekommt und diese innerhalb des Verbandes etwa nach Bedürftigkeit verteilt. Ähnlich verhält es sich auch bei dem angeführten Streikbeispiel. Generalisierend kann man immer dann von verbandsintern sprechen, wenn es *ausschließlich* um das Innenverhältnis geht. Sobald die Umwelt irgendwie mit einbezogen wird, handelt es sich um verbandsexterne Angelegenheiten.

Wir können die Typologisierung nach *internen* und *externen* Gütern aber auch unter dem Aspekt des Konsums und der Produktion betrachten.

Intern bedeutet dann: Produktion und Konsum *innerhalb* des Verbandes. Alle anderen Fälle würden sich auf externe Güter beziehen; z. B. wenn Güter über den internen Verband hinaus produziert werden, um eine Kapitalauslastung zu erlangen. Auch Subventionen sind unter diesem Aspekt *externe* Leistungen. Sie werden außen produziert und nach innen konsumiert.

Die Schwerpunkte, ob verbandsintern oder -extern, liegen bei den einzelnen Verbänden recht unterschiedlich. Viele Verbände erstellen fast gar keine verbandsexternen Leistungen (kleine Sportvereine, Tierzüchterverbände), andere wiederum haben sich fast ausschließlich auf verbandsexterne Leistungen spezialisiert (pressure groups).

III. Begünstigungen und Belastungen

Die Begünstigungen können sich für den Betroffenen einmal in *direkten Einkommensvorteilen* auswirken. So erhalten z. B. die Mitglieder durch Verbandsaktionen höhere Löhne oder Gehälter. Es ergeben sich durch Verbesserungen der Arbeitsbedingungen materielle Vorteile, oder Unternehmer erlangen z. B. durch Preisabsprachen (Kartelle) Einkommensvorteile infolge höherer Preise.

Ferner können sich die Begünstigungen als *rechtliche Privilegien* erweisen, wenn z. B. durch die Kassenärztlichen Vereinigungen die Ärzte als Kassenärzte zugelassen werden, wenn Gewerkschaftsmitglieder infolge eines „closed shop" Nicht-Gewerkschaftlern gegenüber

Logik des Kollektiven Handelns. Kollektivgüter und die Theorie der Gruppen, Tübingen 1968. Vgl. auch *Herder-Dorneich*, Philipp: Politisches Modell zur Wirtschaftstheorie. Theorie der Bestimmungsfaktoren finanzwirtschaftlicher Staatstätigkeit, Freiburg im Breisgau, 1959.

Vorteile genießen, indem nur sie als Gewerkschaftsangehörige in bestimmten Unternehmen angestellt werden[8], oder wenn mit der Verbandszugehörigkeit gewisse „Statussymbole" verbunden sind z. B. Wirtschaftsprüfer-Kammern[9]. Von sekundärer Bedeutung ist hierbei, daß sich diese rechtlichen Privilegien auch in Einkommensvorteilen niederschlagen können.

Weiterhin erhalten die Verbandsmitglieder über den Verband (Funktionäre) *direkte Dienste* wie z. B. Informationsmaterial, verbilligte oder kostenlose Aus- bzw. berufliche Weiterbildung, Rechtsberatung, Freizeitgestaltung und vieles mehr.

Schließlich darf nicht unerwähnt bleiben, daß die Mitglieder infolge des Bestehens des Verbandes — also durch die *Interessenvertretung* ganz allgemein — Begünstigungen erhalten, die nicht eindeutig auf den Verband zurückzuführen sind, die den einzelnen aber ohne Verband auch nicht unbedingt zufallen würden. Hierbei sei wieder an den Lobbyismus[10] erinnert. Es ist durchaus denkbar, daß von einer Regierung Beschlüsse gefaßt werden, in denen bereits das Verbandshandeln einkalkuliert ist. Ein direktes Eingreifen der Verbände ist unter Umständen gar nicht nötig, trotzdem sind die Verbandsinteressen berücksichtigt.

Eine genaue Trennung zwischen diesen vier Begünstigungsgruppen — direkte Einkommensvorteile, rechtliche Privilegien, direkte Dienste, allgemeine Interessenvertretung — ist allerdings nicht möglich, da sich die Leistungen meist überlagern, und jede Leistung in der Regel mehreren Gruppen angehören kann. Die Übergänge sind somit fließend.

Auf die gleiche Weise wie die Begünstigungen lassen sich auch die Belastungen der Mitglieder in Gruppen zusammenfassen. Einmal können die Mitglieder durch *materielle Güter* belastet werden, wenn sie z. B. Beiträge, Gebühren oder Spenden zahlen, zum anderen können die Belastungen sich in *Dienstleistungen* auswirken, wenn die Mitglieder Ehrenämter ausüben. Schließlich können die Mitglieder in ihren *rechtlichen Beziehungen* zum Verband behindert werden, wenn sie z. B. nicht mehr ein- oder austreten können, weil der Verband vom freien zum Zwangsverband geworden ist, oder wenn sie infolge

---

[8] Vgl. hierzu z. B. den Artikel von *Jaerisch*, Gerhard: Der Große Senat des BAG zur Besserstellung von Organisierten, in: Arbeit und Sozialordnung, 22. Jg. (1968), Heft 10, S. 318 ff.; vgl. auch *Niggemann*, Jürgen: Verbändelehre ..., S. 93.

[9] Speziell mit diesem Bereich hat sich Chester I. *Barnard* ausführlich befaßt (vgl. derselbe: Organisation und Management. Ausgewählte Aufsätze. Aus dem Amerikanischen von Dr. Paul von *Beckerath*, Stuttgart 1969, S. 215 ff.).

[10] Vgl. z. B. *Langbein*, Volker: Die rechtliche Regelung des Lobbyismus in den Vereinigten Staaten, Hamburg 1967, bes. S. 9 ff.

mangelnder Alternativmöglichkeiten ihre Wahlfunktion nicht mehr ausüben können.[11]

Das Resultat aus Begünstigungen und Belastungen muß letztlich für den einzelnen einen solchen Anreiz bieten, daß er gewillt ist, dafür die Steuerungsmittel (Mitgliedschaft, Wahlstimme, Finanzmittel) positiv wirken zu lassen[12]. Es ist jedenfalls wissenschaftlich zweckmäßig davon auszugehen, daß die egoistischen Motive der Selbsterhaltung und der persönlichen Befriedigung bei den einzelnen Betroffenen in der Regel dominierend sind[13]. Dieses Abwägen der Vor- und Nachteile und das Ergebnis daraus, ob man z. B. einem Verband beitritt oder einem Funktionär seine Stimme gibt, hat *Barnard* als die „Ökonomie der Anreize" sehr ausführlich beschrieben[14].

Alle die oben aufgezählten Begünstigungen und Belastungen können wir in einem Schema zusammenfassen, wobei wir die Darstellung soweit wie möglich durch Beispiele aus dem gewerkschaftlichen Bereich veranschaulichen wollen.

IV. Schematischer Überblick der Begünstigungen und Belastungen mit Beispielen aus dem gewerkschaftlichen Bereich

Geht man von den Begünstigungen und Belastungen der Mitglieder aus, so ergeben sich neun theoretisch denkbare Kombinationen, wobei die Pfeilrichtung nach innen bedeutet, daß die Begünstigungen bzw. Belastungen den Mitgliedern zugute kommen bzw. von ihnen getragen werden müssen, während bei Pfeilrichtung nach außen Dritte begünstigt bzw. belastet werden. Eine weitere Untergliederung, daß die Belastungen Außenstehenden aufgebürdet werden und die Begünstigten auch Außenstehende sind, ohne aber mit den Belasteten identisch zu sein, ist nur für den Fall (6) relevant. Deshalb soll diese weitere Untergliederung auch nur dort berücksichtigt werden.

(1) Begünstigungen → Mitglieder ← Belastungen

Die Begünstigungen kommen nur den Mitgliedern zugute, die Belastungen müssen ebenfalls ausschließlich von den Mitgliedern getragen werden; z. B. Unterstützungen bzw. Versicherungsschutz bei

---

[11] Es kann dann zu einer *Einheitslistenwahl* oder zu einer sogenannten *Friedenswahl* kommen (vgl. dazu *Herder-Dorneich*, Ph.: Sozialökonomischer Grundriß der gesetzlichen Krankenversicherung, Köln 1966, S. 309.

[12] Zum allgemeinen Problem der Messung des Verbandserfolges vgl. *Blümle*, Ernst-Bernd: Zur Messung des Verbandserfolges, in: Schmalenbachs Zeitschrift für Betriebswirtschaftliche Forschung, 17. Jg. (1965), S. 558—570.

[13] Vgl. *Barnard*, Chester J.: Die Führung großer Organisationen, Übersetzung der 17. Auflage des Buches „The Functions of the Executive", Essen 1970, S. 122.

[14] Vgl. ebenda, S. 122 ff.

Invalidität, bei Sterbe- und Notfällen, bei Streiks, Leistungen durch gewerkschaftliche Reiseunternehmen. Die Mittel für diese Leistungen stammen ausschließlich aus den Mitgliederbeiträgen.

(2) Begünstigungen ← Mitglieder ← Belastungen

Es handelt sich z. B. um Spenden jeglicher Art an Außenstehende (Entwicklungsländer), die über Mitgliedsbeiträge oder Mitgliederspenden finanziert werden. Ferner zählen dazu Fälle, die häufig von den Gewerkschaften als Werbeeffekt benutzt werden wie Leistungen gegenüber Gästen (Delegationen).

(3) Begünstigungen ↔ Mitglieder ← Belastungen

Hierzu gehören z. B. unentgeltliche Bildungskurse, die auch Nicht-Gewerkschaftlern offenstehen.

(4) Begünstigungen → Mitglieder → Belastungen

Bekannte Beispiele sind die Leistungen, die in einem „union shop“ oder „closed shop“[15] vom Unternehmer für die Arbeitnehmer erbracht werden. Auch ein von den Unternehmern gezahlter Bildungsurlaub für Gewerkschaftsfunktionäre wäre in diese Gruppe einzureihen.

(5) Begünstigungen ← Mitglieder → Belastungen

Denkbar für diese Gruppe wäre eine Entwicklungshilfe mit Bundesgeldern, die aber von den Gewerkschaften durchgeführt wird.

(6) Begünstigungen ↔ Mitglieder → Belastungen

In diese Gruppe fallen die meisten gewerkschaftlichen Leistungen wie z. B. Lohnerhöhungen auf Kosten der Unternehmer, Lohnfortzahlung im Krankheitsfall, Bildungsurlaub (allgemein), Rationalisierungsschutzabkommen, Verbesserungen im Bildungs-, speziell im Ausbildungswesen usw.[16]. Es muß allerdings bemerkt werden, daß gerade hier die belasteten Außenstehenden meistens nicht mit den begünstigten Außenstehenden identisch sind.

(7) Begünstigungen → Mitglieder ↔ Belastungen

Die staatlich bezuschußte Bildungsarbeit der Gewerkschaftsjugend (Landes- und Bundesjugendplan) zählt z. B. zu diesem Punkt.

(8) Begünstigungen ← Mitglieder ↔ Belastungen

In dieser Gruppe können die gleichen Fälle wie unter (3) zusammengefaßt werden, nur mit dem Unterschied, daß die Finanzmittel auch von außen aufgebracht werden.

---

[15] Zu den Begriffen *closed shop* und *union shop* vgl. z. B. *Burghardt*, Anton: Zur Morphologie (moderner) Wirtschaftsverbände, in: Soziale Verantwortung. Festschrift für Goetz Briefs zum 80. Geburtstag, Berlin 1968, S. 234; ferner *Olson*, M.: Die Logik ..., S. 38.

(9) Begünstigungen ↔ Mitglieder ↔ Belastungen

Hierzu gehören z. B. die Vollbeschäftigungspolitik der Gewerkschaften, Bildungskurse, die auch den Nicht-Gewerkschaftlern offenstehen — allerdings gegen Bezahlung — usw.

Bei dieser Aufzählung ist nicht berücksichtigt, daß bei allen Aktionen eines Verbandes seine Funktionäre beteiligt sind, die für ihre Tätigkeit bezahlt werden, und zwar aus Mitteln, die in der Regel aus Beitragseinnahmen stammen, so daß die Mitglieder, wenn auch nur zu einem kleinen Teil, genau genommen *immer* belastet werden.

Ferner ist zu berücksichtigen, daß es häufig Grenzfälle gibt, die mehreren Gruppen zugeordnet werden können. Schließlich sei nochmals darauf hingewiesen, daß es sich bei diesen Möglichkeiten um eine rein systematische Aufzählung handelt. Die Gewichtung ist bei den einzelnen Verbänden jeweils ganz unterschiedlich. Zwar wird meistens jeder Verband daran interessiert sein, Außenstehende zu belasten und seine Mitglieder zu begünstigen; es sei denn, es handelt sich z. B. um eine Werbeaktion. Dies kann jedoch nicht verallgemeinert werden, denkt man etwa an caritative Vereinigungen. Bei ihr kann es erklärtes Ziel sein, die Mitglieder durch Sammlungen zu belasten und Nicht-Mitglieder als Bedürftige zu begünstigen.

Die einzelnen aufgezählten Möglichkeiten sind für einen Verband — besonders auch für die Funktionäre — von unterschiedlichem Interesse. Einmal gibt es Fälle, die nur geringe Bedeutung haben. Das trifft bei den Gewerkschaften wohl für die Möglichkeiten unter (2), (5) und (8) zu. Von ihnen erwarten die Funktionäre keine allzu großen Vorteile für sich selbst und für den Verband. Nur der oben angeführte Werbeeffekt könnte eine Rolle spielen[17], und zwar speziell in den Fällen (5) und (8). Wird doch dadurch dokumentiert, daß der Verband nicht nur im eigenen Interesse, sondern auch im Sinne des *Gemeinwohls*[18] handelt. Für den Verband ist dabei noch vorteilhaft, daß er seine eigenen Mitglieder nicht zu belasten braucht.

In der Regel sind diese Fälle aber nur selten. Auf sie soll auch nicht weiter eingegangen werden. Falls die Funktionäre wirklich diese Möglichkeiten im größeren Ausmaß realisierten, so würde sich dies bei den nächsten Wahlen sicherlich in einem Stimmenrückgang niederschlagen, weil es den Mitgliedern nur schwer klarzumachen sein würde,

---

[16] Eventuell mögliche Überwälzungen der Kosten wollen wir hier nicht berücksichtigen.

[17] Vgl. *Olson*, M.: Die Logik ..., S. 15.

[18] Vgl. zum *Gemeinwohl* z. B. *Colm*, Gerhard: Zum Begriff des Allgemeinwohls, in: Soziale Verantwortung. Festschrift für Goetz Briefs zum 80. Geburtstag, Berlin 1968, S. 23 ff.; ferner *Messner*, Johannes: Das Gemeinwohl im Laissez-faire-Pluralismus, in: Soziale Verantwortung ..., S. 3 ff.

warum sie — speziell in den Fällen (2) und (8) — für Leistungen an Außenstehende belastet werden sollten. Ein solches Risiko würde ein Verbandsfunktionär nur in den seltensten Fällen einzugehen gewillt sein[19].

Neben diesen weniger bedeutungsvollen Möglichkeiten existieren zwei — (3) und (6) —, die von den meisten Verbänden nicht erwünscht sind, da hier Außenstehende begünstigt werden, ohne daß diese dazu beitragen, die Kosten zu decken. Unterstellt werden für den Fall (6) hier nur die Beispiele, bei denen die begünstigten und belasteten Außenstehenden nicht identisch sind. Für die begünstigten Außenstehenden werden die Verbandsleistungen hier in gewissem Sinne *freie Güter*. Da gerade diese Fälle häufig anzutreffen sind, soll auf sie noch einmal gesondert eingegangen werden.

Schließlich bleiben die unter den Punkten (1) und (4), (7) und (9) erwähnten Fälle, die von den Verbänden besonders angestrebt werden, da ihnen bzw. den Funktionären hier die Möglichkeit gegeben ist, zum einen ihren Mitgliedern Leistungen zukommenzulassen, die sie nicht oder nur teilweise zu bezahlen brauchen[20], zum anderen, weil die Funktionäre auf diese Weise Umverteilungsprozesse erwirken können, die ihnen Vorteile zu bringen versprechen. Auch diese Fälle werden noch besonders zu behandeln sein.

V. Verbandsleistungen und Funktionärsinteresse

a) Von den Funktionären nicht erwünschte Verbandsleistungen

Die Problematik, bestimmte Güter im Verband nicht bereitzustellen, taucht für die Funktionäre dann auf, wenn Außenstehende von verbandlichen Leistungen profitieren, ohne dafür belastet werden zu können. Typisches Beispiel ist der oben erwähnte Fall (6). Es werden sowohl Mitglieder als auch außenstehende Dritte begünstigt, während die Belastungen zwar auch Außenstehenden aufgebürdet werden, aber nicht denjenigen, die die Begünstigungen erlangen. Ein bekanntes Beispiel ist eine Lohnerhöhung zu Lasten der Unternehmer, wobei davon auszugehen ist, daß sie nicht überwälzt werden kann. Für die Funktionäre ist dieser Tatbestand deshalb unerwünscht, weil es nicht notwendig ist, Mitglied zu sein, um in den Genuß der Leistungen zu

---

[19] Dies trifft allerdings nur für einen freien Verband zu. Anders verhält es sich im Zwangsverband.

[20] Vgl. *Schmädel*, Dieter von: Führung im Interessenverband. Probleme der innerverbandlichen Willensbildung, Berlin 1968, S. 97 f. Pütz schreibt dazu für die Interessenverbände: „... denn die Interessenverbände neigen ihrem Wesen nach dazu, sich durch Interventionen des Staates (z. B. Zölle, Subventionen, Marktschließungen, Preisbindungen usw.) Vorteile auf Kosten anderer Gruppen zu verschaffen" (*Pütz*, Theodor: Die ordnungspolitische Problematik der Interessenverbände, in: Jahrbuch für Sozialwissenschaft, Band 11 (1960), Heft 3, S. 256).

kommen. Es werden sich aus diesem Grunde viele Mitglieder oder potentielle Mitglieder die Frage stellen: Warum soll ich Beiträge in den Gewerkschaften zahlen, wenn ich die Leistungen auch als Außenstehender bekomme? Vorausgesetzt wird hier natürlich, daß die Lohnerhöhungen einziges Gut der Gewerkschaften sind, da ansonsten weitere Komponenten, die den Bei- bzw. Austritt beeinflussen, zu berücksichtigen sind[21]. In diesem Falle werden also die Lohnerhöhungen für Nicht-Gewerkschaftler zu einem *freien Gut*[22].

Ein Beispiel soll dies verdeutlichen: Angenommen ein bestimmter Gesetzentwurf liegt im Interesse der meisten Steuerberater. Um ihn durchzubringen, wäre ein mächtiger Verband mit den entsprechenden Geldmitteln erforderlich, vor allem, um die Öffentlichkeit und Regierung von der Berechtigung dieses Entwurfes zu überzeugen. Man muß sich hier die Frage stellen: Welchen Nutzen bringt dieses Gesetz den Steuerberatern? Oder: Lohnt es sich für den Steuerberater, hierfür Zeit und Geld zu opfern?

Werden durch diesen Gesetzentwurf — falls er Gesetz wird — z. B. die Einnahmen der Steuerberater erhöht, so würden die höheren Einnahmen für die nicht dem Verband Beigetretenen zu einem *freien Gut*, da die Gültigkeit dieses Gesetzes gemäß unseren demokratischen Grundsätzen nicht nur auf diejenigen beschränkt bleiben darf, die dem Verband angehören[23]. Folglich ist die Frage des einzelnen Steuerberaters, warum er Kosten aufwenden soll, berechtigt. Zwar müßte der einzelne sich dann vor das Problem gestellt sehen: Wenn alle so handeln, wird das Ziel nicht erreicht, also trete ich dem Verband bei und opfere Zeit und Geld. Ein solches Handeln aber ist für unsere Gesellschaft nicht repräsentativ. *Olson* schildert diese Situation wie folgt: „Genau so wie ein einzelner Unternehmer nicht rational handelt, wenn er seine Produktion drosselt, um einen höheren Preis für das Produkt seiner Branche zu erreichen, handelte er ebenfalls nicht rational, wenn er seine Zeit und sein Geld für die Unterstützung einer Lobby opferte, um für seine Branche staatliche Hilfe zu erlangen. Es läge in beiden Fällen nicht im Interesse des einzelnen Unternehmers, sich mit irgendwelchen Kosten zu belasten[24].“

---

[21] So wird sich in der Realität nicht jedes potentielle Mitglied die Frage stellen, da auch andere Gründe für einen Verbandsbeitritt ausschlaggebend sein können (Prestige, Tradition), dennoch kann angenommen werden, daß die Frage nach Leistung und Gegenleistung häufig primärer Grund für den Beitritt bedeutet.

[22] Vgl. hierzu *Olson*, M.: Die Logik ..., S. 8—15. Fleischmann bringt zu diesem Sachverhalt einen Fall aus dem Ärztebereich; vgl. *Fleischmann*, Gerd: Ungleichheit unter den Wählern, in: Hamburger Jahrbuch für Wirtschafts- und Gesellschaftspolitik, 12. Jg., Tübingen 1967, S. 137 f.

[23] Vgl. *Buchholz*, E.: Die Wirtschaftsverbände ..., S. 61 ff.

[24] *Olson*, M.: Die Logik ..., S. 10.

So klar und eindeutig aber, wie *Olson* die Situation schildert, scheint sie in der Realität nicht zu sein; denn es zeigt sich, daß sich doch immer einige zum Beitritt entschließen. Sicher ist allerdings, daß für den einzelnen — speziell in einer kleineren Gruppe — eine Konfliktsituation besteht. Er ist vor ein strategisches Problem gestellt. Zur Lösung dieses Problems muß er die Handlungen der anderen mit einkalkulieren. Eine solche Situation ähnelt der oligopolistischen Marktstruktur[25]. Der einzelne kann die Vorteile ohne Beitritt erlangen, vorausgesetzt allerdings, daß eine genügend große Zahl sich für den anderen Weg, nämlich den Beitritt, entscheidet und zur Durchsetzung des Zieles zunächst Opfer zu bringen gewillt ist.

b) Von den Funktionären erwünschte Verbandsleistungen

Ein Verband wird dagegen (wir gehen hier von freien Verbänden aus und lassen Zwangsorganisationen beiseite) mit einem Zulauf rechnen können, wenn er seinen Mitgliedern Leistungen anzubieten vermag, auf die die Mitglieder nicht verzichten können, die billiger sind als etwa am Markt, oder die gar nicht über den Markt zu bekommen sind und die ausschließlich auf die Mitglieder beschränkt sind[26].

So können z. B. die meisten Ärzte nicht darauf *verzichten*, einer Kassenärztlichen Vereinigung beizutreten, wenn sie Kassenpatienten betreuen wollen. Auch wenn die Kassenärztlichen Vereinigungen keine Zwangsorganisationen wären, gäbe es für die meisten Ärzte doch keine Möglichkeit, sich von diesen Organisationen fernzuhalten, da sie, von wenigen Ausnahmen abgesehen, vom geringen Prozentsatz der Privatversicherten nicht existieren können.

Olson zeigt den gleichen Vorgang am Beispiel „American Medical Association" (AMA). Nicht der Zwang als vielmehr das Zurverfügungstellen von Nicht-Kollektivgütern ist nach seiner Meinung der Hauptgrund zur Mitgliedschaft[27].

Er zitiert hier *Garceau*[28], der darauf hinweist, daß die AMA eine offizielle Leistung anbietet, auf die ein Arzt nicht verzichten kann. „Die Verteidigung gegen den Vorwurf falscher Behandlungsmethoden ist das wichtigste Requisit jeder Privatpraxis[29]."

---

[25] Vgl. ebenda, S. 42.

[26] Vgl. hierzu *Niggemann*, Jürgen: Verbändelehre — eine neue Wissenschaft?, in: Gesellschaftspolitische Kommentare, 17. Jg. (1970), Nr. 2, S. 15/16; ferner *Eickhof*, Norbert: Gewerkschaften. Warum der Mitgliedsbestand sinkt, in: Wirtschaftswoche, 26. Jg., Nr. 37 (1972), S. 60.

[27] Vgl. *Olson*, M.: Die Logik ..., S. 137.

[28] Vgl. *Garceau*, Oliver: The Political Life of the American Medical Association, Cambridge, Mass., Harvard University Press, 1941, S. 103, zit. nach *Olson*, M.: Die Logik ..., S. 137.

[29] Ebenda.

Neben dieser für jeden Arzt fast notwendigen Dienstleistung zählt *Olson* noch die vielen fachlichen Veröffentlichungen der AMA auf, die für den einzelnen Arzt ebenfalls ein starker Anreiz seien, der AMA beizutreten. Dazu gebe die AMA und viele ihrer untergeordneten Organisationen auf zahlreichen Kongressen auch Informationen, die die Ärzte benötigten „und bieten auf diese Weise den Mitgliedern *direkte Gegenleistungen in Form von Ausbildung* (Kursives im Text in Anführungszeichen, d. V.) für die Zahlung der Beiträge ...“[30].

Billiger können die Verbandsleistungen entweder durch Rationalisierungsmaßnahmen werden oder dadurch, daß Dritte teilweise oder ganz zur Bezahlung herangezogen werden. Mit diesem Problem wollen wir uns im folgenden Kapitel über die Umverteilung noch speziell befassen.

Ein weiterer Anspruch an die Verbandsleistungen — zwar nicht unbedingt im Sinne der Mitglieder, wohl aber im Interesse der Funktionäre — ist ihre Begrenzung nur auf die Mitglieder. Handelt es sich beispielsweise um eine Lohnerhöhung, die auch Nicht-Mitgliedern zufällt, so ist der Anreiz zum Verbandsbeitritt genommen bzw. der Anreiz zum Verbandsaustritt entsprechend der damit u. U. verbundenen Belastung groß.

Das Streben eines Verbandes geht offensichtlich dahin, die freien Güter umzuwandeln in solche, die nur durch den Verband für die Vertragsmitglieder zu erlangen sind und von deren Genuß alle Außenstehenden — für sie haben sich Bezeichnungen wie *Trittbrettfahrer* oder *Schmarotzer* eingebürgert[31] — ausgeschlossen sind. Das bedeutet aber gleichzeitig, daß solche Leistungen nicht von anderen Institutionen günstiger zur Verfügung gestellt werden dürfen. Für einen Verband wäre es z. B. schwierig, Bildungsleistungen gegen geringe Kosten anzubieten, wenn die öffentlichen Bildungsinstitutionen dasselbe und dazu noch *unentgeltlich* vermitteln. Tatsächlich schneiden indes die Verbände bei einer Konkurrenz zwischen entgeltlicher verbandsspezifischer und unentgeltlicher öffentlicher Bildung gar nicht so schlecht ab. Die öffentlichen Bildungseinrichtungen sind nämlich sehr allgemein, selten praxisorientiert und häufig mangelhaft. Es bestehen hier „Marktlücken“[32], so daß sich für die Verbände gute Ansatzpunkte für ein erfolgreiches Wirken ergeben[33].

---

[30] Ebenda, S. 138.

[31] Vgl. *Petzold*, Günter: Der Wettbewerb der Verbände um die Mitwirkung an der Wirtschaftspolitik (Diss.), Köln 1963, S. 95.

[32] Vgl. hierzu *Wellmann*, Burkhard: Marketing für Verbände. Dienstleistungen im Bildungsbereich, in: der arbeitgeber, 23. Jg. (1971), Heft 17, S. 734 f.

[33] *Weiler* zählt einen ganzen Katalog von Aufgabengebieten auf, nach dem sich die Verbände betätigen könnten. Vgl.: *Weiler*, Rudolf: Wirtschaftliche Kooperation in der pluralistischen Gesellschaft, Wien 1964, S. 438/439.

Da eine Umwandlung der freien Güter in solche, die nur den Mitgliedern zugute kommen, aber in den meisten Fällen nur schwer zu realisieren ist, ergibt sich hieraus für die Funktionäre die Konsequenz, entweder den Mitgliedern des Verbandes auch andere Leistungen anzubieten, von deren Genuß Außenstehende ausgeschlossen werden können, oder sich zu bemühen, die Organisation zum Zwangsverband werden zu lassen, damit den Mitgliedern die Möglichkeit zum Austritt verwehrt ist.

Hier zeigt sich das Dilemma der Verbände ganz deutlich: Man verlangt von ihnen, Gemeinleistungen zu produzieren. Bringen sie aber nur Gemeinleistungen hervor, so werden sie es schwer haben, neue Mitglieder zu werben und die vorhandenen zu halten, weil diese auch in den Genuß der Verbandsleistungen kommen, wenn sie dem Verband nicht angehören[34].

Die mögliche Folgerung, dem Verband den Zwangscharakter zu geben, verstößt allerdings gegen das Wettbewerbsprinzip. Im Zwangsfalle nämlich wird den Mitgliedern das Steuerungsmittel des Austritts genommen. Der Übertritt zu einem anderen Verband wird unmöglich. Auch das Steuerungsmittel der Beiträge wird im allgemeinen verschwinden; Zwangsbeiträge sind die logische Folge der Zwangsmitgliedschaft[35]. Den Mitgliedern verbleiben so als einziges Steuerungsmittel nur die *Wahlen* im Verband. Die Funktionäre werden demnach in einem sehr starken Maße unabhängig; vor allem dann, wenn es ihnen gelingt, den Wahlmechanismus seiner eigentlichen Steuerungsfunktion zu entkleiden. Die Möglichkeiten dazu wurden oben im Beitrag „Homo organisatoricus“ dargestellt.

VI. Das Problem der Umverteilung mit Hilfe der Verbandsleistungen

Die Verbände haben die Möglichkeit, mit Hilfe ihres Machtapparates Umverteilung[36] zu betreiben. Typisch hierfür sind die Fälle (1), (4), (7) und (9) der oben angeführten Systematik.

Der Verband hat zwei Möglichkeiten, zum einen ist es möglich, eine Umverteilung *innerhalb* des Verbandes, zum anderen eine Umverteilung unter Einbeziehung *Außenstehender* zu bewirken. Ein solcher Umverteilungsprozeß wird dann unter günstigem Vorzeichen stehen, wenn die begünstigte Gruppe klein, die belastete Gruppe dagegen groß ist. Die Vorteile würden sich so bei den Begünstigten merklich niederschlagen, während die Belasteten nur ein minimales Opfer pro Person zu leisten hätten.

---

[34] Vgl. hierzu auch *Eickhof*, Norbert: Gewerkschaften ..., S. 61/62.

[35] Vgl. *Niggemann*, J.: Verbändelehre — eine neue Wissenschaft ..., S. 16.

[36] Umverteilung ist hier im Sinne einer *interpersonellen* Umverteilung nicht *intertemporären* Umverteilung gemeint.

Ein solches Beispiel finden wir in der Landwirtschaft. Die Bauern, eine relativ kleine Gruppe in der Volksgesamtheit, werden durch Subventionen begünstigt. Die Belasteten, die Steuerzahler, sind eine große Gruppe.

Umgekehrt wird Umverteilung immer dann schwierig, wenn der Verband eine große Gruppe umfaßt, die begünstigt werden soll, als zu belastende Gruppe dagegen nur eine relativ kleine gefunden werden kann. Gehen wir also davon aus, daß eine Umverteilung zugunsten einer großen Gruppe und zu Lasten einer kleinen Gruppe in der Regel nur durchführbar ist, wenn die kleine Gruppe so gehalten wird, daß sie sich dem Druck nicht zu widersetzen vermag, so fällt die rein interne Umverteilungspolitik eines Verbandes zumindest im freien Verband fast gänzlich aus. Die Betroffenen (Belasteten) würden nämlich bei einseitiger Belastung den Verband wahrscheinlich verlassen, es sei denn, sie sind auf den Verband angewiesen.

Viel wirkungsvoller für einen Verband ist es, eine Umverteilung zu betreiben, die die Verbandsmitglieder zu Lasten Außenstehender begünstigt. Dies trifft für die Fälle (4), (7) und (9) zu. Sehr interessant für den Verband — besonders für die Funktionäre — ist natürlich die Möglichkeit (4), nämlich den Mitgliedern Leistungen zukommen zu lassen, für die Außenstehende *ausschließlich* bezahlen müssen. Hinter diesem Fall verbirgt sich wohl auch der primäre Grund für Verbandsbildungen, nämlich bestimmte Interessen[37] gegen andere Personen oder Gruppen zu vertreten und durchzusetzen.

Gerade von dieser Möglichkeit machen die Funktionäre auch heute regen Gebrauch, indem sie versuchen, auf die Bürokratie, auf Abgeordnete im Parlament oder auf Regierungsvertreter im Bunde und in den Ländern Einfluß auszuüben (lobby). Sie bemühen sich, zu Lasten der Gesamtheit für ihre Mitglieder Partial-Interessen durchzusetzen, für die die Mitglieder nichts oder nur wenig aufzubringen haben.

---

[37] Zum Problem *Interesse* vgl. z. B. *Breitling*, Rupert: Die Verbände in der Bundesrepublik. Ihre Arten und ihre politische Wirkungsweise, Meisenheim am Glan 1955, S. 10 ff.; *Hondrich*, Karl Otto: Die Ideologien von Interessenverbänden, Berlin 1963, S. 12 ff.; *Schmölders*, Günter: Das Selbstbild der Verbände, Berlin 1965, S. 51 ff.; *Wössner*, Jakobus: Die ordnungspolitische Bedeutung des Verbandswesens, Tübingen 1961, S. 23 ff.

F. Wachstum und Wandel der Verbände

Von *Manfred Groser*

I. Einleitung

Fast jede Verbandsmonographie, von denen es mittlerweile eine ganze Reihe gibt[1], gibt Aufschlüsse über Wachstum und Wandel der betrachteten Organisation. Seltener sind die Studien, die über die reine Beschreibung hinausgehen und zu einer theoretisch fundierten Strukturierung des Materials vorzudringen versuchen. Zwei Beispiele seien stellvertretend genannt, beide befassen sich mit gewerkschaftlichen Organisationen. In seiner Studie über „Gewerkschaftswachstum und Gewerkschaftsstruktur"[2] zeigt *H. A. Turner* wie ökonomische Bedingungen, wie sie sich in Produktionsmethoden und Marktverhältnissen ausdrücken, die Verhaltensweisen eines Verbandes bestimmen. Sog. „geschlossene" Gewerkschaften versuchen über rigorose Absperrung des Arbeitsmarktes ihren Mitgliedern Vorteile zu verschaffen. Bevorzugte Mittel sind Regulierung der Lehrlingsaufnahme und die enge Definition der zulässigen Tätigkeiten (restriktive Praktiken). Diese Methoden sind heute noch für manche Berufsgewerkschaften in Großbritannien und den USA typisch. „Offene" Gewerkschaften operieren demgegenüber nicht mit den Mitteln der Angebotsverknappung, sie sind für jedes weitere Mitglied dankbar, weil es ihre Mittel (Tarifverhandlung und Einflußnahme auf die Regierungspolitik) effektiver macht. Die Frage, welche Taktik effektiver ist, hat sich für moderne Industriegesellschaften längst entschieden. Was den Beitrag Turners für unser Thema interessant werden läßt, ist die Art, in der Zusammenhänge zwischen Zielen der Organisation, ihrem Wachstum und ihrer Umwelt offengelegt werden.

Wachstum erscheint hier nicht als Ziel an sich, sondern als Mittel zur Durchsetzung anderer Ziele. In seiner Gewerkschaftsstudie „As Unions Mature"[3] kommt *R. Lester* zu dem Schluß, daß unter der Annahme

---

1 z. B. *Chesi*, Valentin: Struktur und Funktionen der Handwerksorganisation in Deutschland seit 1933. Berlin 1966 und weitere Bände der Reihe „Untersuchungen über Gruppen und Verbände", hrsg. von G. Weippert, Berlin.

2 *Turner*, H. A.: Trade union growth, structure and policy. A comparative study of the cotton unions, London 1962.

3 *Lester*, Richard A.: As Unions mature, Princeton 1958.

gleichbleibender gesellschaftlicher Rahmenbedingungen die amerikanischen Gewerkschaften in einen Prozeß steigender Bürokratisierung, Entmilitarisierung und Integration einschwenken. Es ist hier nicht der Ort, auf die methodischen Schwächen besonders des Buches von Lester einzugehen. Es muß aber doch verwundern, daß in keinem der genannten Werke auf den Fundus der relativ hoch entwickelten Organisationstheorie[4] zurückgegriffen wurde. Sind deren Konzepte so spröde, daß sie den empirisch orientierten Autoren wenig attraktiv schienen? Haben es die Organisationstheoretiker so wenig verstanden, ihren Beitrag den Vertretern anderer Disziplinen verständlich zu machen? Die wachsende Bedeutung der Organisationstheorie für die Fragen des industriellen Managements scheint dieser These zu widersprechen. Es liegt also auch an der Nachfrageseite. Damit stellt sich die Frage: Kann eine Verbandsforschung, die sich für die Probleme des Wachstums und des Wandels interessiert, von der Organisationstheorie Hilfestellung erwarten oder ist sie weiter auf historische Beschreibung und ad hoc Generalisierung angewiesen?

Die Antwort wird erschwert durch das wenig einheitliche Bild, das die Organisationstheorie unserer Tage bietet. Es spricht einiges dafür, daß es „die“ Theorie der Organisation ebensowenig geben kann, wie „die“ Theorie der Gesellschaft. Was wir vorfinden, sind verschiedene Theorien und verschiedene methodische Ansätze, die sich für die interessierenden Probleme von unterschiedlicher Brauchbarkeit erweisen. So mag ein Bürokratiemodell sich als durchaus nützlich erweisen zur Analyse eines Verbandes, der in einer äußerst stabilen Umwelt wirkt, die selbst stark von bürokratischen Normen bestimmt ist (dieser Fall mag *Lester* in der genannten Untersuchung vorgeschwebt haben). In anderen Fällen wird es sich eher als Hindernis erweisen. Es gilt also, aus der Vielfalt der konkurrierenden Modelle zu wählen. Dabei wollen wir uns auf jene Beiträge konzentrieren, die organisatorischen Wandel als abhängige Variable sehen. Der zugegeben äußerst interessanten Frage, wie ein von der Führung eines Systems als notwendig erkannter Wandel bei den übrigen Systemmitgliedern durchgesetzt werden kann, soll hier nicht nachgegangen werden. Was die große Linie der einzelnen Betrachtungsweisen betrifft, so scheint sie dadurch geprägt, daß Organisationen entweder vornehmlich als Ganzes betrachtet werden, oder daß das Individuum mit seinen Motivationen, Wahrnehmungen und Fähigkeiten im Vordergrund steht. Mit den Stichworten Systemtheorie bzw. Funktionalismus und Entscheidungs- bzw. Handlungstheorie sind die markanten Gegenpositionen der gegenwärtigen Diskussion

---

[4] Auch wenn die meisten in dieser Arbeit zitierten Werke nach 1960 erschienen, so war doch die Diskussion über Grundfragen z. B. der funktionalistischen Theorie in den 50er Jahren in den USA voll im Gang.

gekennzeichnet[5]. Es muß aber wohl bezweifelt werden, ob eine am Anfang ihrer Entwicklung stehende Verbandstheorie gezwungen ist, sich einem der beiden Lager mit Haut und Haaren zu verschreiben. Etwas auf bestimmte Weise zu sehen, bedeutet meist, etwas anderes nicht zu sehen. Danach mag es durchaus geraten sein, die Vielfalt von Anregungen je nach der Lage des Problems zu nutzen, sich mit den unterschiedlichen Voraussetzungen von Modellen vertraut zu halten, im übrigen aber dem Vorwurf der mangelnden Methodenreinheit mit einer gewissen Gelassenheit gegenüberzutreten.

II. Verbände als Systeme

Die Systemtheorie sieht im Verband wie in jeder anderen Organisation ein System, das in Interaktion mit seiner Umwelt steht[6]. System und Umwelt werden dabei denkbar einfach definiert: „Ein System ist ein Satz von Objekten zusammen mit Beziehungen zwischen den Objekten und ihren Attributen." Umwelt ist für ein gegebenes System "der Satz aller Objekte, bei denen eine Veränderung ihrer Attribute das System beeinflußt und auch jener Objekte, deren Attribute durch das Systemverhalten verändert werden kann"[7]. Einen Verband als offenes System zu betrachten, bedeutet, dem Zusammenspiel zwischen Verband und Umwelt besondere Beachtung zu schenken. Die Organisation wird als Teil eines umfassenden Systems gesehen. Konkret bedeutet das: Wer z. B. eine bestimmte Gewerkschaft bzw. einen Arbeitgeberverband analysieren will, tut gut daran, sich mit dem Gesamtsystem der Arbeitsbeziehungen, in dem der betreffende Verband handelt, zu befassen[8]. Entsprechend empfehlen *Katz* und *Kahn:* „Der erste Schritt sollte immer zum nächsthöheren Niveau der Systemorganisation führen, um die Abhängigkeit des betreffenden Systems vom Obersystem, dessen Teil es bildet, zu betrachten, denn das Obersystem setzt die Varianzgrenzen für das abhängige System[9]."

1. Wachstum

Die Abhängigkeit von günstigen Umweltbedingungen wird besonders deutlich bei den Problemen der wachsenden Organisation. Ganz all-

[5] Für eine Einführung in beide Sichtweisen vgl. *Silverman,* David: The Theory of Organizations, London 1970.

[6] Grundlegend für eine Systemtheorie der Organisation: *Katz,* Daniel und *Kahn,* Robert: The Social Psychology of Organizations, New York 1966. Nützliche Sammlungen sind Litterer, Joseph (Ed.): Organizations, Vol. II, New York 1969 und Maurer, John G. (Ed.): Readings in Organization Theory. Open-System Approaches, New York 1971.

[7] *Hall,* A. D. und *Fagen,* R. E.: Definition des Systems, in: Tjaden, K. H. (Hrsg.): Soziale Systeme. Neuwied 1971, S. 94 und 100.

[8] Richtungsweisend hierfür *Dunlop,* John T.: Industrial Relations Systems, New York 1958.

[9] Katz und Kahn, a.a.O., S. 58.

gemein formuliert setzt Wachstum voraus, daß der Umwelt Energien entzogen werden, die nunmehr für Systemzwecke zur Verfügung stehen. Pragmatisch ist Wachstum von Verbänden als Zunahme des Mitgliederbestandes zu sehen (absolutes Wachstum), korrekter noch als Zunahme des Organisationsgrades (Verhältnis der tatsächlichen zu den potentiellen Mitgliedern) definiert[10]. Man sollte aber auch an jene Fälle denken, in denen bei stagnierendem Mitgliederstand eine erhöhte Leistung pro Mitglied vorliegt. Ob hier sinnvoll von Wachstum gesprochen werden kann, wird von der betrachteten Organisation abhängen. Für unsere skizzenhafte Betrachtung mag das Mitgliedskriterium genügen.

Ob dem Wachstum eines Verbandes Grenzen gesetzt sind, hängt einmal von der Autonomie des Systems ab. Unter Autonomie verstehen wir die Fähigkeit eines Systems, seine Grenzen selbst zu bestimmen. Die Fähigkeit eines Verbandes, darüber zu bestimmen, wer Mitglied werden kann, kann auch völlig fehlen. Wer z. B. ein Gewerbe betreibt, ist Mitglied der Industrie- und Handelskammer. Nur insoweit ein solcher Verband Einfluß darauf hat, wann und wo jemand ein Gewerbe ausüben kann, etwa über Prüfungsverfahren oder die Feststellung des örtlichen Bedarfs, hat er Einfluß auf Mitgliederstand und Zusammensetzung. Gerade die genannten Beispiele zeigen aber, daß das Wachstum mit anderen Zielen, z. B. dem der Maximierung der Gewinne der Verbandsmitglieder, in Konkurrenz treten kann. Die Konkurrenz zwischen Wachstum und anderen Zielen tritt aber auch bei Verbänden auf, die sich an ideellen Zielen orientieren. Je offener der Verband, je weniger Bedingungen also an die Mitgliedschaft geknüpft sind, desto größer ist die Wahrscheinlichkeit, daß mit dem höheren Mitgliederstand auch Ideen in den Verband einfließen, die die ursprünglichen Ziele gefährden. Geradezu lebensnotwendig ist die Möglichkeit, zwischen Bewerbern zu diskriminieren für Verbände, die Prestige zu verleihen haben. Wenn jedermann Mitglied eines angesehenen Clubs werden könnte, hätte er seinen Zweck verfehlt.

Solange nicht mehr auf dem Spiel steht, wird man das Recht auf Autonomie nicht in Frage stellen wollen. Anders in den Fällen, wo etwa bei den rassendiskriminierenden Aufnahmepraktiken amerikanischer Baugewerkschaften wichtigere Rechte in eklatanter Weise verletzt werden[11]. Hier ist es Sache des Staates, die Bürgerrechte gegenüber dem Autonomieanspruch eines Verbandes durchzusetzen.

---

[10] Vgl. *Bain*, George Sayers: The Growth of White-Collar Unionism, Oxford 1970, S. 3.

[11] *Konvitz*, Milton R.: Labor Movement, Labor Organization or Labor Establishment?, in: *Seidman*, Joel (Ed.): Trade Union Government and Collective Bargaining, New York 1970.

Die Autonomie des Verbandes findet ihr Gegenstück auf der Mitgliederseite in der Freiheit der Beitrittsentscheidung. Dabei sind mit Freiheit und Zwang nur zwei Pole eines Spektrums genannt, das die Beziehungen von Verband und Mitglied abdeckt. Beim Zwangsverband ist die freie Entscheidung zur Mitgliedschaft aufgehoben. Jeder Handwerker in Deutschland ist automatisch Mitglied einer Handwerkskammer. Die Mitgliedschaft zur fachlichen Vertretung der Innung basiert dagegen auf Freiwilligkeit. In ähnlicher Weise gilt in Österreich: wer ein Lohnverhältnis eingeht, ist Mitglied der Arbeiterkammer. Ob außerdem die Mitgliedschaft einer Gewerkschaft erworben wird, bleibt der freien Entscheidung überlassen. Freiheit ist dabei nicht als absoluter Begriff zu sehen. Wer einer Gewerkschaft beitritt, um dem sozialen Druck seiner Kollegenschaft zu entgehen, ist bei seiner Entscheidung sicher weniger frei als jemand, der sich zum Beitritt entschließt, weil er sich mit den Zielen des Verbandes identifiziert. Andererseits hat *Olson*[12] nachgewiesen, daß die Gemeinsamkeit von Zielen allein nicht ausreicht, alle Begünstigten dazu zu bringen, zur Verwirklichung der Ziele beizutragen. Klassisch ist das Beispiel der Lohnerhöhungen: sie kommen auch jenen zugute, die sich nicht an den Kosten der gewerkschaftlichen Organisation beteiligt haben. Ist es unmöglich, die Nutznießer, die von den Leistungen profitieren und nichts zu ihrer Erreichung beitragen, auszuschließen, so sagt die Attraktivität der Ziele nichts über die Wachstumschancen des Verbandes aus[13]. Möglicherweise sind die wachstumsfördernden Ziele jene, die insgesamt weniger attraktiv erscheinen, deren Nutzen sich jedoch auf die Verbandsmitglieder beschränken läßt (z. B. Reisedienste und Fortbildungszentren von Gewerkschaften). Gerade die Möglichkeit des Ausschlusses von Nichtzahlern ist es jedoch, die diese Güter auch für private Produzenten rentabel macht. Das Wachstumsziel durch individuelle (als Gegensatz zu den kollektiven) Leistungen zu fördern, wird um so schwieriger, je stärker die Konkurrenz auf den betreffenden Sektoren ist.

Am höchsten ist die Freiheit der Beitrittsentscheidung bei Verbänden, die exklusiv ideelle Ziele verfolgen. Wer die ideellen Ziele des Verbandes nicht billigt, hat keinen Anlaß, ihm beizutreten. Er hat auch keine Nachteile zu befürchten, etwa in politischer und beruflicher Diskriminierung. Ein Patronagesystem dagegen, das den Zugang zu Ämtern, Aufträgen etc. als von der Mitgliedschaft zu einem Verband oder einer Partei abhängig bestimmt, macht die Aufdeckung von Ursachen von Wachstum oder Schrumpfung schwierig. Ist z. B. eine Jugendorganisation in einem totalitären Staat gewachsen, weil sich mehr Jugend-

---

[12] *Olson*, Mancur: Die Logik des kollektiven Handelns, Tübingen 1968.

[13] Vgl. *Eickhof*, Norbert: Gewerkschaften — Warum der Mitgliederbestand sinkt, in: Wirtschaftswoche Nr. 37, 1972, S. 59—62.

liche mit ihren Zielen identifizieren, oder weil die Mitgliedschaft bessere Chancen für eine Zulassung zum Hochschulstudium bietet?

In einer Matrix können Autonomie des Verbandes und Beitrittsfreiheit der Mitglieder zu einem Kombinationsschema verbunden werden[14].

	Freiheit des Beitritts	Keine Freiheit des Beitritts
Kontrolle über Mitgliedschaft	I Freier Verband	III Zwangsverband mit Mitgliedschaftskontrolle
Keine Kontrolle über Mitgliedschaft	II Begrenzt autonomer Verband	IV Zwangsverband ohne Mitgliedschaftskontrolle

Die Matrix allein gibt natürlich noch keine Aufschlüsse über das Verbandsverhalten. Sie mag aber nützliche Fragen provozieren, z. B.: Was veranlaßt einen Verband, einen Wechsel von Zelle I zu Zelle III anzustreben? Wie fließend sind die Übergänge zwischen den einzelnen Formen? Unter welchen Umständen läßt sich die Zwangsmitgliedschaft vor den Mitgliedern rechtfertigen?

Einige Überlegungen in dieser Richtung haben wir angestellt. Für die Fragen des Wandels sind die in Zelle I einzuordnenden Verbände besonders interessant. Wandlungen in den Zielsetzungen und in der Organisationsstruktur sind auch bei Zwangsverbänden zu beobachten. Der Zwang zur Anpassung ist jedoch sicherlich bei — zumindest kurzfristig — gesichertem Mitgliederstand geringer als bei Verbänden, die laufend um ihre Mitglieder werben müssen.

2. Wandel

Ein hervorragender Vertreter der modernen Organisationstheorie weist darauf hin, daß die Schwierigkeiten nicht darin liegen, Ursachen für den Wandel von Organisationen zu nennen:

„Die Richtung organisatorischen Wandels ist eine Funktion vieler Faktoren. Externe Ursachen des Wandels schließen die Marktnachfrage ein, ebenso die Konkurrenz mit anderen Organisationen, die Werte, Einstellungen und Kenntnisse potentieller Mitglieder, die von Gesetz und Gesellschaft gesetzten Erfordernisse und ähnliches. Interne Faktoren

[14] Die Darstellung stützt sich auf Aldrich, der den Zusammenhang für Organisationen allgemein verfolgt. *Aldrich*, Howard: Organizational Boundaries and Inter-organizational Conflict, in: Human Relations, 1971, S. 279—92.

beinhalten Verschiebungen in der Autoritätsstruktur, der relativen Differenzierung von Aufgaben und Verantwortung und die Werte und Wahrnehmungen von führenden Personen und Gruppen. Die Schwierigkeit bei der Erklärung von Wandel liegt nicht in der Identifizierung von Faktoren, die Wandel verursachen oder begleiten, sondern in der Entwicklung eines Rahmens, der es uns möglich macht, diese Faktoren zu klassifizieren[15]!"

Zalds eigene Konzeption einer politischen Ökonomie der Organisation, die Wandel aus dem Zusammenspiel von innerorganisatorischen Machtverhältnissen und externen Einflüssen zu erklären sucht, hat sich bereits empirisch bewährt. Auf einer höheren Abstraktionsebene bewegt sich die allgemeine Systemtheorie, die die verschiedenen Formen der Anpassung in ein Klassifikationsschema zu bringen versucht. So lassen sich bei den *Formen der Anpassung* zwei Grundtypen unterscheiden[16]. Bei der *strukturellen* Anpassung reagiert das System auf Veränderungen, die entweder innerhalb des Systems oder in seiner Umwelt auftreten, durch Veränderung seiner Zusammensetzung (Struktur). Häufig genannt wird die Ausdifferenzierung von Funktionen. Was früher von einer kleinen Gruppe von ehrenamtlichen Funktionären geleistet werden konnte, erfordert in einer komplexer gewordenen Umwelt den Aufbau einer bürokratischen Organisation. Die Ziele des Verbandes bleiben von der Änderung zunächst unberührt. Bei der *funktionalen* Anpassung reagiert das System auf Störungen durch Änderung seiner Ziele.

Auf entsprechend hoher Abstraktionsebene erscheinen beide Formen der Anpassung als funktionale Äquivalente, d. h. beide sind prinzipiell geeignet, das System in einer sich wandelnden Welt zu erhalten. Für Gruppen von Organisationen läßt sich aber zeigen, welche Formen der Anpassung die wahrscheinlichere ist. So sind nach *Starbuck*[17] ältere Organisationen flexibler in bezug auf ihre Ziele, jüngere in bezug auf ihre Struktur.

Er unterscheidet drei Arten des Wandels: Wandel in den Zielen, Wandel in der Aufgabenstruktur und Wandel in der sozialen Struktur. Ziele, Aufgaben und soziale Struktur sind Gründe für die Mitgliedschaft in einer Organisation. Ein Mitglied, das sich durch die Ziele der Organisation angezogen fühlt, wird Änderungen der Zielsetzung härteren Widerstand entgegensetzen als Änderungen in der Aufgabenstruktur, wenn diese geeignet sind, die von ihm vertretenen Ziele zu

---

[15] *Zald*, Mayer N.: Organizational Change. The Political Economy of the YMCA, Chicago 1970, S. 9.

[16] Vgl. *Sagasti*, Francisco: A Conceptual and Taxonomic Framework for the Analysis of Adaptive Behavior, in: General Systems, 1970, S. 151—160.

[17] *Starbuck*, William: Organizational Growth and Development, in: March, James G. (Ed.): Handbook of Organizations, Chicago 1965, S. 473—475.

fördern. Mit längerer Mitgliedschaft in einer Organisation steigt das Interesse an der Erhaltung der sozialen Struktur. Mitglieder werden miteinander bekannt, Rollenerwartungen werden gefestigt, Freundschaften geschlossen. Änderungen, die dieses Netz der Beziehungen zu zerstören drohen, werden von den Beteiligten nicht widerstandslos akzeptiert.

Für die *funktionale* Anpassung hat *Sills*[18] in seiner Studie über freiwillige Vereinigungen in den USA einige Beispiele geliefert. Er nennt das Rote Kreuz, das sich nach dem 1. Weltkrieg mit einem plötzlichen Rückgang seiner traditionellen Aufgaben konfrontiert sah und das Problem der in ihrem Bestand bedrohten Organisation durch die Formulierung neuer Ziele (allgemeine Hilfsdienste, z. B. Blutspenden) erfolgreich löste. Den Wandel der YMCA (Young Men's Christian Association) von einer evangelistischen Bewegung zu einer allgemeinen Dienstleistungsorganisation hat M. N. *Zald* in plastischer Weise nachgezeichnet[19]. Sein Begriff der „organisatorischen Nischen" umschreibt in glücklicher Weise die Chancen, die sich der Organisation in der Umwelt bieten, deren Nutzung sich jedoch nicht von selbst versteht. Auf analytischer Ebene ist zwischen den geschilderten Formen der *Zielnachfolge* und dem Phänomen der *Zielverschiebung* zu unterscheiden. So betonen eine Reihe von Autoren, daß zunehmende Bürokratisierung des Apparates, die Herausbildung des Berufsfunktionärtums und die Notwendigkeit der Expertenleistung die Gefahr einer Verselbständigung der Ziele einer Funktionärskaste bedeuten können[20].

Bei der *Quelle der Anpassung*[21] unterscheiden wir

1. Störungen, die *außerhalb* des Verbandes (d. h. in seiner Umwelt) liegen, und
2. solche, die *innerhalb* des Verbandes auftreten.

Ein Beispiel für ersteren Fall wäre für eine Gewerkschaft ein Regierungswechsel, der die Gewerkschaft mit neuen Entscheidungsträgern und neuen Problemlösungen konfrontiert. Eine Störung innerhalb des Verbandes wäre eine militante Basisgruppe, die von der Spitze ein stärkeres Engagement für systemändernde Reformen fordert. Bei dieser Unterscheidung ist hervorzuheben, daß es nur um die erste Lokalisierung der Störungsquellen geht. Das zweite Beispiel zeigt, daß die internen Störungen durchaus durch Faktoren verursacht werden können, die außerhalb des Verbandes liegen, etwa Veränderungen in den

---

18 *Sills*, David: The Volunteers, Glencoe 1957, bes. S. 254—264.
19 Vgl. *Zald*, a.a.O.
20 Klassisch hierzu *Michels*, Robert: Soziologie des Parteiwesens, Stuttgart 1925.
21 Vgl. *Sagasti*, a.a.O.

dominierenden Werten einer Gesellschaft. Nur daraus ergibt sich auch der Sinne einer Verknüpfung mit der zweiten Dimension der Anpassung, die die Stoßrichtung der Anpassung zum Inhalt hat.

Wir unterscheiden[22]:

1. Anpassungen nach *Darwin:*
   Auf Störungen reagiert das System durch Änderungen seiner Struktur oder Ziele (wie oben behandelt).
2. Anpassungen nach *Singer:*
   Das System reagiert auf Störungen durch Einflußnahme auf seine Umwelt.

Durch Gegenüberstellung der beiden Kategorien gewinnen wir ein klassifikatorisches Schema, das verschiedene Anpassungstypen in übersichtlicher Form zur Darstellung bringt.

	Externe Störung	Interne Störung
Anpassung nach *Darwin*	*I* Störung in der Umwelt, System reagiert durch Änderung von Struktur oder Zielsetzung	*III* Störung innerhalb des Systems, System reagiert durch Änderung von Struktur oder Zielsetzung
Anpassung nach *Singer*	*II* Störung in der Umwelt, System reagiert durch Veränderung der Umwelt	*IV* Störung innerhalb des Systems, System reagiert durch Veränderung der Umwelt

Die einzelnen Anpassungsformen sind in der Praxis von unterschiedlicher Bedeutung. Nicht jeder Verband wird in der Lage sein, seine Umwelt wesentlich zu beeinflussen. So hat z. B. *Goetz Briefs* den Wandel der Gewerkschaften von einer abhängigen Variablen der Wirtschaft (klassische Gewerkschaft) zu einer relativ unabhängigen Variablen (befestigte Gewerkschaft) nachgezeichnet[23].

Heute sind Vertreter der Gewerkschaften besorgt, daß das Aufkommen der multinationalen Unternehmung mit ihren Möglichkeiten der Produktionsverlagerung und der damit verbundenen geringeren Wirksamkeit gewerkschaftlicher Kampfmittel die Umweltkontrolle der Gewerkschaften verringert hat. Gegenmaßnahmen, z. B. solche der internationalen gewerkschaftlichen Kooperation, zeichnen sich ab.

---

[22] Nach *Sagasti,* a.a.O. und *Singer,* E. A.: Experience and Reflection, Philadelphia 1959.

[23] Vgl. *Briefs,* Goetz: Gewerkschaften (I). In: Handwörterbuch der Sozialwissenschaften, Stuttgart 1965, Bd. 4, S. 545.

Insgesamt ist wohl Anpassung nach I der von der Theorie am gründlichsten behandelte Fall. So verlangt die systemorientierte Organisationslehre von den Gestaltern einer Organisation, die Organisation nach dem Prinzip der erforderlichen Varietät (requisite variety) auszustatten[24]. Der Komplexitätsgrad der Organisation muß dem Komplexitätsgrad ihrer Umwelt angepaßt sein. Reduktion von Komplexität ist heute das Zauberwort der systemorientierten Organisationstheorie. Die Formalisierung der Abläufe (die Bürokratisierung des Apparates), die von der älteren Organisationstheorie *(Weber, Merton)* in den Vordergrund gestellt wurde, ist nur eine Möglichkeit, mit Komplexität fertig zu werden.

Die Wirksamkeit einer bestimmten Anpassungsstrategie hängt entscheidend von der Struktur der Umwelt ab. *Emery* und *Trist*[25] unterscheiden nach dem Komplexitätsgrad vier Umwelttypen, die von einfach strukturiert (placid randomized environment) bis zu dynamisch (turbulent fields) reichen. Je größer die Komplexität der Umwelt, desto größer die Unsicherheit und desto dringender der Bedarf der Organisation an informationsverarbeitenden Kapazitäten. Wir wagen die Behauptung, daß die Beobachtung von Umwelt, die Prognose und die Planung, für die Verbände zunehmende Bedeutung gewinnt. Dabei ist es wichtig, zwischen Informationsaufnahme und Informationsverarbeitung zu unterscheiden. Einem Verband ist wenig damit gedient, wenn ein paar hochqualifizierte Wissenschaftler in einer Stabstelle Informationen sammeln, die nicht handlungsrelevant werden, weil die Spitze mit täglicher Routine überlastet ist. Hier beobachten wir, was March und Simon als *Greshamsches* Gesetz der Organisation bezeichnen: Die tägliche Routine verdrängt die Planung[26]. Neben den „rationalen" Mitteln zur Komplexitätsreduktion, wie Formalisierung, Informationsaufnahme und -verarbeitung, haben sogenannte irrationale Mechanismen unverändert Bedeutung. Gemeinsam gehaltene Wertvorstellungen (Ideologien) helfen vielfach, Unsicherheit zu vermindern[27]. Sie liefern Leitlinien für praktisches Handeln. Ihre Attraktivität erwächst aus der radikalen Vereinfachung der Zusammenhänge. Ein dynamisches, durch eine Vielzahl von Querverbindungen gekennzeich-

---

[24] *Ashby,* Ross: Design for a Brain, New York 1960.

[25] *Emery,* F. E. und *Trist,* E. L.: The Causal Texture of Organizational Environments, in: Litterer, a.a.O., S. 220—228.

[26] Das *Greshamsche* Gesetz lautete bekanntlich: Das schlechte Geld verdrängt das gute Geld. Zum Problem der Innovation in Organisationen, vgl. *March,* James G. und *Simon,* Herbert: *Organizations,* New York 1959, S. 172—199 und *Downs,* Anthony: Inside Bureacracy, Boston 1967, S. 167—190.

[27] Vgl. *Herder-Dorneich,* Philipp: Information und Entscheidung, oder: Über Bestimmungsfaktoren eines rationalen Bedarfs nach Ideologie. In: Klose, Alfred und Weiler, Rudolf (Hrsg.): Menschen im Entscheidungsprozeß, Wien 1971, S. 139—157.

netes Feld wird plötzlich einfach, relativ statisch und der unmittelbaren Einsicht zugänglich.

III. Individuen im Verband

Die Systemtheorie stellt die Anpassungsprobleme der Organisation in den Vordergrund. Aus dieser Perspektive kann es nicht verwundern, daß selbst die Interessen der Organisationsmitglieder mitunter als Hindernisse auf dem Weg zur Anpassung empfunden werden. Ebenso legitim muß aber eine Betrachtungsweise scheinen, die nicht von den Erfordernissen des Systems, sondern von den Überzeugungen, Motivationen etc. der Individuen ausgeht und sich die Frage stellt: Wie werden die Bedürfnisse des Individuums von der Organisation befriedigt? Oder: Welche Interessen finden wir überhaupt in welchen Organisationen?

Mit *Cyert* und *March*[28] sehen wir Organisationen im wesentlichen als Koalitionen, mit teilweise übereinstimmenden, teilweise auseinandergehenden Interessen. Die Mitglieder müssen durch ausreichende Anreize motiviert werden, ihre Beiträge in die Koalition einzubringen. Betrachten wir demnach den Verband als eine solche Koalition, so wird deutlich, daß nicht alle Mitglieder der Koalition gleiche oder gleich hohe Beiträge leisten bzw. Anreize erhalten. So kann z. B. für die Verbandsspitze (die Berufsfunktionäre) eine Mischung von materiellen und ideellen Anreizen gelten, während für die Mitglieder primär materielle Interessen maßgeblich sind[29].

In jedem Falle gilt es für die Verbandsführung, das Überleben des Verbandes durch die Bereitstellung von Anreizen in ausreichender Menge und in richtigen Kombinationen zur Verfügung zu stellen. Mit *Clark/Wilson*[30] unterscheiden wir 3 Haupttypen von Anreizen und prüfen die Brauchbarkeit ihres Schemas für die Erklärung des Wandels in Verbänden.

1. *Materielle* Anreize: Zu ihnen zählen z. B. die von einer Gewerkschaft erreichten Lohnerhöhungen; außenwirtschaftliche Maßnah-

---

[28] *March,* John G. und *Cyert,* R. M.: A Behavorial Theory of Organizational Objectives, in: Haire, Mason (Ed.): Modern Organization Theory. New York 1959, S. 76—90.

[29] Zur Anreizproblematik auf verschiedenen Ebenen vgl. *Etzioni,* Amitai: A Comparative Analysis of Complex Organizations, Glencoe 1961.

[30] *Wilson,* James Q. und *Clark,* Peter B.: Incentive Systems: A Theory of Organizations, in: Administrative Science Quarterly, 1961, S. 129—66. In einer weiterführenden Studie weist Salisbury auf die Möglichkeit hin, Verbandsverhalten als Tauschprozeß zwischen Funktionären und Mitgliedern zu interpretieren. Vgl. *Salisbury,* Robert: An Exchange Theory of Interest Groups, in: Midwest Journal of Political Science, 1969, S. 1—32. Dazu allgemein auch *Herder-Dorneich,* Philipp: Zur Theorie der Sozialen Steuerung, Köln 1965.

men, die ein Unternehmerverband bei der Regierung durchsetzen konnte; Dienstleistungen, wie Rechtsberatung, Marktforschung durch Verbände etc.

2. *Ideelle* Anreize: sie sind in den Zielen verkörpert, die ein Verband sich bei der Gestaltung der Gesellschaft setzt. Im Extremfall genügt die Attraktivität des Verbandszieles allein, um einen Kreis von Anhängern zu sammeln, ohne daß Anreize von Typ 1. oder 3. geboten werden müssen. Anreize vom Typ 1. und 2. stehen sogar vielfach im Widerspruch: Ein von der gesellschaftspolitischen Mission eines Verbandes (z. B. einer Gewerkschaft) Überzeugter wird eine stark materielle Orientierung nicht neutral, sondern sogar abstoßend finden.
3. *Solidarische* Anreize: sie bestehen in der Möglichkeit zur Interaktion mit Gleichgesinnten. Sie ist auf den verschiedenen Ebenen des Verbandes in unterschiedlichen Ausprägungen zu finden.

Wie ein bestimmter Anreiz wirkt, hängt vom Wertsystem und dem Anspruchsniveau der angesprochenen Personen ab. Das Anspruchsniveau ist seinerseits vom bisher Erreichten und vom anderweitig Möglichen bestimmt[31]. Hier läßt sich zeigen, wie Änderungen in der Umwelt eines Verbandes, z. B. in der wirtschaftlichen Situation oder dem gesellschaftlichen Status einer Gruppe, über das Wertsystem und das Anspruchsniveau der tatsächlichen oder potentiellen Mitglieder auf den Verband einwirken. Um nur ein Beispiel aus den USA zu nennen: Lange Zeit galt das Hauptaugenmerk von Berufsverbänden, wie Lehrerorganisationen, ihrem professionellen Status. Die allgemeine wirtschaftliche Entwicklung resultierte in einer relativen Verschlechterung ihrer materiellen Situation. Die Umorientierung in Richtung einer mehr gewerkschaftlichen, das Kampfmittel des Streiks nicht ausschließenden Organisation war bei jenen Verbänden am ausgeprägtesten, die unter dem Druck konkurrierender Organisationen um jedes Mitglied zu kämpfen hatten[32].

Für die Möglichkeiten des Wachstums stellen wir hier einige (sehr vorläufige) Hypothesen auf:

1. Organisationen, deren Hauptanreiz in ideellen Zielen liegt, sind leichter zu gründen, in ihrem Bestand aber durch die Möglichkeiten von Spaltungen gefährdet. Ihrer Ausdehnung sind natürliche Grenzen gesetzt[33]. Die Gründung fällt leicht, weil (zum Unterschied von materiell orientierten Verbänden) die organisationsmäßigen Voraus-

---

[31] Zum Anspruchsniveau vgl. *Kirsch*, Werner: Entscheidungsprozesse, Bd. I, Wiesbaden 1970, S. 107 ff.

[32] Vgl. *Cole*, Stephen: The Unionisation of Teachers: A Case Study of the UFT, New York 1969.

[33] Vgl. *Salisbury*, a.a.O., S. 20.

setzungen (Funktionärsapparat, Gebäude, Angestellte) gering sind. Die Unteilbarkeit von Zielen setzt der Aufnahme von Mitgliedern Grenzen. Ein Hauptanreiz dieser Verbände ist ja die nicht kompromittierte Zielsetzung. Die Aufnahme neuer Mitglieder erfordert entweder Aufwendungen für eine umfassende Sozialisierung der Novizen oder die Verwässerung der ursprünglichen Ziele[34].

2. Organisationen mit primär materiellen Anreizen haben das größte Wachstumspotential. Soweit sie nebenbei ideelle Ziele verfolgen, sind diese so allgemein formuliert, daß sie von nahezu jedem neuen Mitglied ohne Gewissenskonflikte akzeptiert werden können. Ihre Expansionsfähigkeit ist begrenzt durch die materiellen Möglichkeiten der Umwelt, die organisatorischen Nischen, die sie bietet. Utilitär orientierte Verbände haben wenig Schwierigkeiten, in profitable Gebiete auszuscheren, ohne in ideologische Konflikte zu geraten.

3. Verbände mit primär solidarischen Anreizen (z. B. ein Alpenverein) haben Expansionschancen, wenn durch dezentrale Organisation genügend Gelegenheit zur Entfaltung von Gruppenleben geboten wird, andererseits die zentrale Organisation Leistungen bietet, die die einzelnen Gruppen an den größeren Verband binden[35].

Nach dieser Theorie „passieren“ Wachstum und Wandel nicht einfach. Veränderungen der Umwelt werden insoweit interessant, als sie das Anreiz-Beitrags-Gleichgewicht der Organisationsmitglieder berühren. Die am System Beteiligten haben teilweise gleichlaufende, teilweise entgegengesetzte Interessen. Die Beteiligten sind an einer Ausweitung ihres Handlungsspielraums interessiert, soweit sie damit die Hoffnung auf Verwirklichung ihrer individuellen Ziele verknüpfen können. Die Umwelt stellt sich als Reservoir von Ressourcen dar, die zur Verbesserung des Anreiz-Beitrags-Verhältnisses erschlossen sein wollen. Dementsprechend werden Teile der Umwelt für die Mitglieder des Systems je nach ihrer Motivation in unterschiedlichem Maße relevant. Der ideologisch orientierte Gewerkschaftsfunktionär z. B. wird verstärkt Kontakt mit den Teilen der Umwelt pflegen, die seinen Intentionen besonders nahestehen. Der Zugriff zu wichtigen Ressourcen der Umwelt, z. B. Einfluß oder Geld, wird bestimmend für das Machtgefälle im Verband.

Die skizzierten Zusammenhänge lassen die Aufgabe der Verbandsführung deutlich werden:

---

[34] Vgl. *Blau*, Peter: Exchange and Power in Social Life. New York 1964, S. 245.

[35] Vgl. *Drumm*, Hans-Jürgen: Organisationsformen und Probleme der Zielbildung in mehrstufigen Vereinen, in: Zeitschrift für Betriebswirtschaft 1971, S. 818—832.

Anreize, die in einer bestimmten Umweltsituation ausreichten, erscheinen in einer anderen entwicklungsbedürftig. Die genannten Anreize sind in begrenztem Maße substituierbar. Verbandsführung bedeutet Anpassung der gebotenen Anreize und verlangten Beiträge an geänderte Umweltbedingungen. Der erfolgreiche Verbandsfunktionär ist jener, der Veränderungen in der Umwelt in ihren mutmaßlichen Auswirkungen auf den Verband zuerst erkennt und die entsprechenden Maßnahmen trifft.

Wandel darf demnach nicht zum bloß ablaufenden Wandel werden, der den Verband als bloßen Reaktor sieht, sondern zum *gesteuerten* Wandel. Steuerung des Wandels bedeutet, ihn rechtzeitig kommen zu sehen, in seinen Auswirkungen auf die Interessen der Mitgliedschaft und den Bestand des Verbandes einzuschätzen und Verbandsmacht zu seiner Bewältigung einzusetzen. Damit sind zentrale Aufgaben der Informationsbeschaffung bzw. -verarbeitung und der Nutzung von Ressourcen angesprochen.

Für das Transformationspotential eines Verbandes kritisch ist ferner das Verhältnis von Kontrolle und Konsensus. Ein Verband hat Kontrolle über seine Mitglieder in dem Maße, in dem seine Mitglieder die gebotenen Leistungen schwer entbehren können. Konsens besteht in einem Verband, wenn zwischen den Entscheidungen der Verbandsführung und den Überzeugungen der Mitglieder weitgehend Übereinstimmung besteht. Für die Fähigkeit eines Verbandes zur Selbsttransformation stellen wir folgende Hypothese auf:

Die Fähigkeit zur Transformation ist am geringsten bei Verbänden mit geringer Kontrolle und niedrigem Konsens. Sie ist höher bei Verbänden mit hoher Kontrolle und niedrigem Konsens und am höchsten bei hohem Kontroll- und Konsensniveau. In Anlehnung an *Etzioni* wollen wir im letzten Fall von aktiven Verbänden sprechen[36].

---

[36] *Etzioni*, Amitai: The Active Society, New York 1968.

Verzeichnis der verwendeten Literatur

Zum Vorwort:

Herder-Dorneich, Philipp und *Lippold*, Klaus W. u. a.: Wirtschaft und Verbände. Berufsanforderungen und Berufsaussichten von Sozialwissenschaftlern in Unternehmungen, Verwaltung, Verbänden, Köln 1972.

Herder-Dorneich, Philipp: Politisches Modell zur Wirtschaftstheorie, Freiburg 1957.

Herder-Dorneich, Philipp (Hrsg.): Politik als Stimmenmaximierung. Sozialökonomisches Archiv, Bd. 3, Köln 1968.

Herder-Dorneich, Philipp und *Kötz*, Werner: Zur Dienstleistungsökonomik: Systemtheorie und Systempolitik der Krankenhauspflegedienste, Berlin 1972.

Zu Teil A:

Allen, V. L.: Power in Trade Unions, London 1954.

Curry, R. L. und *Wade*, L.: A Theory of Political Exchange, Englewood Cliffs 1968.

Etzioni, Amitai: A Comparative Analysis of Complex Organizations, New York 1961.

Dahrendorf, Ralf: Homo Sociologicus, Köln 1959 (zuerst in: Kölner Zeitschrift für Soziologie und Sozialpsychologie, 10. Jg., Heft 2 und 3).

Downs, Anthony: Ökonomische Theorie der Demokratie, Tübingen 1968.

Herder-Dorneich, Philipp: Der Markt und seine Alternativen in einer freien Gesellschaft, Wien—Hannover 1968.

Honderich, Karl Otto: Die Ideologien von Interessenverbänden, Berlin 1963.

Machlup, Fritz: Theories of the Firm: Marginalist, Behavioralist, Managenial, in: American Economic Review, Nr. LVII, March 1967, pp. 1—33.

March, James und *Simon*, Herbert A.: Organizations, New York, London 1958.

Martin, R.: Union democracy: an explanatory framework, in: Sociology, Vol. 2, 1968, pp. 205—220.

Ross, Arthur: Trade Union Wage Policy, Berkeley 1948.

Webb, Sidney und *Webb*, Beatrice: Industrial Democracy, London, New York 1897.

Zu Teil B:

Alchian, Armen A. und *Kessel*, Reuben A.: Competition, Monopoly and the Pursuit of Money, in: Aspects of Labor Economics, Princeton 1962.

Andreae, C. A.: Das Prinzip der gegengewichtigen Marktmacht als Ansatzpunkt für die Wettbewerbspolitik, in: Grundlagen der Wettbewerbspolitik, Schriften des Vereins für Socialpolitik, N.F., Bd. 48, Berlin 1968, S. 71—94.

Arndt, Helmut: Mikroökonomische Theorie, 2 Bände, Tübingen 1966.

Bauer, Leonhard: Wissenschaftstheoretische Überlegungen zu Grundannahmen der Nationalökonomie, Berlin 1969.

Böhm, Franz: Das Reichsgericht und die Kartelle, in: ORDO. Jahrbuch für die Ordnung von Wirtschaft und Gesellschaft, Bd. 1, 1948, S. 212 f.

Boulding, Kenneth: Besprechung von: Ilchmann, Warren F. und Uphoff, Norman Th.: The Political Economy of Change, Berkeley 1969, in: The American Political Science Review, Vol. 64, 1970, S. 603—604.

Boulding, Kenneth E.: Conflict and defense. A general theory, New York 1962.

Brandt, Karl: Die Konfliktsituation im Kartell, in: Zeitschrift für die Gesamte Staatswissenschaft, Bd. 117, 1962, S. 388.

Buchanan, James und *Tullock*, Gordon: The Calculus of Consent, Ann Arbor 1962.

Conrad, Otto: Der Mechanismus der Verkehrswirtschaft, Jena 1931.

— Die Grundannahmen der Gleichgewichtstheorie, in: ZfNÖ 7, Heft 2, S. 234 bis 243.

— Gleichgewichtstheorie und Beharrungstheorie, in: JbfNÖ und Staat, Jena 1946 (1937), S. 19—25.

Dobriner, William M.: Social structures and systems: A sociological overview. Pasific Palisades: Goodyear Publishing Co. 1969.

Easton, David: Limitations of the Equilibrium Model in Social Research, in: Behavioral Science, Vol. 1, 1956.

Edgeworth, F. Y.: Mathematical psychics: essay on the application of mathematics to the moral science. London 1881, Neudruck in der Reihe: Series of reprints of scarce tracts in economic and political science, No. 10, 1932.

— On the determinatedness of economic equilibrium, in: Papers relating political economy, Vol. II, London Macmillan 1925.

Eucken, Walter: Die Grundlagen der Nationalökonomie, 7. Aufl., Berlin, Göttingen, Heidelberg 1959.

— Die Wettbewerbsordnung und ihre Verwirklichung, in: ORDO, Bd. 2, 1949.

Freyer, Hans: Theorie des gegenwärtigen Zeitalters, Stuttgart 1955.

Galbraith, John Kenneth: American Capitalism. The concept of countervailing powers, Rev. ed., London 1957, Reprinted 1964.

Harris, Seymor E.: The new economics. Keynes' influence on theory and public policy. New York 1950.

Harrod, R. F.: Ein Essay zur dynamischen Theorie, in: Wachstum und Entwicklung der Wirtschaft, hrsg. v. H. König, Berlin—Köln 1968.

— Keynes, John Maynard, in: HdSW, 5. Bd., Stuttgart, Tübingen, Göttingen 1956.

Herder-Dorneich, Philipp: Wirtschaftssysteme. Systemtheorie einer allgemeinen Mikroökonomik, Opladen 1972.

— Zur Theorie der sozialen Steuerung, Köln 1965.

Herder-Dorneich, Philipp und *Kötz*, Werner: Zur Dienstleistungsökonomik: Systemtheorie und Systempolitik der Krankenhauspflegedienste, Berlin 1972.

Heuss, Ernst: Das Kartell. Ein Beitrag zur Kartelltheorie, in: Jahrbuch für Sozialwissenschaft, Bd. 12, 1961.

Hirschmann, Albert O.: The Strategy of Economic Development, New Haven 1958.

Hoppmann, Erich: Die Periodenanalyse als Theorie der volkswirtschaftlichen Dynamik, Volkswirtschaftliche Schriften, Heft 20, Berlin 1956.

Hotelling, Harold: Stability in competition, in: The Economic Journal, Vol. 39, London (1929).

Isard, Walter: General Theory. Social, Political, Economic and Regional, Cambridge Mass. 1969, Chap. 7, S. 275—371.

Krelle, Wilhelm: Kartelle und Preisflexibilität, in: Schweizerische Zeitschrift für Volkswirtschaft und Statistik, Jg. 95, 1959.

Krupp, Sherman Roy: Equilibrium Theory in Economics and in Functional Analysis as Types of Explanation, in: Martindale, Don (Ed.): Functionalism in the Social Sciences, Philadelphia 1965.

Külp, Bernhard: Streik und Streikdrohung, Berlin 1969.

Leijonhufud, Axel: On Keynesian Economics and the Economics of Keynes, New York 1968.

Machlup, Fritz: Equilibrium and Disequilibrium, in: Essays on Economic Semantics, Englewood Cliffs 1963.

Menger, Carl: Grundsätze der Volkswirtschaftslehre, Wien 1871, Leipzig 1923.

Nutter, Warren G.: Duopoly, Oligopoly and Emerging Competition, in: Breit, William and Hochman, Harold: Readings in Microeconomics, London 1969 (zuerst in: Southern Economic Journal, 1964).

Ott, Alfred: Grundzüge der Preistheorie. Grundriß der Sozialwissenschaft 25, Göttingen 1968.

— Zur dynamischen Theorie der Marktformen, Jahrbücher für Nationalökonomie und Statistik, Bd. 167, 1955.

Pareto, Vilfredo: Manuel d'Economie politique, Paris 1927.

Paulsen, Andreas: Neue Wirtschaftslehre. Einführung in die Wirtschaftstheorie von John Maynard Keynes und die Wirtschaftspolitik der Vollbeschäftigung, 3. neugef. und erw. Aufl., Berlin, Frankfurt a. M. 1954.

Russet, Cyntiah E.: The Concept of Equilibrium in American Social Thought, New Haven 1966.

Schmölders, Günter: Unmerkliche Steuern, in: Finanzarchiv, N.F., Bd. 20, 1961.

— Finanz- und Steuerpsychologie, Hamburg 1970.

Schneider, Erich: Einführung in die Wirtschaftstheorie, II. Teil: Wirtschaftspläne und wirtschaftliches Gleichgewicht in der Verkehrswirtschaft, 8. durchges. u. erw. Aufl., Tübingen 1963.

Schweitzer, A.: A Critical of Countervailing Power, in: Social Research, Bd. 21, 1954.

Stigler, George: The Economist Plays with Blocks, in: The American Economic Review, Papers and Proceedings, Bd. 44, 1954.

Zimmerman, Louis J.: Versuch einer Theorie der Dynamik der Marktform. Vortrag vor dem Forschungsbeitrat des IFO-Instituts für Wirtschaftsforschung, gehalten am 23. 1. 1951, Sonderheft des IFO-Instituts Nr. 11, München 1951 (vervielfältigtes Manuskript).

— Die Bedeutung der Nachfrage- und Angebotselastizität für die Marktform, in: Zeitschrift für Ökonometrie, 1. Jg., Nr. 1 (1950).

— The propensity to monopolize, Amsterdam 1952.

Zu Teil C: siehe Literaturverzeichnis Seite 161 f.

Zu Teil D:

Albert, Hans: Traktat über kritische Vernunft, Tübingen 1968.

— Politische Ökonomie und rationale Politik, in: Theoretische und institutionelle Grundlagen der Wirtschaftspolitik, Festschrift für Theodor Wessels, Berlin 1967.

Arrow, Kenneth J.: Social Choice and Individual Values, 2nd ed., New York 1963.

Barker, Ernest: Principles of Social and political Theory, Oxford University Press, 3. Paperback Aufl., 1965.

Bentley, Arthur: The Process of Government, Cambridge, Mass. 1967.

Bernholz, Peter: Economic Policies in a Democracy, in: Kyklos 19 (1966).

— Einige Bemerkungen zur Theorie des Einflusses der Verbände auf die politische Willensbildung in der Demokratie, in: Kyklos 1969.

Biedenkopf, Kurt H.: Rechtsfragen der Konzertierten Aktion, in: Der Betriebsberater, Heft 25, 1968.

Black, Duncan: The Theory of Committees and Elections, 2nd ed., Cambridge, Cambridge University Press 1963.

Buchanan, James und *Tullock*, Gordon: The Calculus of Consent Logical Foundations of Constitutional Democracy, University of Michigan 1962, Ann Arbor 1965.

Coleman, James S.: Internal Processes Governing Party Positions in Elections, in: Public Choice, Vol. XI, Fall 1971.

Colm, Gerhard: Zum Begriff des Allgemeinwohls, in: Soziale Verantwortung, Festschrift für Goetz Briefs, hrsg. von J. Broermann und Ph. Herder-Dorneich, Berlin 1968.

Dahl, Robert A. und *Lindblom*, Charles E.: Politics, Economics and Welfare. Planning and Politico-Economic Systems Resolved into Basic Social Processes, Harper Torchbook, New York 1963.

Downs, Anthony: Ökonomische Theorie der Demokratie, hrsg. von R. Wildenmann, Tübingen 1968.

Eschenburg, Theodor: Herrschaft der Verbände?, 2. Aufl., Stuttgart 1963.

Fleischmann, Gerd: Ungleichheit unter den Wählern. Zur ökonomischen Perspektive in der Soziologie, in: Hamburger Jahrbuch für Wirtschafs- und Gesellschaftspolitik, 12. Jg. (1967).

Frey, Bruno S.: Models of Perfect Competition and Pure Democracy, in: Kyklos 1970.

Gäfgen, Gerard: Theorie der wirtschaftlichen Entscheidung, 2. Aufl., Tübingen 1968.

Gillespie, John Vincent: Formal Models of Voting in Mass Publics: Toward a Theory of Political Elections, University of Minnesota Ph. D. 1969.

Goldstein, Joseph: The Government of British Trade Unions. A Study of Apathy and the Democratic Process in the Transport and General Workers Union, London 1951.

Grochla, Erwin: Verbandsorganisation, in: Handwörterbuch der Organisation, hrsg. von Erwin Grochla, Stuttgart 1969.

Groennings, Sven, *Kelly*, E., *Leierson*, Michael (ed.): The Study of Coalition Behavior, Theoretical Perspectives and Cases from four Continents, New York 1970.

Grüter, Heinrich: Wirtschaftspolitik hinter verschlossenen Türen, in: Die Aussprache, Nr. 12, 1968.

Herder-Dorneich, Philipp: Politisches Modell zur Wirtschaftstheorie. Theorie der Bestimmungsfaktoren finanzwirtschaftlicher Staatstätigkeit, Freiburg 1959; eine Teilauflage erschien 1957 unter dem Pseudonym Harding, Fred O.

— Der Markt und seine Alternativen in der freien Gesellschaft, Wien—Hannover 1968.

— Sozialökonomischer Grundriß der Gesetzlichen Krankenversicherung, Köln 1966.

— Ökonomische Theorie der pluralistischen Gesellschaft, als Manuskript vervielfältigt, Köln 1967.

Hermens, Ferdinand A. und *Unkelbach*, Helmut: Die Wissenschaft und das Wahlrecht, Sonderdruck aus der Politischen Vierteljahresschrift, 8. Jg., 1967, Heft 1.

Hermens, Ferdinand A.: Europe between Democracy and Anarchy, Notre Dame 1951.

— Demokratie oder Anarchie? Eine Untersuchung über die Verhältniswahl, Frankfurt 1951.

Küchenhoff, Erich: Volkslegitimation, Stabilität und Kontrolle des Regierens unter Mehrheitswahlrecht und Verhältniswahlrecht, in: Mehrheitswahlrecht? Beiträge zur Diskussion um die Änderung des Wahlrechts, hrsg. von Horst Zilleßen, Stuttgart 1967.

Külp, Bernhard: Lohnbildung im Wechselspiel zwischen politischen und wirtschaftlichen Kräften, Berlin 1961.

Naschold, Frieder: Demokratie und Komplexität. Politische Vierteljahresschrift, 9. Jg., Heft 4, Opladen 1968.

Olson, Mancur: Die Logik des kollektiven Handelns. Kollektivgüter und die Theorie der Gruppen, Tübingen 1968.

Ordeshook, Peter Carl: Theory of the Electoral Process, University of Rochester, Ph. D. 1969, Ann Arbor, Michigan 1971 (1970).

Pomper, G.: The Concept of Elections in Political Theory. Review of Politics, Notre Dame (Ind.), Oct. 67.

Rahner, Karl und *Vorgrimler*, Herbert (Hrsg.): Kleines Konzilkompendium, Freiburg 1966.

Riker, William H.: The Theory of Political Coalitions, New Haven and London, Yale University Press, 3. Aufl., 1967.

Rose, R. und *Mossawir*, H.: Voting and Elections: A Functional Analysis, in: Political Studies, London, June 67.

von Schmädel, Dieter: Führung im Interessenverband, Berlin 1968.

Schroer, Hans: Der Pfarrgemeinderat als gesamtkirchliche Aufgabe. Grundlegung — Aufgabe — Organisation, Trier 1967.

Schumpeter, Joseph A.: Kapitalismus, Sozialismus und Demokratie, 2. erw. Aufl., Bern 1950.

Selten, Reinhard: Anwendung der Spieltheorie auf die politische Wissenschaft. Vervielfältigtes Manuskript, zitiert aus: *Frey*, Bruno: Models of Perfect Competition and Pure Democracy, in: Kyklos 1970.

Shubik, Martin: A Two Party System, General Equilibrium And The Voters Paradox, in: Zeitschrift für Nationalökonomie, 28. Jg. (1968).

Schifrin, Alexander: Parteiapparat und innerparteiliche Demokratie. Eine sozialistische Michels-Kritik, in: Theorie und Soziologie der politischen Parteien, hrsg. und eingeleitet von Kurt Lenk und Frank Neumann, Neuwied und Berlin 1968.

Zu Teil E:

Barnard, Chester I.: Organisation und Management. Ausgewählte Aufsätze. Aus dem Amerikanischen von Dr. Paul von Beckerath, Stuttgart 1969.

— Die Führung großer Organisationen, Übersetzung der 17. Aufl. des Buches „The Functions of the Executive", Essen 1970.

Blümle, Ernst-Bernd: Zur Messung des Verbandserfolges, in: Schmalenbachs Zeitschrift für Betriebswirtschaftliche Forschung, 17. Jg. (1965).

Breitling, Rupert: Die Verbände in der Bundesrepublik. Ihre Arten und ihre politische Wirkungsweise, Meisenheim am Glan 1955.

Briefs, Goetz: Gewerkschaftstheorie, in: Internationales Handwörterbuch des Gewerkschaftswesens, Band 1, Berlin 1931.

Buchholz Edwin: Die Wirtschaftsverbände in der Wirtschaftsgesellschaft. Eine Analyse ihres Ordnungs- und Selbsthilfesystems als Beitrag zu einer Theorie der Wirtschaftsverbände, Tübingen 1969.

Burghardt, Anton: Zur Morphologie (moderner) Wirtschaftsverbände, in: Soziale Verantwortung. Festschrift für Goetz Briefs zum 80. Geburtstag, Berlin 1968.

Colm, Gerhard: Zum Begriff des Allgemeinwohls, in: Soziale Verantwortung. Festschrift für Goetz Briefs zum 80. Geburtstag, Berlin 1968.

Eickhof, Norbert: Gewerkschaften. Warum der Mitgliedsbestand sinkt, in: Wirtschaftswoche, 26. Jg., Nr. 37 (1972).

Fleischmann, Gerd: Ungleichheit unter den Wählern, in: Hamburger Jahrbuch für Wirtschafts- und Gesellschaftspolitik, 12. Jg., Tübingen 1967.

Franke, Hermann: Leistungsbilanz der Arbeitgeberverbände. Untersuchung über Organisation und Tätigkeit, in: der arbeitgeber, 19. Jg. (1967), Heft 8.

Garceau, Oliver: The Political Life of the American Medical Association, Cambridge, Mass., Harvard University Press, 1941.

Herder-Dorneich, Philipp: Politisches Modell zur Wirtschaftstheorie, Freiburg im Breisgau 1959.

— Sozialökonomischer Grundriß der gesetzlichen Krankenversicherung, Köln 1966.

Hondrich, Karl Otto: Die Ideologien von Interessenverbänden, Berlin 1963.

Jaerisch, Gerhard: Der Große Senat des BAG zur Besserstellung von Organisierten, in: Arbeit und Sozialordnung, 22. Jg. (1968), Heft 10.

Külp, Bernhard: Grundfragen der Wirtschaft. Eine Einführung in die Sozialökonomie, Köln 1967.

Langbein, Volker: Die rechtliche Regelung des Lobbyismus in den Vereinigten Staaten, Hamburg 1967.

Lilienstein, Hans Rühle von: Konkurrenzfähiger durch zwischenbetriebliche Kooperation, Stuttgart 1963.

Messner, Johannes: Das Gemeinwohl im Laissez-faire-Pluralismus, in: Soziale Verantwortung, Festschrift für Goetz Briefs, Berlin 1968.

Niggemann, Jürgen: Verbändelehre bei Goetz Briefs. Ein Beitrag zu einer allgemeinen Theorie der Verbände, Volksw. Schriften, Bd. 166, Berlin 1971.

— Verbändelehre — eine neue Wissenschaft?, in: Gesellschaftspolitische Kommentare, 17. Jg. (1970), Nr. 2.

Olson, Mancur: Die Logik des Kollektiven Handelns. Kollektivgüter und die Theorie der Gruppen, Tübingen 1968.

Petzold, Günter: Der Wettbewerb der Verbände um die Mitwirkung an der Wirtschaftspolitik (Diss.), Köln 1963.

Pütz, Theodor: Die ordnungspolitische Problematik der Interessenverbände, in: Jahrbuch für Sozialwissenschaft, Band 11 (1960), Heft 3.

Schmädel, Dieter von: Führung im Interessenverband. Probleme der innerverbandlichen Willensbildung, Berlin 1968.

Schmölders, Günter: Das Selbstbild der Verbände, Berlin 1965.

Schneider, Herbert: Die Interessenverbände, 2. und 3. durchgesehene Aufl., München/Wien 1966.

Weiler, Rudolf: Wirtschaftliche Kooperation in der pluralistischen Gesellschaft, Wien 1964.

Wellmann, Burkhard: Marketing für Verbände. Dienstleistungen im Bildungsbereich, in: der arbeitgeber, 23. Jg. (1971), Heft 17.

Wössner, Jakobus: Die ordnungspolitische Bedeutung des Verbandswesens, Tübingen 1961.

Zu Teil F:

Aldrich, Howard: Organizational Boundaries and Inter-organizational Conflict, in: Human Relations, 1971.

Ashby, Ross: Design for a Brain, New York 1960.

Bain, George Sayers: The Growth of White Collar Unionism, Oxford 1970.

Blau, Peter: Exchange and Power in Social Life. New York 1964.

Briefs, Goetz: Gewerkschaften (I), in: Handwörterbuch der Sozialwissenschaften, Stuttgart 1965, Bd. 4.

Chesi, Valentin: Struktur und Funktionen der Handwerksorganisation in Deutschland seit 1933. Berlin 1966 und weitere Bände der Reihe „Untersuchungen über Gruppen und Verbände", hrsg. von G. Weippert, Berlin.

Cole, Stephen: The Unionisation of Teachers: A Case Study of the UFT, New York 1969.

Downs, Anthony: Inside Bureaucracy, Boston 1967.

Drumm, Hans-Jürgen: Organisationsformen und Probleme der Zielbildung in mehrstufigen Vereinen, in: Zeitschrift für Betriebswirtschaft 1971.

Dunlop, John T.: Industrial Relations Systems, New York 1958.

Eickhof, Norbert: Gewerkschaften — Warum der Mitgliederbestand sinkt, in: Wirtschaftswoche, Nr. 37, 1972.

Emery, F. E. und *Trist*, E. L.: The Causal Texture of Organizational Environments, in: Litterer, John (Ed.): Organizations, Vol. II, New York 1969.

Etzioni, Amitai: A Comparative Analysis of Complex organizations, Glencoe 1961.

— The Active Society, New York 1968.

Hall, A. D. und *Fagen*, R. E.: Definition des Systems, in: Tjaden, K. H. (Hrsg.): Soziale Systeme, Neuwied 1971.

Herder-Dorneich, Philipp: Information und Entscheidung, oder: Über Bestimmungsfaktoren eines rationalen Bedarfs nach Ideologie, in: Klose, Alfred und Weiler, Rudolf (Hrsg.): Menschen im Entscheidungsprozeß, Wien 1971.

— Zur Theorie der Sozialen Steuerung, Köln 1965.

Katz, Daniel und *Kahn*, Robert: The Social Psychology of Organizations, New York 1966.

Kirsch, Werner: Entscheidungsprozesse, Bd. I, Wiesbaden 1970.

Konvitz, Milton, R.: Labor Movement, Labor Organization or Labor Establishment?, in: Seidman, Joel (Ed.): Trade Union Government and Collective Bargaining, New York 1970.

Lester, Richard A.: As Unions mature, Princeton 1958.

March, James G. und *Simon*, Herbert: Organizations, New York 1959.

Michels, Robert: Soziologie des Parteiwesens, Stuttgart 1925.

Olson, Mancur: Die Logik des kollektiven Handelns, Tübingen 1968.

Sagasti, Francisco: A Conceptual and Taxonomic Framework for the Analysis of Adapitve Behavior, in: General Systems, 1970.

Sagasti, Francisco und *Singer*, E. A.: Experience and Reflection, Philadelphia 1959.

Salisbury, Robert: An Exchange Theory of Interest Groups, in: Midwest Journal of Political Science, 1969.

Sills, David: The Volunteers, Glencoe 1957.

Silverman, David: The Theory of Organizations, London 1970.

Starbuck, William: Organizational Growth and Development, in: March, James G. (Ed.): Handbook of Organizations, Chicago 1965.

Turner, H. A.: Trade union growth, structure and policy. A comparative study of the cotton unions, London 1962.

Wilson, James Q. und *Clark*, Peter B.: Incentive Systems: A Theory of Organizations, in: Administrative Science Quarterly, 1961.

Zald, Mayer N.: Organizational Change. The Political Economy of the YMCA, Chicago 1970.

Kolibri 360 GmbH
Ferdinand-Jühlke-Straße 7
99095 Erfurt, Deutschland
produktsicherheit@kolibri360.de

Druck:
CPI Druckdienstleistungen GmbH
im Auftrag der
Kolibri 360 GmbH
Ferdinand-Jühlke-Str. 7
99095 Erfurt